Rester confiant dans les épreuves

Huit figures bibliques

COLLECTION VERBE DE VIE

Le Verbe de Vie

Cette collection lancée à l'initiative de la Communauté du Verbe de Vie (Notre Dame de Fichermont, rue de la Croix 21 A, 1410 WATERLOO – BELGIQUE) regroupe des ouvrages dont les auteurs sont en lien direct avec elle. Ils abordent des thèmes de vie spirituelle fondamentaux pour la vie et la vocation du disciple du Christ. Les différents ouvrages de cette collection, centrés sur la Parole de Dieu et les enseignements de l'Église, contribuent à la construction et la croissance dans l'amour de Dieu et l'amour de l'Église.

Ouvrages déjà parus :
Le sacrement de réconciliation, miracle de l'amour, Jacques Marin, 1995.
Abraham, un père au cœur d'enfant, Olivier Belleil, 2000.
Vivre dans la louange, Bertrand Georges, 2001.
Élie, l'homme de feu, Olivier Belleil, 2002 (épuisé)*.
Viens, Esprit Saint ! Parcours des sept semaines pour préparer l'effusion du Saint-Esprit, Olivier Belleil, 2014*.
Faire les bons choix au bon moment, discerner, choisir, décider dans l'Esprit Saint, Bertrand Georges, 2007*.
Sortir gagnant de nos luttes intérieures, Marie-Anne Leroux, 2008.
De la faiblesse à la force, Paul de Tarse et Thérèse de Lisieux, un chant d'amour à deux voies, Joël Pralong, 2008.
La relation conjugale, liturgie de l'amour, Olivier Belleil, 2009.
Apprivoiser son caractère, tu n'es pas responsable de la tête que tu as mais de la tête que tu fais, Joël Pralong, 2009.
Le Seigneur te fera réussir dans toutes tes entreprises, Laurent Challan Belval, 2013*.
Etre père selon la Bible, Olivier Belleil, 2014*.

* Disponible en version numérique sur www.editions-beatitudes.fr .

*

ISBN : 978-2-84024-907-8

Conception de la couverture : Martin Casteres
Illustration de couverture : Yves Guézou

Olivier Belleil

Rester confiant dans les épreuves

Huit figures bibliques

2ᵉ édition

EdB

À mon épouse bien-aimée, Marie, qui m'a apporté aide et soutien pour traverser ensemble tant d'épreuves de la vie,

À mes enfants Maëlle, Blandine, Samuel, Véronique, Thomas (et Emmanuelle et Sara au ciel),

À mes gendres Benoît et Julien,

À mes sept petits-enfants,

À mes frères et sœurs de la communauté du Verbe de Vie,

À ceux et celles qui m'ont aidé dans la réalisation de ce livre, par leurs témoignages et leur collaboration,

Que Dieu vous bénisse toutes et tous.

Introduction

Il n'est pas facile de « garder la confiance dans les épreuves » de la vie. Celles-ci, avec leurs multiples visages, nous déstabilisent et font monter en nous des peurs, troubles, révoltes, découragements... Ce qui semblait acquis est remis en cause, ce qui paraissait solide s'effondre, comme si tout ce qu'on avait appris dans la vie se révélait inefficace, sans prise avec notre expérience vécue.

Notre vie ressemble alors à un bateau dans la tempête. « Et Dieu, dans tout ça ? Où est-Il ? Que fait-Il ? » Il semble loin ou il paraît dormir, comme Jésus dans la barque des apôtres. Comment le réveiller ? Que faire ? Comment réagir dans la souffrance ? Quel sens donner à ces épreuves ?

Bien des personnages de la Bible ont connu nos difficultés : les échecs amoureux répétés de Sarra, les blessures familiales de Joseph, les peurs devant son devoir de Jonas, les deuils qui rendent amères Ruth et Noémi, le *burn out* de Moïse qui a des pensées de mort, la solitude du croyant ramant à contre-courant de Jérémie, l'accumulation de malheurs de Job, la situation paradoxale de la reine Esther...

D'une certaine manière, leur vie est la nôtre. Alors, n'hésitons pas à rejoindre ces personnages pour nous mettre à l'écoute de ce qu'ils ont à nous dire. Nous y découvrirons une parole d'homme et une parole de Dieu qui nous atteindront, là où nous en sommes. Le message est réaliste et réconfortant : nous ne pouvons pas éviter les épreuves, elles font partie de la vie ; mais Dieu veut nous aider à les traverser. Comment ?

Lisez donc la suite…

Sarra

QUAND ON EST DÉSESPÉRÉ PAR LES ÉCHECS AMOUREUX

I. Histoire biblique

Le livre de Tobie nous raconte une belle histoire d'amour entre un jeune homme, Tobie (fils de Tobith), et une jeune femme, Sarra. On peut lire le récit comme un roman d'aventures ou un conte, car il s'agit d'un parcours semé d'anecdotes pleines de vie. Cette seule approche serait bien superficielle, car le livre est « Parole de Dieu », qui nous dit quelque chose de plus profond sur l'amour humain « en Dieu ». Entrons dans l'histoire.

Acte 1 : Tout commence mal : la détresse de Sarra

Or ce jour-là, la fille de Ragouel d'Ecbatane en Médie se fit elle aussi insulter par une jeune servante de son père : elle avait été mariée sept fois et Asmodée, le pire des démons, tuait les maris avant qu'ils ne se soient approchés d'elle. Donc la servante dit à Sarra : « C'est toi qui as tué tes maris ! En voilà déjà sept à qui tu as été donnée en mariage, et d'aucun d'entre eux tu n'as porté le nom. Pourquoi nous fouetter, sous prétexte que tes maris sont morts ? Va les rejoindre ; puissions-nous ne jamais voir de toi un fils ni une fille ! » (Tb 3, 7-9)

La souffrance de l'héroïne est de ne pas pouvoir aimer et être aimée dans le mariage. Regardons de plus près ce qui fait obstacle. L'ennemi est nommé : le démon, Asmodée, le *« pire des démons »*, s'opposant à l'amour, au mariage, à la fécondité. L'homme et la femme de Dieu désirant s'engager dans le mariage sont confrontés à une puissance spirituelle redoutable. L'adversaire de l'être humain est aussi l'ennemi de l'amour et de la communion conjugale. Il n'est pas question d'obstacles sociologiques ou psychologiques (bien que certains psychanalystes réduisent Sarra à une femme incapable d'aimer un autre homme que son père et identifient Asmodée au « complexe d'Électre » !). Non, l'obstacle est bien spirituel, c'est-à-dire l'action intelligente et volontaire d'un esprit mauvais.

Cela a pour conséquence de **vivre sous une malédiction**. À sept reprises, un espoir est donné, une rencontre s'établit, un projet de vie se construit et, au dernier moment, tout se termine par une catastrophe. Une succession d'échecs où tout s'achève au moment même où tout devrait commencer. Une souffrance comme celle d'un enfant mort à la naissance. Toute une grossesse pour rien. La répétition ajoute à la douleur. Échouer une fois ou deux à un examen ou au permis de conduire n'est pas facile, mais sept fois… !

Un climat de mort

Dans la Bible comme dans la vie, la rencontre amoureuse évoque la joie, le renouveau, la vie, une promesse d'avenir. Il suffit de parcourir le poème du Cantique des Cantiques pour le percevoir. Ici, c'est tout le contraire. La mort est omniprésente. À trois reprises, dans les versets cités plus haut, est soulignée l'association maris/tués (ou morts), pour signifier que l'esprit de mort règne et qu'il semble victorieux. Le chiffre « 7 » accentue ce climat mortifère.

Une accusation cruelle

Une personne malheureuse éprouve le besoin d'être écoutée, comprise, reconnue dans sa souffrance. Et c'est le contraire qui se produit. Sarra, qui bénéficie d'un statut social respectable comme fille unique dans une famille aisée, se voit méprisée par quelqu'un qui lui devrait le respect, par son jeune âge et par son statut de servante (membre associé à la famille dans l'Antiquité). Sarra, innocente de son malheur, se voit accusée d'en être responsable. La parole de son entourage lui est adressée comme un reproche et même une malédiction : « *Va les rejoindre !* (les maris morts) *Puissions-nous ne jamais voir de toi un fils ni une fille.* » La servante « enfonce » celle qui souffre et lui souhaite de ne pas avoir d'avenir (de fécondité). Dire à quelqu'un qu'il n'a pas d'avenir, que son drame est sans issue, est encore une parole de mort. Asmodée s'exprime aussi dans les propos de la servante... L'univers dans lequel vit Sarra est injuste, « à l'envers » : la victime innocente est déclarée coupable. De plus, elle n'a aucune perspective. C'est aussi révoltant qu'une femme victime d'un viol, voyant sa plainte déboutée et s'entendant dire qu'elle en est la seule responsable !

L'humiliée

En langage biblique, Sarra, dont le nom signifie « princesse », est humiliée, misérable. Dans les Saintes Écritures, le terme « humiliation » évoque le fait d'être victime d'un tort qui blesse profondément, qui couvre de honte. La dignité de la personne est bafouée et cette non-reconnaissance entraîne une dévalorisation de soi.

Le non-sens

Aucune explication n'est donnée quant aux agissements du démon ; si on connaît l'auteur, nous n'avons rien sur ses motifs. Pourquoi elle, Sarra ? Les échecs humains, surtout dans le domaine affectif, deviennent vite des tragédies, mais certaines raisons – sans diminuer la tristesse – peuvent donner du sens : « J'étais ou il était trop immature, fusionnel, etc. » La compréhension d'un événement douloureux peut aider à supporter l'épreuve et à préparer l'avenir. Ici, nous avons affaire à une situation absurde. Tous les « pourquoi » restent sans réponse…

Acte 2 : la réaction dans la détresse

Ce jour-là, Sarra, la mort dans l'âme, se mit à pleurer. Et elle monta dans la chambre haute de la maison de son père avec l'intention de se pendre. Mais, à la réflexion, elle se dit : « Eh bien non ! Je ferais ainsi descendre mon vieux père plein de tristesse au séjour des morts. Mieux vaut pour moi ne pas me pendre, mais supplier le Seigneur de me faire mourir pour que je n'aie plus à entendre de telles insultes à longueur de vie. » À l'instant même, elle étendit les mains vers la fenêtre et fit cette prière : « Béni sois-tu, Dieu de miséricorde : béni soit ton nom pour les siècles, que toutes ses œuvres te bénissent à jamais ! Et maintenant, j'élève vers toi mon visage et mes yeux. Parle : que je disparaisse de la terre et n'aie plus à entendre d'insultes. J'ai déjà perdu sept maris ; à quoi bon vivre encore ? Et s'il ne te semble pas bon de me tuer, Seigneur, entends au moins l'insulte qui m'est faite ». (Tb 3, 11-15)

L'expression de la douleur : le courage de pleurer

« Ce jour-là, Sarra, la mort dans l'âme, se mit à pleurer. » La mort est entrée dans l'âme de la jeune femme et, dans son chagrin, elle sanglote, déversant tout son désespoir.

Le dimanche 18 janvier 2014, sur le campus de l'université Saint-Thomas de Manille (Philippines), le pape François rencontre des jeunes sauvés de la rue. Glyzelle Palomar, douze ans, a du mal à terminer son témoignage ; en pleurant, elle pose la question : « Il y a beaucoup d'enfants abandonnés par leurs parents, beaucoup de victimes de beaucoup de choses terribles comme les drogues ou la prostitution. Pourquoi Dieu permet-il ces choses, alors que ce n'est pas la faute des enfants ? Pourquoi si peu de gens viennent nous aider ? » La gorge nouée, Glyzelle ne peut terminer son intervention, n'arrivant pas à réprimer ses larmes. Le Pape va modifier son discours et improviser une réponse à la jeune fille venue se blottir dans ses bras. Il évoque les larmes de compassion du Christ dans l'Évangile et recommande : « Vous-mêmes, **soyez courageux, pleurez** ! » Mais il invite à un discernement : « Il y a une compassion mondaine qui ne sert à rien [...]. Vous avez dit quelque chose de cela. Est-ce que j'ai appris à pleurer quand je vois un jeune qui a faim, qui se drogue, n'a pas de maison, est abusé et utilisé comme esclave ? » Et le Pape de citer la jeune fille en exemple : « Elle nous a enseigné à pleurer. N'oublions pas cette grande question : pourquoi tant d'enfants pleurent ? Elle l'a posée en pleurant... La réponse, c'est soit le silence, soit la parole qui naît des larmes. » Et le pape François ajoute : « Apprenons à pleurer. Si vous n'apprenez pas à pleurer, vous ne serez pas de bons chrétiens, c'est un défi. » Il conclut : « Soyez courageux, n'ayez pas peur de pleurer ! N'oubliez pas cette leçon. » (Agence d'information du Vatican Zénit, 2015.01.18)

Le désir de mort devient intention de suicide

« Et elle monta dans la chambre haute de la maison de son père avec l'intention de se pendre. » On peut aspirer à ce que « tout s'arrête » et souhaiter s'endormir sans avoir à se réveiller... Un excès de tristesse peut provoquer ce désir de mort pour ne plus avoir à souffrir. Dans ce verset, nous avons « un cran de plus » : le désir devient projet. La façon de mettre fin à ses jours est choisie : se pendre. La Bible aime tellement la vie que les individus qui se suicident sont extrêmement rares. Sur des milliers de personnages, on ne peut en signaler que deux et ce sont deux traîtres : Ahitofel trahissant David (2 S 17, 23) et Judas trahissant Jésus (Mt 27, 5). La tentation n'est pas le péché. Elle fut connue – cette tentation du suicide – par certains saints. Saint Ignace de Loyola le dit clairement lorsqu'il était en longue retraite solitaire à Mannèse. Sainte Thérèse de Lisieux tient ses propos peu connus :

> 22 août à l'infirmerie du Carmel.
>
> Elle conjure que l'on prie pour elle, parce que, dit-elle, « c'est à en perdre la raison ». Elle demande qu'on ne laisse pas à sa portée les médicaments poison pour l'usage externe et conseille qu'on n'en laisse jamais près des malades qui souffriraient les mêmes tortures, toujours pour ce motif que « c'est à en perdre la raison » et que, « ne sachant plus ce que l'on fait, on pourrait très bien se donner la mort. Que d'ailleurs, si elle n'avait pas eu la foi, elle n'aurait pas hésité un instant à se donner la mort. » (*Derniers Entretiens,* OC P1104 Cerf-DDB)

Oui, on peut aimer Dieu de tout son cœur, le servir fidèlement, vivre dans une grande intimité avec Lui et être tenté par des désirs de mort.

Renoncer au suicide par amour des proches

Mais, à la réflexion, elle se dit : « Eh bien non ! Je ferais ainsi descendre mon vieux père plein de tristesse au séjour des morts. »

La personne qui souffre intensément peut se replier sur elle-même et ne plus voir que sa douleur. La première distance que Sarra prend vis-à-vis d'elle-même et de son désespoir, c'est de penser aux autres. L'amour qui la relie à ses proches – amour filial – la maintient en vie !

Le décentrement de la prière

« Mieux vaut pour moi ne pas me pendre, mais supplier le Seigneur de me faire mourir, pour que je n'aie plus à entendre de telles insultes à longueur de vie. »

Sarra, malheureuse, pose un acte important : elle se tourne vers le Seigneur. Sa prière, comme toute prière juive, commence par une bénédiction : *« Béni sois-tu, Dieu de miséricorde ; béni soit ton nom pour les siècles ; que toutes tes œuvres te bénissent à jamais ! »* La bénédiction oriente le regard non pas sur soi, mais vers celui à qui on s'adresse ; elle décentre de soi pour contempler l'Autre. Le Seigneur est nommé *« Dieu de miséricorde »* ; cette appellation constitue un acte de foi (« Tu es là ») et un acte d'Amour (« Tu es aimable ») et va préparer une ouverture pour un acte d'espérance à la fin de sa supplication. Dans sa prière, elle dit tout : son souhait de mourir, son innocence, son désespoir. En langage biblique, elle « épanche son cœur » en toute simplicité. Quelque chose d'imperceptible se produit alors en son âme, puisque, tout en demandant la mort, elle permet à Dieu d'accomplir autre chose, si telle est sa volonté : *« Et s'il ne te semble pas bon de me tuer, Seigneur, entends au moins l'insulte qui m'est faite. »*

Par cette supplication, Sarra a pu se décentrer d'elle-même et de son malheur ; elle a ouvert ainsi une porte dans sa prison intérieure. Par cette brèche, Dieu va pouvoir entrer. Le chemin du retour à la vie est passé par deux étapes : la conscience de l'amour des proches et l'amour de Dieu. Le livre de Tobie nous révèle qu'il existe un lien entre le monde « d'en haut », celui de Dieu, et le monde « d'en bas », celui des hommes. La prière ouvre un passage de l'un à l'autre : dans un mouvement ascendant, elle « monte » vers Dieu, puis « descend » sous la forme de grâces et de bienfaits.

Le fruit de la prière est le retour à la vie normale : Sarra quitte la chambre haute pour redescendre dans les activités du quotidien ; la vie reprend son cours.

Les mariages se font au Ciel

Les prières simultanées du vieux Tobith et de Sarra sont arrivées à destination :

> *« La prière de l'un et de l'autre fut portée en présence de la gloire de Dieu où elle fut entendue. Et Raphaël fut envoyé pour les guérir tous deux* […] *; à Sarra pour la donner en mariage à Tobie et expulser d'elle Asmodée, le pire des démons. »* (Tb 3, 16-17)

Avant que le récit ne se poursuive « sur la terre », nous savons que le mariage est décidé au Ciel ; il sera guérison et victoire sur les puissances du mal. Le livre de Tobie revient à la source de la spiritualité biblique du mariage puisque, dans le second récit de la Création, c'est Dieu lui-même qui se fait « l'entremetteur » entre Adam et Ève. *« Il façonna une femme et Il l'amena vers l'homme. »* (Gn 2, 22) C'est le contraire de l'expression courante : « prendre femme » puisqu'il s'agit de la recevoir… de Dieu.

La conviction que c'est Dieu qui unit l'époux et l'épouse est illustrée de façon humoristique dans cette petite histoire de Rabbi ben Chalafta.

Une matrone demanda à Rabbi José, fils de Chalafta : « En combien de jours le Saint, béni soit-il, créa-t-il le monde ? » « En six jours », répondit-il. « Et que fait-il depuis ? » « Il fait des mariages. » « Est-ce là tout son travail ? répartit la femme. J'en puis faire autant. J'ai des esclaves hommes et des esclaves femmes ; en une petite heure, je les aurai tous mariés. » « Si c'est facile à tes yeux, reprit le rabbi, c'est aussi difficile aux yeux du Saint, béni soit-il, que le miracle qui déchira la mer Rouge. »
Rabbi José étant parti, que fit-elle ? Elle prit mille esclaves hommes et mille esclaves femmes, les mit sur deux rangées et dit : « Que celui-ci prenne celle-ci et que celui-là prenne celle-là » et, en une nuit, les maria. Le lendemain, les femmes vinrent chez leur maîtresse. L'une avait la tête fêlée, l'autre l'œil crevé, une troisième la jambe cassée. « Qu'avez-vous ? » leur demanda-t-elle. Celle-ci répondit : « Je ne veux pas de celui-ci » et celle-là : « Je ne veux pas de celui-là. » Aussitôt, la matrone envoya quérir Rabbi José ben Chalafta et lui dit : « Il n'y a pas de Dieu comme votre Dieu ; et elle est belle et louable, en vérité, votre Torah car tu avais raison. » Et il répondit : « Ne te l'avais-je pas dit, que si un bon mariage est à tes yeux chose facile, c'est au regard de Dieu, chose aussi difficile que le miracle qui fendit la mer Rouge ? » (Bereschit Rabba, 68, Edmond Fleg, *Anthologie de la pensée juive*, J'ai lu)

Comment Dieu va-t-il intervenir pour exaucer les prières ?

Il va, par sa Providence, relier le monde du vieux Tobith à celui de la jeune Sarra. À vue humaine, ce n'est pas évident car ils vivent à une grande distance l'un de l'autre, l'un résidant à Ninive (l'Irak actuel), l'autre à Ecbatane (l'Iran actuel). Mais la médiation va s'opérer par l'action d'un être céleste, l'ange Raphaël dont le nom signifie « Dieu guérit ».

« Les pensées de Dieu ne sont pas celles des hommes. » (Is 55, 9) C'est ainsi que le jeune Saül part à la recherche des ânesses de son père… pour trouver la royauté (1 S 9) et que Tobie s'en va en terre lointaine récupérer une somme d'argent en dépôt pour découvrir un autre trésor… sa femme ! On connaît les coutumes du peuple d'Israël dans l'Antiquité : les unions conjugales n'étaient pas d'abord une affaire d'amour comme à notre époque ; la société avait en vue la constitution d'une cellule familiale solide, la renommée de la famille, la fécondité comme gage de force et de prospérité. C'est pourquoi les mariages sont choses trop sérieuses pour être laissées à l'appréciation des jeunes gens souvent dominés par les passions. Ce sont donc les parents qui arrangent les unions. Parfois, le sentiment amoureux précède la conclusion du mariage, c'est le cas de Jacob : *« Rachel avait belle allure et beau visage et Jacob se mit à aimer Rachel. »* (Gn 29, 18) Mais, le plus souvent, le sentiment amoureux vient après les noces célébrées. *« Isaac l'épousa* (Rebecca)*, elle devint sa femme, et il l'aima. Et Isaac se consola de la mort de sa mère. »* (Gn 24, 67) Le livre de Tobie reconnaît qu'au-delà des coutumes et des habitudes culturelles, Dieu est celui qui est au principe de toute union conjugale.

L'homme doit être adulte

L'aventure du jeune Tobie se révèle être une initiation, le faisant passer du stade de l'enfance à celui de l'adulte. Au début du voyage, Tobie est soumis à son père et à son compagnon, l'ange Raphaël. Peu à peu, s'étant séparé de ses parents, il devient plus indépendant, s'affirme, prend des initiatives. En arrivant à Ecbatane, pour la première fois, il commande à l'ange : « *Azarias, mon frère, conduis-moi tout droit chez notre frère Ragouël.* » (Tb 7, 1) Il prend aussi l'initiative de la demande en mariage (selon les coutumes de l'époque, par la médiation d'un membre de la famille) : « *Azarias, mon frère, demande à Ragouël de me donner en mariage Sarra ma parente.* » (Tb 7, 9) Devant la gêne de ses hôtes, il fait encore preuve d'autorité : « *Je ne mangerai ni ne boirai rien, tant que tu n'auras pas pris de décision à mon sujet.* » (Tb 9, 12) Il se mariera même en l'absence de ses parents, sans solliciter leur accord (Tb 9, 13-14). Tobie est devenu un homme ! Il est apte à s'engager dans le mariage. Il a réalisé les trois étapes successives du mode d'emploi de la Genèse : « *L'homme quittera son père et sa mère, il s'attachera à sa femme, et tous deux ne feront plus qu'un (une seule chair).* » (Gn 2, 24)

Dans ce processus de croissance, celui qui aime doit reconnaître ses appréhensions devant l'engagement avec une femme : « *J'ai peur, car ce n'est pas elle que le démon attaque, mais il tue quiconque veut s'approcher d'elle.* » (Tb 6, 15) Mais il doit aussi dépasser ses craintes en laissant s'exprimer la force de l'attirance : « *En apprenant de Raphaël qu'il avait une parente dans son clan, il s'éprit d'elle passionnément et lui fut attaché de tout son cœur* » (sans l'avoir vue !) (Tb 6, 19).

L'amour vient de Dieu et de l'homme

En suivant le récit, nous percevons que l'amour est à la fois l'œuvre de Dieu qui, au Ciel, décide du mariage, et l'œuvre de la liberté humaine de Tobie et de Sarra. Ils consentent l'un à l'autre (échange des consentements) parce qu'ils adhèrent au dessein d'amour de Dieu sur eux. L'union conjugale engage pleinement la liberté et la volonté de Dieu et celle des personnes. Sarra est choisie pour épouse par Dieu et par Tobie.

Le mariage « en Dieu » conjugue plusieurs modalités : un kit complet

Dans cette histoire, le mariage engage l'être humain dans toutes ses dimensions :

– sociale : l'importance de rechercher la cohésion de la famille et du clan, surtout lorsque le peuple d'Israël est dispersé en Exil (Tb 7, 3-6) ;

– religieuse : il importe d'obéir à la volonté de Dieu telle qu'elle est révélée par les prescriptions de la Loi de Moïse (Tb 6, 12-13) ;

– existentielle, à travers le déroulement des circonstances du récit (voyage, compagnon de route, poisson…) ;

– affective, dans les sentiments passionnés éprouvés par Tobie.

Un poisson au secours de l'amour

L'amour est en situation d'échec constant dans l'existence de Sarra. Le remède va venir sous la forme d'un poisson ! Qu'est-ce que cela signifie ? Essayons de comprendre en examinant la carte d'identité du poisson :

– Il surgit des profondeurs pour « attraper » Tobie. Il vient d'ailleurs (Tb 6, 2) ;

– Il faut le saisir. Ce qui apparaît tout d'abord comme une menace doit être « maîtrisé » (Tb 6, 3) pour devenir un bienfait ;

– Il est tué (Tb 6, 4) ;

– Il est mangé (Tb 6, 5) ;

– Il est remède (Tb 6, 4) ;

– Son importance est donnée par une révélation du Ciel : l'ange (Tb 6, 8-9) ;

– Il est offert comme un sacrifice. *« Tobie se souvint des paroles de l'ange, il sortit de sa besace le foie et le cœur du poisson et les déposa sur le brûle-parfums.* » (Tb 8, 2) Le poisson, offert comme un encens, évoque l'offrande du Temple de Jérusalem (Ex 30, 8) ;

– Il est victorieux des puissances du mal. « *L'odeur du poisson repoussa le démon qui s'enfuit dans les airs jusqu'en Égypte* » (Tb 8, 2-3).

Identification du poisson ou l'inspecteur enquête

L'approche zoologique. Certains commentateurs ont émis l'hypothèse que les anciens, dans leur culture archaïque, pensaient que ce poisson pouvait avoir une vertu médicinale. Il existait à cette époque de nombreuses convictions non scientifiques, comme le fait d'attribuer aux fruits « mandragores » des vertus aphrodisiaques (Gn 30, 14). Mais cette thèse ne tient pas, car le poisson du récit n'est pas mentionné comme appartenant à une espèce précise.

L'approche magique. D'autres lecteurs ont imaginé que le récit contiendrait les vestiges d'une pensée magique attribuant des pouvoirs à un poisson. Cette interprétation est peu convaincante car la théologie du livre nous montre un Dieu Créateur et Providence, Maître de la Nature et de l'Histoire, sans mélange ni confusion avec une quelconque pensée magique... Impossible d'avaler cela : il y a trop d'arêtes dans ces poissons !

L'approche christologique inspirée des Pères de l'Église. En grec – la langue du Nouveau Testament – le poisson se dit *ictus.* Les premiers chrétiens ont tout de suite associé à chacune des lettres un titre du Seigneur. Cela donne :

Iesus (Jésus)
Christos (Christ)
Theou (Dieu)
Uios (fils de)
Soter (Sauveur)

C'est pourquoi, dans l'art chrétien des églises primitives, le Christ est symbolisé par un poisson : *Jésus Christ, fils de Dieu Sauveur.*

Le poisson du livre de Tobie, c'est Jésus !

J'aime cette lumière donnée pour comprendre spirituellement le récit. Le Christ cherche à saisir Tobie, à l'attirer à lui ; il faut le saisir soi-même (par la foi) ; il est mort pour nous (sur la croix) ; il se donne en nourriture (dans l'eucharistie) ; il est remède pour nos maux ; il chasse les esprits mauvais ; il nous est révélé par une connaissance surnaturelle (l'Esprit Saint). La prière et son sacrifice (l'encens), auxquels les mariés s'unissent, transforment la malédiction de l'amour en bénédiction.

Quand le mariage est consacré à Dieu, il est vainqueur des forces du mal

Il y a, paraît-il, des tiercés gagnants ; pour les couples, le livre de Tobie propose un « septénaire gagnant ».

Le soir de la nuit de noces, les jeunes mariés font une prière (souvent utilisée comme première lecture dans les messes de mariage) présentant sept aspects de la spiritualité conjugale :

1. Le couple est orienté vers le Seigneur, et non pas d'abord centré sur lui-même. *« Tobie sortit du lit et dit à Sara : « Lève-toi, ma sœur. Prions. »* Avant de s'unir l'un à l'autre, ils s'unissent au Seigneur. Plus puissant que l'attrait sexuel, il y a l'attrait spirituel ! Voici un bon commencement.

2. La communion spirituelle des époux

Celle-ci est soulignée à trois reprises dans la prière :

– au début : *« ils se mirent à prier »* ;

– à la fin : « *ils dirent d'une seule voix : Amen, Amen* ». L'expression « *d'une seule voix* » exprime la communion du couple ; il est « unanime » dans le sens premier du terme : « une seule âme » ;

– au milieu : c'est une prière à deux voix, exprimée par Tobie (versets 5 à 7), puis par Sarra (dans la version de la Vulgate, verset 10).

3. La reconnaissance

> « *Béni sois-tu, Dieu de nos pères ;*
> *béni soit ton nom dans toutes les générations, à jamais.*
> *Que les cieux te bénissent et toute ta création, dans tous les siècles.* »

Plus encore qu'une introduction dans la prière, la bénédiction est une façon d'être devant Dieu, un style de vie empreint de reconnaissance. Le couple rend grâce à Dieu avec toute la Création pour ce que Dieu est et fait. L'amour conjugal fait jaillir la louange. Dans le récit de la création, la première parole de l'homme – Adam – est un cri d'émerveillement devant la femme – Ève : « *Cette fois-ci, voilà l'os de mes os et la chair de ma chair !* » (Gn 2, 23) Le couple entre dans le mariage avec action de grâce.

4. Entrer dans le dessein de Dieu

> « *C'est toi qui as fait Adam ; tu lui as fait une aide et un appui : Ève, sa femme. Et de tous deux est né le genre humain. C'est toi qui as dit : Il n'est pas bon que l'homme soit seul. Je vais lui faire une aide qui lui soit semblable.* »

La prière des époux rattache leur mariage au récit de la création en Genèse 2, 18 : « *Le Seigneur Dieu dit : il n'est pas bon que l'homme soit seul, je vais lui faire une aide qui lui correspondra.* » (Littéralement : « qui lui soit comme son vis-à-vis ».) Dans la discussion avec les pharisiens sur la répudiation, Jésus aussi va relier l'institution du mariage au dessein originel de Dieu :

> « *Dès le commencement, le Créateur les fit homme et femme et dit : À cause de cela, l'homme quittera son père et sa mère, il s'attachera à sa femme et tous deux deviendront une seule chair. Ainsi ils ne sont plus deux, mais une seule chair. Donc, ce que Dieu a uni, que l'homme ne le sépare pas !* » (Mt 19, 4-6.)

Le mariage n'est pas perçu comme un simple contrat entre deux personnes, une convention sociale régie par les hommes. Tobie et Sarra entrent dans le projet de Dieu, auteur du mariage et de l'amour, en tournant leur regard de la terre au ciel, du présent au « commencement ». Deux finalités – qui seront développées par les théologiens comme socles du mariage – sont présentes :

– la communion conjugale comme remède à la solitude existentielle, comme aide et soutien mutuel ;

– l'ouverture à la vie : « de tous deux est né le genre humain ».

5. Une union en Dieu

« *Ce n'est pas pour une union illégitime que je prends ma sœur que voici, mais dans la vérité de la Loi.* » La Vulgate ajoute : « *Ce n'est pas pour satisfaire mes passions, mais seulement par désir de fonder une famille qui bénira ton nom dans les siècles des siècles.* »

La sexualité n'est pas méprisée par les époux, mais intégrée dans une vocation conjugale en Dieu et pour Dieu. Le but premier n'est pas d'apaiser la pulsion sexuelle, mais d'aimer « en vérité ». Ce terme « vérité » de la Loi fait d'abord référence à la prescription du Lévirat (Dt 25, 5-10), mais plus généralement à la vérité contenue dans la Parole de Dieu adressée aux hommes. Saint Jean parlera lui aussi d'aimer « en vérité » (1 Jn 3, 18).

Dans la prière du couple, le mariage n'est pas présenté comme « remède à la concupiscence », il est l'édification d'un projet de vie (le couple et la famille) pour la gloire de Dieu.

6. Le besoin d'être sauvé par Dieu

Ce ne sont pas seulement les individus qui ont besoin d'être sauvés, mais les couples et les familles. Les jeunes époux ne comptent pas sur leurs propres forces, leurs sentiments ou leurs vertus ; ils se savent pauvres et fragiles, c'est pourquoi ils se placent sous la protection de Dieu : *« Demandons à notre Seigneur de nous combler de sa miséricorde et de son salut. Et ils se mirent à prier et à demander que leur soit accordé le salut. »* (Tb 8, 4-5) Leur couple se construit sur des fondations solides : une demande humble adressée à Dieu pour être aidés, soutenus, protégés, sauvés de tout mal.

7. La volonté de durer avec la grâce de Dieu

C'est la prière de l'époux : *« Daigne nous mener ensemble à un âge avancé »*, à laquelle répond, en écho, celle de l'épouse : *« Puissions-nous vivre heureux jusqu'à notre vieillesse tous les deux ensemble ! »* Comme dans les chansons populaires, amour rime avec toujours. Le désir du cœur humain n'est pas de vivre un fugitif instant de plaisir, un « grand moment d'émotion », mais de construire une relation solide et durable qui puisse passer victorieusement l'épreuve du temps. La volonté de durer dans l'amour et dans la fidélité peut s'envisager si le couple s'appuie sur la fidélité de Dieu à son alliance.

À ce septénaire de spiritualité conjugale, on peut ajouter une huitième touche :

– L'amour en Dieu nous relie aux autres. On dit parfois, pour valoriser la relation amoureuse, que ceux qui s'aiment sont comme « seuls au monde ». Cette perspective moderne, individualiste, présente l'intimité du couple comme s'extrayant de la vie des autres pour se replier sur un bonheur privé. Dans le livre de Tobie, c'est exactement l'inverse : l'amour du couple ouvre les cœurs, dilate les esprits, relie les conjoints aux autres dans le temps et l'espace.

– Le Dieu invoqué est Celui « de nos pères », ce qui relie les croyants à tous ceux qui les ont précédés, les inscrivent dans l'histoire sainte du peuple de Dieu.

– Leur louange conjugale est comme la musique d'un instrument dans le concert de toute la création, symphonie cosmique, universelle.

– La prière évoque *« toutes les générations, à jamais »*, *« dans tous les siècles »*, *« le genre humain »*, *« fonder une famille qui bénira ton nom dans les siècles des siècles »*.

Comme une pierre jetée dans un lac provoque des cercles concentriques qui vont en s'élargissant, la prière de Tobie et de Sarra, dans leur chambre à coucher, s'élargit aux dimensions du monde. Leur amour est et sera ouvert à Dieu et aux autres. Le couple croyant a conscience d'être dans la communion des saints, transcendant le temps et l'espace.

8. Les effets de la communion conjugale : la paix

« Et ils se couchèrent pour la nuit. » Suit une scène pittoresque : les parents inquiets envoient discrètement une servante pour voir si tout va bien. *« Elle entra et les trouva couchés qui dormaient ensemble… Rien de mal n'était arrivé. »* (Tb 8, 13-14)

Sarra est guérie, le couple sauvé, le démon expulsé. Avec humour, le texte souligne le contraste entre la paix, le calme des époux… et l'agitation nocturne des serviteurs qui creusent une tombe « au cas où ».

II. Appropriation personnelle

Les symptômes de la maladie

Aujourd'hui, bien des personnes (hommes et femmes) éprouvent la souffrance de Sarra dans le domaine de la vie affective.

- la malédiction

Les échecs sentimentaux à répétition peuvent engendrer une impression de destin malheureux auquel l'individu ne peut échapper. Dans l'accueil spirituel, on entend des confidences comme : « Pourquoi avec moi, ça foire toujours ? » ; « Il paraît que le roi Midas transformait en or tout ce qu'il touchait, moi je transforme en échec tout ce que je commence » ; « À chaque fois, je me fais “ramasser”, ça me fait peur ».

- l'accusation

Certains célibataires plus âgés se sentent subtilement jugés ou accusés par des réactions souvent involontaires à leur égard :

– Des phrases cruelles de couples leur disant, après avoir parlé des problèmes de leurs enfants : « Oh toi, tu as de la chance de ne pas être embêté avec ces problèmes ! » ;

– Des insinuations de comportements égoïstes : « Toi, tu fais ce que tu veux, comme tu veux. Tu es libre ! » ;

– Des conseils apitoyés : « Tu devrais t'habiller autrement pour… As-tu pensé à ce site de rencontres ? » Pire encore quand, en l'absence de l'intéressé, des expressions fusent : « Avec son caractère, ça ne m'étonne pas. Faudrait être maso pour vivre avec » constituant des actes d'accusation bien durs.

- le non-sens

Une célibataire trentenaire en région parisienne : « J'ai un boulot extra. Des bonnes copines. Mais je me sens seule quand je rentre chez moi. Des fois, je me dis : ça sert à quoi, tout ça ? J'aimerais vivre pour quelqu'un... Mais j'ai beau faire des retraites spirituelles, je trouve que ça n'a pas de sens. »

- le sentiment d'humiliation

Être « plaqué(e) » ou ne pas susciter d'intérêt de la part du sexe opposé peut donner de soi une image négative. Des pensées ou des paroles comme : « Si j'étais moins nul (le), moins moche, j'en serais pas là », retournent la culpabilité contre soi et peuvent sérieusement atteindre l'estime de soi. Certaines relations faciles et passagères, pour se prouver à soi-même que « je peux quand même plaire », se transforment souvent en dégoût de soi-même.

- le découragement peut devenir désespérance

Quand on est désespéré, que l'on estime la situation sans issue, les pensées de mort peuvent survenir de façon fugitive, puis s'installer à demeure : « Elles squattent l'appart... » Et il est difficile de les expulser. Beaucoup de tentatives de suicide sont liées à des échecs de la vie amoureuse, quel que soit l'âge.

- les cinq remèdes dans la pharmacie du Bon Dieu

Le livre de Tobie nous montre cinq moyens, utilisés par Sara et Tobie pour passer de la mort à la vie, de la solitude à la communion, de la défaite chronique à la victoire.

1. La prière
Jésus nous le dit : il faut prier **avec confiance**.

« Demandez, on vous donnera ; cherchez et vous trouverez ; frappez et l'on vous ouvrira. En effet, quiconque demande reçoit, qui cherche trouve, à qui frappe on ouvrira. Ou encore : Lequel d'entre vous donnera une pierre à son fils quand il lui demande du pain ? Ou bien lui donnera un serpent quand il lui demande un poisson ? Si donc vous, qui êtes mauvais, vous savez donner de bonnes choses à vos enfants, combien plus votre Père qui est aux cieux donnera-t-il de bonnes choses à ceux qui les lui demandent. » (Mt 7, 7-11)

Demander de se marier est demander une « bonne chose », puisque c'est Dieu qui est « l'inventeur » du mariage et de l'amour. Jésus ajoute : il faut prier **avec persévérance**.

« Jésus disait à ses disciples une parabole sur la nécessité pour eux de toujours prier sans se décourager. » (Cf. la parabole du juge et de la veuve importune en Lc 18, 1-8)
Cette importance de la prière est sans cesse rappelée par la Sainte Vierge dans toutes les apparitions mariales reconnues par l'Église. Retenons le message de Pontmain en 1871. Le contexte est dramatique : la guerre de 1870 entre la Prusse et la France tourne à la catastrophe pour le régime de Napoléon III. Dans un petit village de Mayenne, la Vierge Marie apparaît à la nuit tombée. Seuls les enfants du village voient dans le ciel « la belle dame ». Les paroissiens se précipitent dehors autour des enfants. Le curé fait prier le chapelet. Pendant la prière, un fait étonnant se produit, décrit en direct par les voyants : une grande banderole lumineuse apparaît, se déroulant dans le ciel. Les enfants épellent lettre par lettre le message qui s'inscrit sur la banderole : *Mais priez, mes enfants, Dieu vous exaucera en peu de temps. Mon fils se laisse toucher.*
Tout le village croit en cette apparition et met en pratique la demande de la mère de Jésus. Onze jours plus tard, l'armistice est signé et la paix revient. Le curé fait prier pour les

38 jeunes gens du village partis à la guerre afin qu'ils soient protégés. Les 38 hommes reviendront tous au village sains et saufs. Dans une situation désespérée, la Vierge Marie a redonné l'espérance.

Je conseille aux célibataires désireux de se marier de prier, non pas seulement pour « trouver quelqu'un », mais de demander à Dieu la grâce de le servir dans le sacrement du mariage, de fonder un couple et une famille chrétienne.

Continuer **à vivre et à faire confiance** malgré tout : Sarra n'était pas loin de mettre fin à ses jours, mais a quand même choisi la vie. Le fil qui la retenait en vie était bien mince, mais elle ne l'a pas coupé. Après sa prière, elle n'a pas eu d'apparition céleste, ni entendu de voix ; elle n'a pas eu la conviction que son problème était réglé... Elle a simplement repris son existence quotidienne en laissant une chance à Dieu. Continuer à vivre, à faire confiance malgré tout est un grand acte de foi... C'est le terrain humain qui va permettre à Dieu d'agir à sa manière. Le récit n'évoque pas de démarches spirituelles particulières comme le jeûne, un vœu, un pèlerinage, un sacrifice... mais simplement l'acte courageux de continuer à vivre et à espérer.

2. Mettre un poisson dans son couple

C'est le Christ qui va guérir et libérer Sara de la malédiction. Accueillons-le dans notre vie. Dans l'évangile de saint Jean, le premier miracle de Jésus se produit à l'occasion d'un mariage.

> *« Il y eut un mariage à Cana de Galilée. La mère de Jésus était là. Jésus aussi avait été invité au mariage. »* (Jn 2, 1)

Comme le poisson de Tobie, le Christ veut me saisir. Il est mort pour moi sur la croix. Il se fait nourriture dans l'eucharistie. Sa présence chasse les influences mauvaises qui rôdent autour de moi. Il est l'Amour qui se propose, mais ne s'impose pas par la contrainte. C'est pourquoi, comme à Cana de Galilée, il nous faut l'inviter à venir dans notre couple, **avant** (dans notre projet de vie et de couple pour Dieu), puis **au moment** de la célébration du mariage, et enfin **après**, dans la vie de tous les jours. On dit parfois à des amis : « l'invitation tient toujours », c'est ce qu'il faut redire à l'Ami quand il s'agit de l'amour conjugal, au stade du désir comme à celui de son accomplissement.

3. Ne pas craindre de recommencer

Tobie est arrivé dans la maison de Ragouel. Il est proche (de sa parenté) et vient de loin (Ninive) ; mais cela ne suffit pas. Comme la Vierge Marie a accueilli la Parole de l'Ange à l'Annonciation et a dit « oui » au projet de Dieu, il a fallu aussi que Sarra, malgré les échecs précédents, ose une nouvelle relation. Elle a dit « oui » en consentant à la demande de Tobie. La peur de souffrir encore aurait pu l'amener à se replier sur elle – et même à décliner la proposition – mais elle a accepté de n'être pas prisonnière de son passé, de poser un acte de foi (faire confiance) et d'espérance (l'échec n'est pas un destin). C'est ce que Dieu attendait d'elle.

4. Vouloir une union selon le Cœur de Dieu

Le comportement de Tobie et de Sarra a révélé leur conception de l'amour et du mariage. Ils veulent une vie de couple orientée vers le Seigneur, une communion spirituelle, une obéissance au dessein de Dieu sur le mariage, une volonté de durer dans la fidélité, un amour ouvert sur la vie.

Est-ce mon désir ? Suis-je désireux de construire mon projet de couple et de famille sur le Christ ? La parabole suivante peut être appliquée au mariage. Sur quoi voulons-nous construire ? Le sable des sentiments et des émotions ? Ou le roc d'un projet de couple avec le Christ ?

> « *Ainsi, celui qui entend les paroles que je dis là et les met en pratique est comparable à un homme prévoyant qui a construit sa maison sur le roc. La pluie est tombée, les torrents ont dévalé. Les vents ont soufflé et se sont abattus sur cette maison, la maison ne s'est pas écroulée car elle était fondée sur le roc. Et celui qui entend de moi ces paroles sans les mettre en pratique est comparable à un homme insensé qui a construit sa maison sur le sable. La pluie est tombée, les torrents ont dévalé, les vents ont soufflé, ils sont venus battre cette maison, la maison s'est écroulée et son écroulement a été complet.* » (Mt 7, 24-27)

5. Expulser les Asmodée

Asmodée, l'esprit mauvais acharné contre l'amour humain et le mariage, est « *le pire des démons* » (Tb 3, 8). Un jour, au pays des Géraséniens, en face de la Galilée, Jésus rencontre un possédé et lui demande : « *Quel est ton nom ?* » Celui-ci répond : « *Légion* » (Lc 8, 26-30). N'y a-t-il pas aujourd'hui, dans notre monde, une légion d'Asmodée ? Ils se nomment : pornographie, individualisme forcené, négation de l'identité masculine et féminine, adultère, polygamie institutionnalisée ou pratiquée dans une double vie, idolâtrie du sexe et du plaisir, violences conjugales. La liste est longue. Comme Tobie, nous pouvons dire : « *Voilà pourquoi j'ai peur.* » (Tb 6, 15) La fragilisation des couples, le nombre important de séparations et de divorces, tout cela fait peur, surtout aux jeunes qui voudraient croire en un amour durable, mais doutent de leurs capacités à le réaliser. L'envoyé de Dieu nous répond comme à Tobie : « *Ne t'inquiète pas au sujet de ce démon et prends Sarra pour épouse. Demandez au Seigneur du Ciel de faire venir sur vous sa miséricorde et son salut. N'aie pas peur.* » (Tb 6, 16-18) Et la victoire de Dieu est donnée dans ce combat spirituel. C'est à des jeunes gens que saint Jean déclare : « *Vous êtes forts, la Parole de Dieu demeure en vous, vous avez vaincu le Mauvais.* » (1 Jn 2, 14) Sainte

Thérèse de l'Enfant-Jésus répète ce message avec audace : « Une âme en état de grâce n'a rien à craindre des démons qui sont des lâches, capables de fuir devant le regard d'un enfant. » (Manuscrit A, 10 v°)

Plus que jamais, l'amour humain est une aventure risquée. Mais comme elle vaut la peine d'être tentée ! Que tous ceux qui sentent cet appel puissent garder confiance en eux-mêmes et dans le Seigneur. Il sait que notre bonheur réside dans le fait d'aimer et d'être aimé.

Témoignages

Voici le témoignage d'un couple, Jérôme et Laure, qui relit son cheminement à la lumière de l'histoire de Sarra et Tobie. J'ai volontairement gardé le style oral et le langage parfois « cru » de Jérôme.

(Jérôme) Sur le chemin de Sarra : la malédiction

Je suis né le 1er août 1979 d'une famille ouvrière se disant catholique. « Bling bling », saints Bibelots, priez pour nous… Sainte Bernadette trône en bonne place dans la vitrine. J'ai été baptisé, mais ne mettrai les pieds ni au caté ni à l'église. J'ai reçu un amour plus matériel que maternel. Enfant, j'obtenais à peu près ce que je voulais tant que ça s'achetait et que ça ne dérangeait pas trop. Je n'ai appris ni la patience ni la frustration. Tout, tout de suite. À l'exception du bureau, des livres et du vélo dont je rêvais. Mon père boit, je suis souvent frappé. Ou alors il est assommé par les médicaments. En fait, je ne me souviens plus trop…

À l'école, j'ai du mal à me concentrer. À l'époque, mes camarades de collège rêvaient de mettre le feu au collège. Moi, je l'ai fait ! À la suite de cet incident, je suis placé en institut psychopédagogique pendant deux ans. Pour me punir, c'est ce que je pense alors. Pour m'éloigner de ma famille, je le comprends aussi maintenant. Je termine ma scolarité en « quatrième aide et soutien » à l'âge de seize ans… Pas mal ! Encore un peu et j'entrais dans le livre Guinness des Records, mention cancre de l'année… Je veux travailler. M'éloigner de la bande de camarades qui m'entraîne dans ses cambriolages…

Vient donc le monde du travail. Je passe un permis cariste, j'enchaîne les missions d'intérim et à vingt ans, je m'engage dans l'Armée de terre. J'ai du mal à accepter l'autorité. L'alcool, les clopes, le shit, les filles : mes soldes y passent. Une pneumonie providentielle vient me prendre sur cette mauvaise pente. Je suis réformé. Mais une addiction était née.

(Laure) Sur le chemin de Tobie : quitter son pays, ses parents

Mon enfance n'a rien à voir avec celle de Jérôme. Aînée de cinq enfants, je grandis apparemment sans souci. Excellente élève, je suis aussi pleine d'idées et de projets, je m'investis à la paroisse, à l'aumônerie, dans le scoutisme. Le plus dur, c'est de déménager tous les cinq ou six ans pour le travail de papa. Je suis pleine de rêves et d'idéaux. Je crois au prince charmant et l'attends patiemment ! Je vois mes camarades de lycée très blessées par leurs aventures amoureuses. Je veux vivre autre chose. Ce qui ne m'empêche pas d'être secrètement sensible au charme de l'un ou de l'autre. Je suis aussi bouleversée par le témoignage d'une jeune religieuse, alors que j'ai quatorze ans. Je veux répondre à l'appel de Dieu pour moi, mais j'ai très peur. Et surtout, comment savoir ?

Les années passent. J'obtiens l'agrégation de Lettres classiques et, la même année, je me fiance. Je ressens aussi de terribles douleurs dans les genoux, mon dos est douloureux. C'est du stress, me dit-on. Effectivement, cela semble s'arranger.

Pourtant, cette année-là, *tout déraille.* Mes parents se séparent ; un fossé infranchissable se creuse entre mon fiancé et moi. Je prie beaucoup. Nos fiançailles sont rompues.

Pendant les vacances, pour me changer les idées, une amie m'entraîne avec elle : il s'agit d'aider à l'animation d'une école de prière et de monter un spectacle sur Charles de Foucauld avec des enfants. Je suis au pied du mur : il me faut, avec eux, chanter : « Mon Père, je m'abandonne à toi, fais de moi ce qu'il te plaira. Quoique tu fasses, je te remercie, je suis prêt à tout, j'accepte tout. » J'avais toujours refusé, me contentant d'écouter mes camarades d'aumônerie. Trop dur, trop exigeant. Cette fois, c'est dit ! Je ne peux plus revenir en arrière. Il faut me mettre en route, effondrée, mais dans la main du Père.

Sur le chemin de Sarra : le désespoir

Après mon passage à l'armée, le retour à la vie civile a été douloureux. Très vite, j'ai pris un appartement, mais les soirées, passées seul, étant longues, j'ai voulu mettre du piquant en picolant. La picole, c'est sympa, on se gerbe dessus, on finit comme une serpillière dans un caniveau, mais ça manque encore de sensations... Je me mets à prendre quelques médocs tels le valium avec mon alcool : effet kisscool garanti ! Trois valium et trois litres de bière, putain je me prends pour Jésus, je marche sur les eaux. Le réveil, c'est plutôt la mer Morte... Bilan : au moins une dizaine de comas éthyliques et un séjour en hôpital psychiatrique.

Sur le chemin de Tobie : une longue route et un compagnon

« Je suis prête à tout. J'accepte tout. » Mais quelle route suivre ? La Parole de Dieu m'accompagne, criée, d'abord, dans

les larmes et la tristesse. Impossible d'ouvrir une Bible. C'est trop dur. Mais je l'ai fréquentée depuis l'enfance et elle me donne les mots dont j'ai besoin.
Je me remets en route. Et je vais en parcourir, du chemin ! Me voilà dans de nouveaux lieux pour mon premier poste de professeur. Dans la petite ville cossue où je pose d'abord mes valises, je ne me sens pas à ma place : je choisis finalement une petite ville ouvrière sinistrée pour m'installer au pied des cités. Je fais de nouvelles rencontres, découvre le diocèse, la paroisse. C'est ainsi que je croise Jérôme pour la première fois : je suis séduite par sa personnalité et son histoire, mais me tiens sur mes gardes devant tant de faiblesses criantes : un amour Saint-Bernard, non merci ! Nos chemins ne cessent de se croiser. Un jour, alors qu'il a la cheville foulée et crie sa solitude, je décide de lui rendre visite. Je débarque dans sa cité, gravis dans une puanteur qui me donne la nausée les quatre étages qui mènent à l'appartement de ses parents. Je ne sais pas ce qui m'a pris de m'aventurer là ! Il m'invite à discuter dans sa chambre. Je refuse, méfiante : nous resterons sur le seuil. Il me provoque, agacé par tous les jeunes bourges cathos bien pensants : est-ce que je crois, moi, à l'action de l'Esprit Saint dans ma vie ? À l'Amour ? À une fidélité possible ? Oui ! Je me livre un peu. Cet échange me vaudra le surnom d'« Espérance ».
Ma quête me mène en pèlerinage en Terre Sainte avec d'autres jeunes du diocèse. J'y retourne seule l'été suivant, un mois, face au désert. *« Tu m'as séduit et je me suis laissé séduire. »* J'ai soif d'Absolu. Je remets tout entre les mains du Père. C'est douloureux de se déposséder d'un peu de soi-même et de ses projets. Mais où m'appelle-t-il ?
J'ai horreur de l'incertitude !

Sur le chemin de Sara : la lueur

Un midi, lors d'un repas chez mes parents, sur TV5, un curé parle d'une jeune qui avait été violée et tuée près de chez moi.

Le papa de cette jeune disait : « Le type, je le chope, je lui fais bouffer ses couilles. » Réponse du curé : « Fais-les lui bouffer, ça te rapportera quoi ? » Le père Guy Gilbert vient d'entrer dans mon existence ! Amen ! Alléluia ! Peu de temps après, je prends un train pour Lourdes et j'y reste deux ou trois jours. Pourquoi Lourdes, j'en sais rien… Seul problème : j'ai un tatouage de Satan sur le bras droit. Aux deux ou trois curés et bonnes sœurs qui m'ont dit que ce tatouage n'était qu'un dessin et que Dieu voyait nos cœurs et nos actes, et non pas un dessin sur un bras, merci à vous ! À mon retour, je rencontre le père Jérôme à la paroisse, et sœur Pierre, lors d'une rencontre diocésaine. Elle deviendra ma marraine lors de ma confirmation, avant de rejoindre le Père.
Finalement, je reprends une vie normale. La foi m'aide à arrêter mes conneries, au niveau de la drogue et de l'alcool. Le père J. devient mon Père spi. Je me mets en ménage. Le père J. ne voit pas ça clair : « Tu es libre, mais… » Merci, Père ! (À l'époque, j'ai eu envie de lui mettre un pain dans la g...)
Effectivement, mon couple capote. L'amour, j'y crois plus. Je rencontre une drôle de jeune sympa, mais au premier abord plutôt cul béni que fille de cité. En plus, elle est prof de lettres classiques, arrgghh !! Finalement, cette jeune devient ma confidente. Elle, elle y croit, à l'amour, malgré ce qu'elle a vécu, alors je l'appelle Espérance. Je me pose bien des questions au sujet de cette fille, mais j'ai plus besoin de prier que de « baiser » et, de toute manière, c'est pas ce qu'elle cherche… Serais-je appelé à une vocation ?

Sur le chemin de Tobie : le poisson et le fiel

Je vais pourtant la vivre, l'incertitude, au-delà de ce que j'imaginais. Au fil des semaines et des mois, mes muscles se tétanisent. Ce ne sont plus seulement mes genoux, mon dos. Je suis incapable de travailler, de conduire parfois. Porter une enveloppe jusqu'à la poste est douloureux. Je passe de longues heures allongée. Cela me brûle de toute part. J'ai l'impression qu'on me broie les os. « Il va falloir accepter le fait que vous êtes malade », me dit-on. Je reçois le sacrement des malades. On ne sait pas ce que j'ai. C'est alors un long chemin d'écoute et d'acceptation de la vérité qui commence. « Quand on a mal partout comme ça, on ne peut pas être bien dans ses baskets », me lance un médecin. Je proteste, mais suis forcée de l'entendre. Au fil des mois, j'entends que tout ce que je ressens physiquement est décrit dans les psaumes : ce sont des cris d'angoisse. Il me faut l'entendre, cette angoisse profonde qui me paralyse. Le monde médical est là. La Parole de Dieu travaille.

Devant le Saint Sacrement, je ne peux pas mentir. Jérôme est là, toujours, ami fidèle. Il ne me pose pas de questions : il parle ! Il s'adapte à ce que je peux faire physiquement, ne se lasse pas de venir jusque chez moi, de marcher avec moi. C'est une amitié gratuite. Il n'attend rien de moi. Au bout de quelques mois, un violent souvenir fait surface et, dans les heures qui suivent, ma langue se débloque : elle restait plaquée à mon palais depuis l'enfance. *« Que ma langue s'attache à mon palais, si je perds ton souvenir »*, dit le psaume. Et si c'était cela… Le fiel est amer, mais il guérit : au fil des mois, mes muscles se détendent, à commencer par ma mâchoire et mon visage. Je réapprends à avaler, à respirer. Je peux reprendre le travail, même si c'est très éprouvant encore. Je suis pleine de reconnaissance. Il faut que ma vie soit louange et action de grâce…

Sur le chemin de Sarra : l'accueil

Je chemine pour savoir ce que Dieu veut de moi et Laure devient ma sœurette. Je découvre François d'Assise et Claire : ça nous ressemble bien à Laure et à moi ! Ce petit bout de chemin dure environ quatre ans. Ensemble, nous prions : *« Le Seigneur est ma lumière et mon salut ; de qui aurais-je crainte ? Le Seigneur est le rempart de ma vie ; devant qui tremblerais-je ? »*

Je rentre au séminaire d'Orléans (seul séminaire en France où une remise à niveau scolaire est prodiguée avant d'entrer dans le grand bain théologique et philosophique). Là, mes vieux démons reprennent le dessus, je me remets à picoler sévèrement. En plus de me remonter les bretelles, ma sœurette m'aide dans mon discernement… Vacances de Toussaint : et si le Seigneur m'appelait à faire mon chemin avec ce petit de bout de femme ?

Sur le chemin de Tobie : l'accueil

J'ai repris le travail. Jérôme n'est plus là. Je passe beaucoup de temps avec lui pourtant, par mail, au téléphone. Il me fait peur. J'enrage : au séminaire, ils ne semblent rien comprendre, mais ce gars-là, c'est un trésor ! Je le dis devant mon écran d'ordinateur. Ce matin-là, j'ai lu : *« Là où est ton trésor, là aussi sera ton cœur. »* Je suis troublée… Et si mon chemin, c'était tout simplement de prendre soin de ce trésor-là ? Au fil des semaines, cela se clarifie. Pourtant, j'ai peur, très peur ! Nous sommes si différents ! C'est si risqué de reconnaître que je l'aime ! De bâtir sa vie avec un type pareil ! Il a tant de failles… de richesses aussi. Je sais mieux aussi désormais combien je suis petite et faible…

Sur le chemin de Sarra : le couple

« Seigneur, tu le sais ; si j'épouse cette fille d'Israël, ce n'est pas pour satisfaire mes passions ; mais seulement par désir de fonder une famille qui bénira ton nom dans la suite des siècles. »
Tout est dit… je quitte le séminaire en décembre. Je trouve une mission intérim. Laure n'exige pas que j'aie un emploi stable. Heureusement ! Nous ne serions toujours pas mariés ! La messe de notre mariage a été célébrée par le père J… Nous avons deux enfants. J'ai bac -5, Laure bac +5, mais qu'importe : nous nous aimons !

Sur le chemin de Tobie : le couple

Pour moi, tout n'était pas si simple. Il restait à vivre un vrai temps de fiançailles. L'impulsivité de Jérôme lors des rencontres de préparation au mariage collectives auxquelles nous sommes conviés me blesse énormément, me fait douter. Que de violence en lui ! Pourtant, sous le tumulte de la surface, une paix profonde s'installe. Aimer Jérôme, me laisser aimer par lui, c'est bien mon désir, un défi qui me captive, un projet qui semble taillé rien que pour moi et qui m'unifie, un cadeau exigeant, mais précieux, pour une enfant gâtée du Bon Dieu ! Quelques mois plus tard, nous nous marions.
Nous ne sommes parfaits ni l'un ni l'autre, c'est dur d'élever des enfants lorsqu'on est si différents et qu'on a été très blessés. Jérôme apprend la patience et la persévérance ; moi, la confiance. Que de choses à se pardonner ! Mais l'essentiel, nous le partageons et quelle joie d'entendre notre aîné dire merci à Jésus avec nous tous les soirs, tandis que sa petite sœur se blottit contre nous !
« Puisse notre famille bénir Dieu dans la suite des siècles
et puissions-nous vivre heureux jusqu'à notre vieillesse
tous les deux ensemble. »

Dans le **deuxième témoignage**, Juliette raconte son histoire, désireuse de vivre un bel amour, mais pas n'importe comment. Parce qu'elle veut garder ses exigences, il lui faudra lutter contre le Asmodée de l'impatience et du découragement…

Patience, espérance… oui, mais comment savoir qui sera « le bon », celui qui me correspondra ? « Suis-moi, je te fuis ; fuis-moi, je te suis » : pour les codes de la séduction, je me suis toujours demandée comment faire pour se trouver à deux sur la même trajectoire, de manière réciproque, en étant sincère dans ses sentiments et dans ses intentions. Je suis d'un naturel sociable. Mes amis ont toujours beaucoup compté dans mon équilibre affectif et dans ma capacité à me ressourcer lors de

moments de découragement et de solitude. Ado, j'ai été surprise de constater que les garçons de mon entourage voulaient avoir une petite amie comme « statut », comme aujourd'hui on note « en couple » sur Facebook. Je me découvrais différente, je voulais me sentir choisie et ne pas souffrir inutilement : j'étais capable d'attendre, je trouvais que cela valait le coup.
Au lycée, je voyais bien ma meilleure amie changer souvent de petit copain sans se préoccuper de leur briser le cœur ou bien de répéter inlassablement le même scénario. Je me sentais heureuse de la stabilité et de la profondeur de notre amitié, qui, elle, perdurait. À la même période, je suis tombée amoureuse d'un garçon que je voyais de manière épisodique : nous passions régulièrement nos vacances avec le même groupe d'amis. J'étais transparente pour lui. J'attendais qu'il me remarque et je provoquais les circonstances pour le revoir. J'en parlais pendant des heures avec ma meilleure amie, j'alimentais mes rêves sans que cela ne s'ancre dans le réel. Cela a duré plusieurs années ainsi. Le jour où je lui ai avoué mes sentiments en lui précisant que cela me rendait malheureuse, il en est resté surpris et mal à l'aise. Nous nous sommes perdus de vue.
C'est alors à un ami que je me suis confiée et il a écouté ma tristesse en m'assurant que je savais séduire même si je n'avais pas encore rencontré celui qui me correspondrait. J'ai déménagé, j'ai poursuivi des études qui m'ont passionnée et dans lesquelles je me sentais à ma place. J'étais reconnue dans ce que j'entreprenais. Des proches m'ont demandé d'être témoin de leur mariage : cela m'a touchée, je me suis sentie alors « unique » à leurs yeux. À la fin de mes études, j'étais la seule célibataire de ma formation : je me demandais pourquoi j'étais toujours seule alors que je me trouvais plutôt bien. Je n'avais pas de complexe particulier. Quand j'ai commencé à travailler, j'ai profité de mon temps libre pour voyager, souvent avec une amie célibataire comme moi : je me disais intérieurement que le fait d'être seule me permettait d'en profiter au maximum. J'ai senti à cette période que je plaisais à différents garçons au même moment. Cela me troublait : comment choisir ?

Comment mesurer mon inclination intérieure ? En discutant avec un prêtre, il a paru amusé par mon questionnement, plus habitué à des confidences de solitude que d'un excès de sollicitations… J'ai suivi son conseil de côtoyer ces garçons en prenant mon temps pour creuser les relations et mes propres attentes. L'un d'entre eux m'a fait peur quand j'ai pris conscience qu'il avait bien tout organisé dans sa vie, qu'il lui manquait juste une petite amie. Je ne voulais pas être la pièce manquante d'un puzzle. Je ne souhaitais pas non plus être placée sur un piédestal comme me le faisait sentir un autre alors qu'il me connaissait à peine. Je voulais rencontrer quelqu'un avec qui bâtir un projet, à deux.

J'ai participé à un mouvement d'Église d'aide à la décision pour des jeunes sur un week-end. Cela m'a profondément bouleversée et j'y ai rencontré un garçon avec qui je me suis senti avoir des affinités. Nous sommes partis en vacances ensemble et je me suis attachée à lui tout en mesurant combien il avait des souffrances affectives qu'il cherchait à panser. Son comportement de séducteur me perturbait car il n'était pas accompagné de sincérité de sa part. Je me suis sentie trahie et soulagée de ma lucidité. Ma prière alors était souvent tournée vers une demande de libération et d'apaisement de ma colère.

Les années ont passé : désillusion professionnelle, déprime, déménagement et une nouvelle formation vécue comme un défi à relever. J'aimais retrouver des amis en famille : voir grandir leurs enfants nourrissait mon propre désir de fonder une famille, enfoui en moi depuis mon enfance. Avant d'être mère, je prenais mon rôle de marraine d'un, puis de deux filleuls au sérieux. Le mariage de ma sœur cadette a constitué une épreuve ressentie comme une injustice. Ma plus jeune sœur, installée à dix-huit ans avec son copain, puis ayant eu différentes relations sentimentales, me trouvait trop exigeante et irréaliste de ne pas multiplier des expériences. Au contraire, j'étais confiante en profondeur d'agir en cohérence avec moi-même : je me disais que je préférais risquer des regrets d'être passée à côté de quelqu'un, plutôt que des remords de m'être engagée à la légère. J'espérais rencontrer quelqu'un qui me correspondrait, même si je trouvais le temps long. Une amie me réconfortait régulièrement en me répétant qu'elle ne se faisait pas de souci pour moi.

Des amis m'ont présenté des garçons célibataires de leur entourage. L'un d'entre eux m'a fait une forte impression. Quand il l'a senti, il s'est éloigné de moi et j'ai eu peur de revivre un attachement à sens unique comme durant mon adolescence, il me semblait que j'en prenais le chemin. Au même moment, je cherchais un poste professionnel et pouvais être mobile. Je souhaitais m'installer n'importe où, sauf dans ma ville d'origine. Je voulais écrire une nouvelle page de ma vie : je passais donc des entretiens partout en France. J'avais aussi projeté de partir comme volontaire quelques mois à l'étranger, rêve longtemps repoussé. Je me suis alors inscrite à une retraite en silence d'une semaine : je me sentais totalement perdue, dans le brouillard. La prière et l'écoute des accompagnateurs m'ont procuré force et apaisement. L'Esprit de Dieu était à l'œuvre. J'ai clarifié ma situation sentimentale pour recevoir un refus net et me sentir à nouveau intérieurement disponible. J'ai accepté une opportunité professionnelle dans ma ville, qu'une connaissance me proposa alors même que je n'avais pas postulé et alors que je m'étais démenée pour partir.

Par un « hasard divin » de circonstances, en me trompant de date et d'heure pour partager un temps de prière avec un groupe d'amis chrétiens, je me retrouvai lors d'une répétition de la chorale de ce même groupe. J'ai alors fait la connaissance d'un garçon que, visiblement, je ne laissais pas indifférent et qui me semblait intéressant. Nous nous sommes revus. Après un apprivoisement mutuel de quelques semaines, j'ai écouté la confiance qui s'est installée en moi. Nous nous sommes engagés ensemble dans une vie commune qui nous a menés à être aujourd'hui d'heureux mariés, parents d'un petit garçon de quelques mois et pleins de projets d'avenir. Nous prions régulièrement pour nos amis qui se sentent seuls et voient les années défiler.

Joseph

La souffrance de la trahison

I. Histoire biblique

Joseph a, à plusieurs reprises dans sa vie, été victime de la méchanceté des hommes.

Le Livre de la Genèse qui relate son histoire (Gn 37 à 50) montre trois situations de trahison.

Première trahison : les frères

Joseph n'est pas un enfant comme les autres ; sa manière d'être déconcerte son entourage. Il déteste le mal (Gn 37, 2) et vit dans une intimité avec Dieu qui lui parle de façon mystérieuse, en songes. Avec une certaine candeur, il en fait part à toute sa famille qui se sent perturbée par leur contenu.

> *« Écoutez donc, le songe que j'ai eu. Nous étions en train de lier des gerbes au milieu des champs, et voici que ma gerbe se dressa et resta debout. Alors vos gerbes l'ont entourée et se sont prosternées devant ma gerbe. » Ses frères lui répliquèrent : « Voudrais-tu donc régner sur nous ? Nous dominer ? »*

Il eut encore un autre songe et le raconta à ses frères. Il leur dit : « Écoutez, j'ai encore eu un songe ; voici que le soleil, la lune et onze étoiles se prosternaient devant moi. »

Il le raconta également à son père qui le réprimanda et lui dit : « Qu'est-ce que c'est que ce songe que tu as eu ? Nous faudra-t-il venir, moi, ta mère et tes frères, nous prosterner jusqu'à terre devant toi ? » (Gn 37, 5.10.)

Les frères de Joseph éprouvent envers lui deux sentiments clairement exprimés dans le texte :

– La haine : le mot « détester » revient à trois reprises pour souligner l'animosité des frères (Gn 37, 4.5.8)

– La jalousie : « *Ses frères furent jaloux de lui* » (Gn 37, 11).

Ces sentiments d'hostilité s'expriment d'abord par des paroles : « *Ils ne pouvaient plus lui parler sans hostilité.* » (Gn 37, 4) Puis par des actes :

« *Dès que Joseph eut rejoint ses frères, ils le dépouillèrent de sa tunique, la tunique de grand prix qu'il portait. Ils se saisirent de lui et le jetèrent dans la citerne, qui était vide et sans eau... Alors, Juda dit à ses frères : "Quel profit aurions-nous à tuer notre frère et à dissimuler sa mort ? Vendons-le plutôt aux Ismaélites et ne portons pas la main sur lui, car il est notre frère, notre propre chair." Ses frères l'écoutèrent. Des marchands Madianites qui passaient par là retirèrent Joseph de la citerne, ils le vendirent pour vingt pièces d'argent aux Ismaélites et ceux-ci l'emmenèrent en Égypte.* » (Gn 37, 23-28)

Joseph a dix-sept ans lorsqu'il est victime de cette première trahison. Ses frères font croire à leur père que son fils est mort, tué par une bête sauvage.

La deuxième trahison : le juste accusé à tort

Joseph est acheté par Putiphar, grand intendant de Pharaon. Il travaille sérieusement pour son maître et mérite sa confiance : on lui confie des responsabilités de plus en plus importantes et il finit par devenir le plus proche collaborateur de Putiphar, gérant de toute sa maison.

La femme de Putiphar cherche à séduire ce jeune homme « pas comme les autres » et se heurte à un refus. Alors, humiliée, elle l'accuse de tentative de viol. C'est au nom de ses convictions que Joseph refuse de commettre l'adultère, par respect pour son maître qui lui fait confiance et par respect pour Dieu :

> *« Comment pourrais-je commettre un si grand mal et pécher contre Dieu ! »* (Gn 33, 9.)

Et Joseph se retrouve emprisonné. Une nouvelle fois, il se voit injustement traité, victime de la méchanceté et ne pouvant rien faire pour se défendre. C'est le monde à l'envers : le procès du juste instruit par le pécheur :

– la coupable se pose en victime, se présentant comme la vertu outragée ;

– l'innocent au comportement irréprochable est accusé d'être un agresseur sexuel.

La troisième trahison : l'ingratitude

Dans la prison, Joseph rencontre deux personnages hauts placés (le grand échanson et le grand panetier) qui se trouvent être en disgrâce auprès de Pharaon. Ces deux personnages vont faire des songes que Joseph va interpréter. À l'un, il annonce sa future condamnation. À l'autre, sa prochaine réhabilitation. Et c'est ce qui se réalise. Aussi, Joseph demande au grand échanson qui va retrouver sa charge de se souvenir de lui une fois dehors : « *Quand tout ira bien pour toi, pour autant que tu te souviennes d'avoir été avec moi, montre ta faveur à mon égard, rappelle-moi au bon souvenir de Pharaon, et fais-moi sortir de cette prison !* » (Gn 40, 14)

Mais la suite est cruelle : « *Le grand échanson ne se souvint pas de Joseph ; il l'oublia.* » (Gn 40, 23)

Cela vaudra à Joseph deux années supplémentaires de prison. Le thème de « l'oubli » revient souvent dans la Bible. Le contraste est grand entre la fidélité de Dieu qui n'oublie pas : « *Jérusalem disait : le Seigneur m'a abandonnée, mon Seigneur m'a oubliée. Une femme peut-elle oublier son nourrisson, ne plus avoir de tendresse pour le fils de ses entrailles ? Même si elle l'oubliait, Moi, le Seigneur, je ne l'oublierai pas* » (Is 49, 15) et la légèreté, l'ingratitude de l'homme : « *Mon peuple m'a oublié depuis des jours sans nombre* » (Jr 2, 32). L'homme de Dieu, à l'image de son Créateur, a la mémoire du cœur et se souvient des événements. L'homme pécheur est oublieux, ingrat ; il manque de reconnaissance dans sa relation à Dieu ou aux autres.

Comment Dieu vient en aide à Joseph

Dans le cycle de Joseph, mis à part l'épisode des songes, Dieu n'intervient pas de façon particulière. Aucune apparition, divine ou angélique, aucun miracle, pas de théophanie comme dans la vie de ses pères Abraham, Isaac ou Jacob. Et pourtant, Dieu est là du début à la fin de l'histoire. Il manifeste sa présence de cinq manières :

1. Il est la Providence qui conduit les événements de l'existence

Derrière la succession de malheurs, Dieu est là et guide toute chose malgré les apparences. Joseph a foi en Lui et en témoigne dans la lecture qu'il fait de sa vie lorsqu'il dira à ses frères :

> *« Je suis Joseph, votre frère, que vous avez vendu pour qu'il soit emmené en Égypte. Mais maintenant, ne vous affligez pas et ne soyez pas tourmentés de m'avoir vendu, car c'est pour vous conserver la vie que* **Dieu m'a envoyé** *ici avant vous.* **Dieu m'a envoyé** *ici avant vous, afin de vous assurer un reste dans le pays, et ainsi vous maintenir en vie en prévision d'une grande délivrance. Non,* **ce n'est pas vous qui m'avez envoyé ici, mais Dieu**. *C'est lui qui m'a élevé au rang de Père de Pharaon, maître de toute sa maison, gouverneur de tout. »* (Gn 45, 4-8)

Cette déclaration révèle le secret de la vie spirituelle de Joseph. Il a conscience, quoi qu'il arrive, que Dieu est présent et que c'est Lui qui dirige les événements.

La « vente » comme esclave est nommée « envoi en mission ». Joseph reconnaît que, derrière l'absurdité de la situation, il y a la réalisation du plan de Dieu dont le dessein ne peut être mis en échec. Les actes criminels de ses frères, les accusations injustes de la femme de Putiphar, l'oubli du grand échanson, tout est « récupéré » par Dieu, utilisé pour le dessein de salut qu'il a pour Joseph et tout le peuple d'Israël.

Seul Dieu peut accomplir une chose aussi étonnante : se « servir » du mal, de la jalousie, de la haine, de la cupidité, de la luxure, de l'injustice, pour en faire une œuvre de vie, de pardon, de salut. Si une pièce séparée du puzzle n'a pas grande signification, toutes les pièces rassemblées et ordonnées constituent un tableau qui, lui, prend sens. Ainsi, Dieu ordonne les événements, même mauvais a priori, pour leur donner une finalité bonne. C'est ce que la doctrine catholique appelle « la divine Providence ». Le Catéchisme de l'Église catholique la présente en ces termes :

« Le témoignage de l'Écriture est unanime : la sollicitude de la divine providence est concrète et immédiate, elle prend soin de tout, des moindres petites choses jusqu'aux grands événements du monde et de l'histoire. Avec force, les livres saints affirment la souveraineté de Dieu dans le cours des événements. » (CEC § 303)

« Dieu n'est en aucune façon, ni directement ni indirectement, la cause du mal moral. Il le permet cependant, respectant la liberté de sa créature et, mystérieusement, Il sait en tirer le bien : car le Dieu Tout-Puissant, puisqu'Il est souverainement bon, ne laisserait jamais un mal quelconque exister dans ses œuvres s'il n'était assez puissant et bon pour faire sortir le bien du mal lui-même. » (CEC § 311)

« Ainsi, avec le temps, on peut découvrir que Dieu, dans sa providence toute-puissante, peut tirer un bien des conséquences d'un mal, même moral, causé par les créatures. » (CEC § 312)

« Le mal n'en devient pas pour autant un bien. » (CEC § 313)

« Tout concourt au bien de ceux qui aiment Dieu. » (Rm 8, 20)

2. Dieu bénit au cœur des épreuves

Nous avons parfois une vision sommaire et réductrice de l'action de Dieu dans nos vies : soit nous sommes dans les épreuves et nous avons l'impression que Dieu ne nous bénit pas ; soit nous sommes en période de paix, de joie, et nous pensons que, là, certainement se manifeste la bénédiction de Dieu. L'histoire de Joseph nous propose un nouvel éclairage, à la fois sur sa vie et sur la nôtre.

– Être béni comme esclave

Joseph aurait pu travailler dans les pires conditions, telles que dans les carrières de pierre ou les mines, où la durée moyenne de vie était très limitée. Il se retrouve « esclave de luxe » dans une maison de riches, plutôt bien traité.

Cela me rappelle une anecdote authentique d'un prisonnier de guerre français qui, alors qu'on le plaignait, disait avec humour : « J'ai été affecté dans une ferme allemande et j'y étais très bien. Les gens étaient gentils avec moi et je mangeais mieux que la plupart de mes compatriotes en France pendant la guerre... »

Le texte biblique répète avec insistance que, malgré son épreuve, Joseph est un homme béni par Dieu :

> *« Le Seigneur était avec Joseph, et tout lui réussissait ; il vivait dans la maison de son maître, l'Égyptien. Ce dernier vit que le Seigneur était avec Joseph et faisait réussir tout ce qu'il entreprenait. Joseph trouva grâce aux yeux de son maître, qui l'attacha à son service ; il lui donna autorité sur sa maison, et remit entre ses mains tout ce qu'il possédait. Dès que l'Égyptien eut confié cette charge à Joseph, le Seigneur bénit sa maison, à cause de Joseph, et la bénédiction du Seigneur s'étendit sur tout ce que possédait l'Égyptien, sa maison et ses champs. Il abandonna entre les mains de Joseph tout ce qu'il possédait et ne s'occupa plus de rien, sinon de la nourriture qu'il prenait. »* (Gn 39, 2-6)

Joseph est celui qui, au cœur de l'épreuve (exil, esclavage), reste béni par Dieu. D'une part, il reçoit la bénédiction de Dieu ; il en est le bénéficiaire. De l'autre, il est le canal des bénédictions reçues pour autrui, pour ceux qui l'entourent. L'homme de Dieu est un « béni bénissant » : comme un diffuseur de parfum, il répand une agréable odeur tout autour de lui.

– Être béni comme prisonnier

Les hommes peuvent être décevants, mais Dieu, lui, reste toujours fidèle. Il suit son serviteur et ami partout où il va, même en prison :

> *« Joseph était en prison. Mais le Seigneur était avec lui ; il lui accorda sa faveur et lui fit trouver grâce aux yeux du chef de la prison. Le chef de la prison remit entre les mains de Joseph tous les prisonniers ; tout ce qu'il faisait, c'est Joseph qui le faisait faire. Le chef de la prison ne s'occupait en rien de ce qui était confié à Joseph*

car le Seigneur était avec lui, et, ce qu'il entreprenait, le Seigneur le faisait réussir. » (Gn 39, 20-23)

Ainsi, Joseph expérimente que Dieu ne l'a pas abandonné ; il continue à prendre soin de lui, à le protéger. Les expressions *« le Seigneur était avec lui »* et *« le Seigneur le faisait réussir »* sont étonnantes quand on sait qu'il s'agit d'un homme accusé à tort et privé de liberté. Cette présence divine et cette bénédiction sont tellement fortes et exceptionnelles que cela « saute aux yeux » des personnes extérieures. Dieu est avec Joseph parce que Joseph est avec Dieu.

3. Dieu donne force et patience dans l'épreuve

L'épreuve de Joseph n'est pas seulement pénible par son intensité, elle l'est aussi par sa durée. La Parole de Dieu nous dit qu'il avait dix-sept ans lorsqu'il fut vendu par ses frères et trente ans quand il quitta la prison : treize années d'esclavage et d'enfermement. C'est le temps de l'épreuve qui dure sans que l'on sache quand elle va s'achever... Le temps de la constance dans la détresse. Le temps des lentes et invisibles préparations. En Joseph, nous ne trouvons nulle trace de colère ni de révolte, comme chez Job ou encore Jérémie. L'attitude spirituelle de Joseph ne s'exprime pas par des prières ou des actes cultuels (offrandes, sacrifices), mais dans une qualité de comportement moral. Sa façon d'être révèle la profondeur de sa relation à Dieu.

La sainteté de Joseph rayonne dans son agir humain, non dans des grâces mystiques exceptionnelles. Joseph ne permet pas que la méchanceté de ceux qui l'entourent l'atteigne et le pénètre ; il demeure un « cœur pur » et libre.

Dieu lui donne jour après jour la force de tenir bon, de rester lui-même, d'être constant et persévérant. En lui, s'accomplit la parole de l'apôtre Paul : *« L'épreuve qui vous a atteints n'a pas dépassé la mesure humaine. Dieu est fidèle : il ne permettra pas que vous soyez éprouvés au-delà de vos forces. Mais, avec l'épreuve, il donnera le moyen d'en sortir et la force de la supporter.* » (1 Co, 10.13)

Dieu aide Joseph en lui donnant « la grâce d'état », c'est-à-dire la force et la constance pour vivre, au jour le jour, cette situation difficile.

4. Dieu réhabilite en son temps

L'élévation de Joseph est étonnante par sa rapidité et son ampleur : « Le matin au cachot, le soir au palais. » L'ascension sociale est fulgurante et non pas graduelle, surprenante par son immédiateté. Parce que Pharaon est angoissé par un songe, parce que personne ne peut l'interpréter, parce que l'échanson se souvient de lui, « *Pharaon fit appeler Joseph. En toute hâte, on le tira de son cachot. Il se rasa, changea de vêtements et se rendit chez Pharaon* » (Gn 41, 14). Après avoir donné le sens de ses rêves à Pharaon et lui avoir proposé des solutions pour gérer la famine à venir, « période des vaches maigres », (oui, l'expression populaire vient de là !), Pharaon le nomma intendant de son royaume.

Ce texte est une illustration de la maxime chère à sainte Thérèse d'Avila : « La patience obtient tout. » Passé par le creuset de la souffrance, formé à cette dure école de vie, l'homme de Dieu est alors apte à accomplir sa mission. Il pourra être grand aux yeux des hommes, mais, intérieurement, il saura qu'il doit tout à Dieu.

5. Dieu donne la grâce du pardon

L'abandon, le rejet, l'ingratitude des hommes auraient pu rendre Joseph amer, révolté, animé d'une soif de vengeance. N'est-ce pas parfois le cas d'opposants politiques persécutés devenant à leur tour des dictateurs ou des bourreaux lorsqu'ils accèdent au pouvoir ? Mais Joseph, lui, n'est pas comme cela. Quand il est au sommet du pouvoir, ses frères se rendent en Égypte pour acheter de la nourriture pour leur clan, menacé par la famine en Canaan. Ils le voient, mais ne le reconnaissent pas. Certes, Joseph va les éprouver, non pour les punir, mais pour les obliger à faire un retour sur eux-mêmes. Le pardon n'est pas l'amnésie, le déni de la réalité, le simple fait de « passer l'éponge » sur le mal commis. Jésus dit d'ailleurs : *« La vérité vous rendra libres. »* (Jn 8, 32)

Il est donc nécessaire de faire la vérité en soi. La pédagogie de Joseph est exigeante : il veut faire remonter les souvenirs du passé dans le cœur de ses frères pour les aider à prendre conscience de leur faute en la nommant (Gn 42, 21).

Il fait en sorte que le lieu du péché (crime contre la fraternité) devienne le lieu de leur rédemption : pour sauver Benjamin retenu en otage, ils sont maintenant prêts à se sacrifier (Gn 44, 33-34).

Voici un récit hassidique commentant avec sagesse cet épisode biblique :

> « La délivrance, dit le Rabbi de Lelov, ne peut pas venir pour un homme avant qu'il ait vu lui-même les dommages commis sur son âme par le péché, et entrepris la réparation. La délivrance ne peut pas venir pour un peuple avant qu'il ait connu lui-même les dommages de son âme et entrepris leur réparation. Homme ou peuple, celui qui ferme sa porte à la connaissance de ses propres défauts ferme sa porte également à la délivrance.
>
> Nous nous faisons prêts à la délivrance dans la mesure où nous devenons visibles à nous-mêmes. Lorsque les fils de Jacob affirmaient à Joseph : "Nous sommes d'honnêtes gens", il leur répondit : "C'est bien comme je vous ai dit : vous êtes des espions !" Mais quand, plus tard, de la bouche et du profond du cœur, ils confessèrent la vérité et se dirent les uns aux autres : "En effet, nous sommes coupables envers notre frère", la délivrance commença de poindre pour eux et Joseph, saisi de

compassion, se détourna pour pleurer. » (*Les récits hassidiques*, Martin Buber, éd. du Rocher, p. 576)

Et Joseph pardonne à ses frères. Nous ne trouvons nulle part trace de règlement de compte à l'encontre de ceux qui lui ont fait du tort (la maison de Putiphar, le grand échanson). Joseph peut entrer dans cette vie nouvelle de bienfaiteur de sa famille et de la nation égyptienne parce qu'il est l'homme de la réconciliation.

II. Illustration : de Joseph à Nelson Mandela (1918-2013)

Nelson Mandela est célèbre comme symbole historique de la lutte contre la ségrégation raciale en Afrique du Sud. Il y sera emprisonné vingt-sept ans à cause de ses convictions.

Comme Joseph, à peine sorti de prison, il exercera une charge politique importante, faisant de lui une autorité morale. Comme Joseph, il veillera à ne pas se venger de ceux qui l'ont fait souffrir, mais choisira la voie du pardon et de la réconciliation.

Élu président en 1996, il mène une politique de réconciliation entre Blancs et Noirs. À sa mort, en 2013, il reçoit un hommage unanime de la part de la communauté internationale pour son travail en faveur de la justice et de la paix.

1. La fidélité aux convictions spirituelles de son enfance

Comme Joseph, il a été fidèle à la religion de son enfance. Les convictions religieuses de Mandela, on oublie souvent de le mentionner, ont été très importantes dans sa vie et dans ses choix.

> « J'ai bien sûr été baptisé à l'Église wesleyenne et j'ai fréquenté ses écoles missionnaires. Dehors comme ici, je lui reste fidèle, mais mes conceptions ont eu tendance à s'élargir et à être bienveillantes envers l'unité religieuse. »
> « Je n'ai jamais abandonné mes croyances chrétiennes. »
> « Je ne saurais trop insister sur le rôle que l'Église méthodiste a joué dans ma vie. L'Église, avec son message de pardon, a un rôle important à jouer dans la réconciliation nationale. »

2. L'expérience formatrice de la prison

Comme Joseph, il a connu la prison en demeurant un homme libre, fidèle à ses idées, et en se laissant former pour sa tâche future.

> « Les armes spirituelles sont dynamiques et elles ont souvent un impact difficile à apprécier dans des circonstances données, sauf à la lumière de l'expérience. D'une certaine manière, des prisonniers elles font des hommes libres, transforment les roturiers en monarques et la boue en or pur. »
> « La prison est un immense instrument d'éducation à la patience et à la persévérance. Plus que tout, elle éprouve la résolution du prisonnier. Ceux qui sont passés par cette école y ont acquis de la détermination, tempérée par une aptitude remarquable à épouser les coups du sort. »
> « On sait bien que l'important, ce n'est pas ce qui arrive à une personne, mais la façon dont elle le prend. »
> « Je ne crois pas que j'étais fondamentalement différent de ce que j'étais avant d'aller en prison, sauf qu'en prison, j'ai eu beaucoup de temps pour réfléchir aux problèmes et pour comprendre les erreurs que j'avais faites. J'en suis ressorti plus mûr. »

3. Le choix du pardon et de la réconciliation

Sa deuxième épouse, Winnie Mandela, a aussi connu les pressions, emprisonnements, assignations à résidence de la part des autorités sud-africaines. Cela l'a entraînée sur un chemin bien différent de celui de son mari : amère, révoltée, souvent haineuse, elle se radicalise au fil des années. Elle encouragera le supplice du pneu enflammé autour du cou pour punir les traîtres noirs ou réputés tels, et ordonnera l'enlèvement et l'assassinat de personnes suspectées de collaboration avec le gouvernement des Blancs…

Pendant ce temps, dans sa prison, son mari étudie l'histoire, la culture et la langue des adversaires, les Afrikaners, pour mieux les connaître et comprendre leur mentalité, afin d'établir un dialogue, sans jamais renier ses convictions.

Ces cheminements divergents provoquent leur séparation en 1994. Au risque de n'être pas compris par ses proches et sa famille politique, Mandela choisit de prendre résolument le chemin de la réconciliation.

> « Je travaille aujourd'hui avec les gens qui m'ont jeté en prison, qui ont persécuté ma femme, chassé mes enfants d'une école à une autre… Et je fais partie de ceux qui disent : “Oublions le passé, et pensons au présent”. »
>
> « En fin de compte, la réconciliation est un processus spirituel qui requiert autre chose qu'un simple cadre légal. Il faut qu'elle ait lieu dans le cœur et dans l'esprit des individus. »
>
> « Nombreux sont ceux qui ne comprennent pas que pour soigner, il fallait d'abord crever l'abcès. »

4. Le pardon et la vérité comme conditions de guérison de la mémoire

Le pardon exige un travail de mémoire, la recherche de la vérité et l'aveu des fautes. Une fois élu, Mandela a mis en place une « Commission Vérité et Réconciliation », présidée par l'archevêque **Desmond Tutu**, une autorité morale respectée de tous. Celui-ci répète le slogan qui donne le ton à sa démarche :

> « Sans pardon, il n'y a pas d'avenir, mais sans confession, il ne peut y avoir de pardon. »

Comme Joseph vis-à-vis de ses frères, il estime que le chemin de la réconciliation passe par le pardon et que le pardon passe par la reconnaissance de la vérité :

> « Certains considèrent qu'il vaut mieux oublier le passé. Certains nous critiquent quand nous disons que nous pardonnons, mais que nous n'oublions pas. Ils ne sont pas d'accord sur le fait que les auteurs de violations des droits de l'homme doivent d'abord révéler et faire connaître celles-ci avant qu'on leur accorde l'amnistie. »

Le travail de la Commission Vérité et Réconciliation consiste à recueillir les témoignages des crimes commis durant l'*apartheid*, tant par le gouvernement sud-africain et les forces de sécurité que par les mouvements de libération. Certaines tendances de l'ANC (African National Congress ou Congrès national africain) s'efforcèrent de masquer leurs exactions, mais Mandela et Desmond Tutu exigèrent que le travail de mémoire en vérité se fasse à tous les niveaux et soit connu de tous. Les personnes coupables de faits graves furent encouragées à confesser leurs actes ; dans ce cas seulement, une amnistie leur fut offerte.

> « Nous nous souvenons de notre terrible passé afin de pouvoir y faire face, de pardonner quand le pardon est nécessaire, de nous assurer que jamais plus une telle inhumanité ne nous déchirera et de nous pousser à éradiquer un héritage qui rôde dangereusement autour de notre démocratie. »

> « Alors que nous cherchons la vérité sur notre passé de divisions, rien n'est plus douloureux que d'affronter les terribles souffrances que nous nous sommes infligées les uns aux autres durant les dernières décennies du régime d'apartheid. »

5. Le choix d'une relation fraternelle nouvelle pour vivre l'avenir différemment

Ce travail de catharsis de tout un peuple fut nécessaire pour construire une unité nationale sur des fondements solides. Il permit au pays, non seulement d'éviter une guerre civile, mais de s'engager résolument vers une nouvelle étape de son histoire.

> « L'heure est venue de refermer les plaies. L'heure est venue de créer des ponts au-dessus du fossé qui nous séparait. L'heure est venue de construire. »
> « Si nous ne leur pardonnons pas, nous garderons toujours cette amertume et cet esprit de revanche. Nous disons plutôt : "Oublions le passé, intéressons-nous au présent et à l'avenir", mais pour dire que les atrocités du passé ne doivent plus jamais se reproduire. »

(Toutes les citations sont extraites du livre *Nelson Mandela : Pensées pour moi-même*, Points)

Comme les individus, les peuples ont une histoire. Ils ne peuvent vivre dans l'unité et la concorde que si leur mémoire nationale est purifiée des « secrets de famille », mensonges, dissimulations et révisionnismes historiques en tout genre. Sinon, le vainqueur du moment impose sa vision et ses mythes jusqu'à ce que le rapport de force s'inverse et, modifié, entraîne une autre lecture idéologique, conforme aux intérêts du groupe dominant, mais sans fondements solides concernant la vérité. La mémoire d'une personne ou d'un peuple, même si elle est toujours « interprétative », ne peut s'élaborer au mépris de la vérité historique.

III. Appropriation personnelle

La souffrance de la trahison et le pardon

Souffrir à cause de membres de sa propre famille est l'une des pires souffrances que l'on puisse éprouver. Elle peut revêtir plusieurs formes :

– ne pas être aimé par l'un de ses parents, parfois même par aucun des deux ;

– être trahi par son conjoint (infidélité) ;

– être rejeté par des membres de sa famille ;

– être abandonné ou délaissé par ses enfants ou petits-enfants (ingratitude, indifférence).

Comme Joseph, être victime de l'animosité ou de la jalousie d'un de ses proches (rivalité fraternelle en cas de réussite sociale ou professionnelle).

Comme Joseph, sachons nommer notre souffrance. Comme Joseph, demandons à Dieu la grâce du pardon, pour vivre libérés de toute rancune, de tout ressentiment, de toute colère ; car tous ces sentiments négatifs rongent de l'intérieur et engendrent toutes sortes de maladies de l'âme et du corps.

Jésus nous le demande clairement : *« Moi, je vous dis : aimez vos ennemis et priez pour ceux qui vous persécutent, afin d'être vraiment les fils de votre Père qui est aux cieux. »* (Mt 5, 45) Cette demande est au cœur de la prière qu'il nous enseigne, le Notre Père : *« Remets-nous nos dettes, comme nous-même nous remettons nos dettes à nos débiteurs.* » (Mt 6, 12)

Cette volonté de pardon est importante pour Dieu, pour celui qui m'a fait du mal et pour moi-même. Mais il ne suffit pas de le savoir, il faut aussi le vouloir, c'est-à-dire poser un acte de volonté : « Je veux pardonner à... » Aimer, c'est vouloir le bien de l'autre ; pardonner, c'est l'aimer, en lui remettant sa dette (qui est réelle).

Mais cela ne suffit pas : ma nature humaine reste ambivalente, voulant, tout en ne voulant pas vraiment, et mes revendications, conscientes et inconscientes, de mon bon droit reviennent sans cesse. Il me faut dépasser ma nature ; seule une force surnaturelle, divine, peut me permettre d'entrer dans ce chemin nouveau. L'Esprit de Dieu, Esprit de vérité et de lumière, Esprit de pardon et de réconciliation, peut réaliser en moi et pour moi ce que je n'arrive pas à réaliser par mes forces humaines.

Lui seul peut me donner « un cœur nouveau et un esprit nouveau ». Demandons-Lui cette grâce du pardon afin de libérer l'offenseur, le sortir de sa prison et me libérer moi-même.

Démarche de prière pour obtenir la grâce du pardon

Je vous invite à prendre le temps de vivre cette prière qui découle de la méditation de la parole de Dieu. Après avoir invoqué le Saint-Esprit, vous pouvez vous approprier cette prière.

> « Seigneur, Dieu de Vérité et de Miséricorde, comme Joseph, je souffre d'avoir été blessé par des proches. (Nommer la blessure et les personnes concernées.)
> Je veux faire ta volonté, Toi qui m'appelles à pardonner. Toi qui désires que je sois libéré de mes rancœurs. Mais, de moi-même, je n'y arrive pas.

Viens faire en moi Ton œuvre.
Je t'offre ma bonne volonté.
Esprit Saint, viens mettre en moi le pardon de Dieu.
(Répéter cette phrase plusieurs fois.)
Toi qui es toute-puissance de l'Amour, je crois que tu peux m'accorder cette grâce dès aujourd'hui.
Viens bénir (nommer l'offenseur) qui m'a fait du mal.
Viens me sortir de ma prison intérieure de ressentiment, de colère.
Viens me donner maintenant la liberté de continuer ma route sans être enfermé dans mon passé.
Merci, Seigneur, d'écouter ma prière et de l'exaucer, au-delà de tous mes désirs et de toutes mes attentes. Seigneur, j'ai confiance en toi. Amen. Alléluia. »

Croire à la présence de Dieu dans l'épreuve

Dieu demeure mon bon berger, quoi qu'il m'arrive :

« Si je traverse les ravins de la mort, je ne crains aucun mal,
Car tu es avec moi, ton bâton me guide et me rassure. » (Ps 22)

Je fais cet acte de foi que Dieu Providence dirige le cours de ma vie et que, comme l'écrit saint Paul : *« Tout concourt au bien de ceux qui aiment Dieu. »* (Rm 8, 28) Je m'appuie sur le témoignage des saints et de tous mes amis du ciel. Sainte Catherine de Sienne dit à « ceux qui se scandalisent et se révoltent » de ce qui leur arrive : « Tout procède de l'amour, tout est ordonné au salut de l'homme, Dieu ne fait rien que dans ce but. » Thomas More, peu avant son martyre, console sa fille :

> « Rien ne peut arriver que Dieu ne l'aie voulu. Or, tout ce qu'il veut, si mauvais que cela puisse nous paraître, est cependant ce qu'il y a de meilleur pour nous. » (CEC § 313)

Même si je ne vois pas d'issue à vue humaine, même si je ne comprends pas ce qui m'arrive, je choisis de faire confiance à Jésus et de m'abandonner comme un enfant à la Providence du Père : je ne serai pas déçu de « m'être livré à l'Amour ».

> *« Ne vous faites donc pas de souci ; ne dites pas : "Qu'allons-nous manger ?" ou encore : "Qu'allons-nous boire ?" ou encore : "Avec quoi nous habiller ?" Tout cela, les païens le recherchent. Mais votre Père céleste sait que vous en avez besoin. Cherchez d'abord le royaume de Dieu et sa justice, et tout cela vous sera donné par surcroît. Ne vous faites pas de souci pour demain : demain aura souci de lui-même ; à chaque jour suffit sa peine. »* (Mt 6, 31-34)

Dieu donne force et patience dans l'épreuve

En commentant l'histoire de Joseph, **saint Jean Chrysostome** exhorte à la patience. Il sait de quoi il parle, car il a eu à supporter de nombreuses tribulations, en tant que Patriarche de Constantinople. Accueillons son enseignement plein de sagesse, humaine et divine :

> « Que cette histoire de Joseph nous apprenne à ne jamais nous décourager dans la détresse, à ne pas murmurer en nous abandonnant à des raisonnements trop humains. Mais, faisant preuve d'une grande patience, grandissons dans l'espérance. Nous connaissons la sagesse de Notre Seigneur. Quand il nous laisse faire l'expérience de l'adversité, il ne nous abandonne pas ; mais il veut, après le combat, nous donner une couronne de gloire. Tous les saints ont eu l'épreuve en partage ; ce qui faisait dire aux apôtres : *"Il nous faut passer par bien des épreuves pour entrer dans le Royaume de Dieu"* (Ac 14, 22).
>
> Ne soyons donc pas surpris en présence de l'épreuve, ne nous irritons pas, mais supportons ce qui arrive avec courage et constance ; ne nous laissons pas obséder par la détresse, mais

considérons le fruit que nous en recueillerons, *"les yeux fixés non sur ce qui se voit, mais sur ce qui ne se voit pas. C'est précisément en cela que consiste la foi ; ne pas en rester aux yeux de la chair, mais se représenter l'invisible par les yeux de l'esprit"* (2 Co 4, 18). » (*Lire la Bible avec les Pères*, sœur Isabelle de la Source, Médiapaul)

Joseph n'a pas reçu, comme Abraham, Moïse ou Isaïe, une parole de Dieu traçant sa vocation dans un récit d'appel, mais il a eu deux songes. Ceux-ci constituent pour lui la parole inaugurale de Dieu lui donnant un avenir et une espérance. Il a gardé fidèlement ce message dans son cœur, sûr qu'un jour, il s'accomplirait d'une manière ou d'une autre. Comme Joseph, nous avons aussi parfois au plus profond de notre être une parole de Dieu, notre songe à nous, qui mérite d'être conservé précieusement et qui nous garde dans l'espérance au cœur des tempêtes. Ces désirs profonds, semés dans notre cœur, discernés, comme de réelles paroles de Dieu, sont des convictions sur lesquelles nous pouvons nous appuyer. Être fidèle à sa vocation, c'est inséparablement être obéissant à la volonté divine et docile aux intuitions intérieures qui nous habitent. Car si Dieu est « transcendant » (au-dessus, à l'extérieur de nous), il est aussi « immanent » (en nous, au plus intime de l'âme). Croire au dessein d'amour que Dieu a sur nous, c'est aussi faire confiance à ces semences qu'il a déposées en nous et tout mettre en œuvre pour les faire fructifier.

Témoignage de Débora

La souffrance de la trahison, n'est-ce pas ce qui est vécu par les enfants victimes de la pédophilie de la part de membres de la famille ou du proche entourage ? Comme Joseph, ils sont innocents. Comme Joseph, ils vivent longtemps enfermés dans la prison... du silence, de la honte, de la culpabilité. Dans le témoignage suivant, Débora évoque la terrible souffrance endurée, mais aussi le chemin du pardon qui fait sortir de la prison et ouvre un avenir.

« Je viens vous partager une partie de ma vie, qui rejoint celle que Joseph a pu traverser... Joseph sera rejeté, abandonné (échappera de peu à la mort) et passera par des moments très difficiles. Au lieu de tomber dans l'amertume et de laisser la vengeance saisir son cœur, il a choisi de se tourner vers Dieu et de lui faire confiance, de reconnaître que ses épreuves ont été permises par Dieu, d'abord pour sa formation et ensuite pour accomplir les œuvres que Dieu avait préparées d'avance pour lui.
Comme Joseph, qui a été trahi par ses frères, j'ai moi-même vécu cette trahison par deux amis de la famille. J'ai éprouvé la mort du cœur, la désespérance, l'incompréhension...
Aujourd'hui, pour la première fois, je témoigne en mettant des mots sur mon histoire.
J'avais onze ans la première fois que cela s'est passé. F. était un ami de mes parents, le parrain de ma petite sœur et le mari de ma marraine. Souvent, j'allais passer mes journées et certains week-ends pendant les vacances chez eux. En 1998, un samedi soir d'hiver... la vie m'assomme sans rien y comprendre. Ma marraine, sacristine, se trouvait encore à l'église pour la messe du samedi soir... Je l'attendais. Je regardais la télévision tranquillement... F. s'est levé... s'est servi un verre et est venu vers moi. Il a posé sur moi des gestes inappropriés, déplacés, qui m'ont dégoûtée... J'avais peur. Mais "je devais" me laisser faire... J'étais enfant, il était adulte... personne n'aurait pu m'aider... La seule chose que j'ai pu lui dire, c'est : "Arrête !!" Je ne voulais pas voir ce qui allait arriver, mais j'en étais la principale actrice. Ce jour-là, il m'a dit : "Ça reste entre nous ; tes parents ne doivent pas le savoir, ni ta marraine." Je me suis enfuie dans une autre pièce de la maison... je pleurais, je tremblais... je n'avais aucun moyen d'appeler mes parents. Au loin, j'entends ma marraine qui rentre.

Pendant très longtemps, la nuit, je fus hantée par des cauchemars. Je rêvais qu'il allait revenir me faire du mal et j'étais prise de panique. Je ne voulais plus rester à la maison seule si maman n'y était pas... Je fuyais mon père, mes oncles, mes cousins, les copains... Je pensais qu'eux aussi pouvaient me faire du mal... Ne pouvant rien dire, je n'en parle à personne.
Trois ans plus tard, je revis le même cauchemar. J'avais alors quatorze ans... Un deuxième abus... Cette fois-ci, il s'agit du parrain de ma grande sœur : le père G. Nous passions, avec ma mère et mes sœurs, un week-end à la mer dans son appartement. Ce prêtre m'a d'autant plus choquée par ses gestes qu'il a célébré le lendemain l'eucharistie dans son petit appartement... J'en étais bouleversée, retournée... À ce moment-là, j'ai bien cru que mon corps ne m'appartenait plus vraiment, mais qu'il appartenait aux grandes personnes. Cette fois-là, j'en parle tout de suite à mes parents... J'apprends alors que ce prêtre, un ami de la famille, aurait également « fait cela » avec d'autres jeunes filles... Nous n'avons plus jamais entendu parler de lui.
Ces deux hommes se sont attaqués à ce qu'il y avait de plus précieux en moi : le désir de vivre.
J'essayais en vain de survivre... Quelque chose en moi s'était brisé. Les conséquences de ces quelques minutes de ma vie ont été marquantes. Cela m'avait totalement détruite. Je n'avais plus confiance en personne. J'étais devenue froide, cœur de pierre, cœur de glace. Je ne riais plus, je ne souriais même plus. J'étais triste. J'ai pleuré chaque nuit pendant de très nombreuses années. Je ne mangeais plus, ne dormais plus.
Il fallait m'oublier. Oublier que j'existe afin que moi-même j'oublie ces abus. J'avais parfois envie de supprimer ces quelques minutes de ma vie. Avant, je riais tout le temps, j'aimais les bonnes choses et j'étais heureuse de vivre dans tout ce que je faisais.
J'aurais préféré mourir ce jour-là. Mourir pour oublier. Mais impossible d'oublier définitivement quelque chose comme ça.

Même si on fait des efforts, il arrive un jour où le souvenir, aussi enfoui qu'il soit dans le fond de la mémoire, ressort, pire que jamais. Et quand il ressort, ça fait mal, très mal, trop mal. On devient fou. Tout s'écroule. Tout s'empire et on cherche à mourir coûte que coûte. Quand parfois je le raconte, certains émettent des doutes, ne croient pas, me prennent pour une folle, "m'enfoncent", se moquent... C'est horrible. On se sent encore plus coupable. J'étais une flamme qui s'éteignait, tout doucement... Sans faire de bruit, parce qu'on m'avait demandé le silence. Je continuais de grandir avec ce poids et ces souffrances qui m'habitaient.
Je croyais tout ceci "enterré" bien profondément en moi, jusqu'au moment où j'ai fréquenté une communauté catholique du Renouveau charismatique... J'ai pu en parler enfin. Les mots sont sortis après plus de douze ans d'attente. Ils sont venus un jour de septembre 2012... Et j'ai tout raconté, en recevant l'écoute et la compassion de deux personnes que je ne pourrais pas oublier : ma responsable et mon accompagnatrice spirituelle. Toutes les deux m'ont donné par la suite la liberté de pouvoir m'exprimer quand j'en avais besoin... La liberté d'être moi-même, parfois joyeuse et parfois très triste et allant très mal... D'être angoissée, d'en vouloir à Dieu, tout en ressentant une présence aimante auprès de lui.
J'ai pris ensuite le temps de l'exprimer à ma propre famille : parents, petite sœur, parrain et femme de F. J'ai reçu des réactions différentes... Beaucoup de soutien de la part de mon parrain. Quant à ma marraine, elle est allée porter plainte. Finalement, l'affaire est partie en justice contre mon gré... et Dieu est intervenu.
Dans mes moments de déprime, Il était toujours fidèle pour me relever. J'ai appris à garder confiance en Lui et à confesser que ma vie allait changer. J'ai gardé dans mon cœur ce verset :
« Tu ne feras que monter, tu ne descendras pas. » (Dt 28, 13)
Je grandissais au fil des mois, avec cette parole, en espérant des jours meilleurs. Dieu était avec moi et j'avais la force de Jésus pour résister au diable, mais ce n'était pas toujours facile.

Un jour, ayant eu une journée difficile, j'essayais d'être positive, mais je me sentais mal et je pleurais. Pendant un moment, j'ai vu ma vie défiler devant moi, je n'avais plus de force. Je suppliais Dieu de m'aider et je me suis abandonnée au Christ. J'ai demandé : "Pourquoi suis-je là ?" et une petite voix douce résonna alors en moi… C'était le Saint-Esprit me rappelant que j'étais là pour le louer. Je suis partie à l'église et j'ai supplié Dieu de me donner un signe. À un certain moment, je ne pouvais plus respirer correctement, mais je continuais avec foi d'appeler Jésus. Et finalement, j'ai entendu, à l'intérieur de moi-même, mon nom : "Débora, Débora, je suis là. J'ai vu tout ce que tu as enduré. J'étais avec toi à chaque moment. J'ai donné mon Fils unique pour te donner la victoire sur l'ennemi ; sois victorieuse dans le nom de Jésus. Ce soir, à l'instant et pour toujours, je fais de toi la première dans tout ce que tu feras. Prends la victoire de Jésus. Débora, ton nom est écrit dans le livre de vie. Débora, je t'aime, Jésus t'aime et je serai avec toi pour toujours."
La souffrance que j'avais dans mon cœur s'était évaporée en un clin d'œil. J'étais tellement contente, Jésus m'avait parlé. Je voyais le monde différemment malgré ce qu'on pouvait bien dire de moi. J'ai eu une délivrance sur mon passé et **j'ai pu pardonner** dans mon cœur de femme, à F. et au père G., et à tous ceux qui m'avaient terriblement blessée pendant toutes ces années.
Voilà, aujourd'hui, mon cœur a pardonné à ces deux personnes… c'est un grand pas… et je sais qu'il en reste encore bien d'autres pour définitivement tourner la page.
J'ai un message pour toi qui lis ce témoignage aujourd'hui. Tu te retrouves peut-être dans cette histoire ou peut-être as-tu enduré pire que moi… Mais j'ai une bonne nouvelle pour toi : Jésus est avec toi. Il te connaissait même avant que tu sois conçu (Jr 14, 5). Il est avec toi et il t'a choisi au moment de la création (Ep 1, 1 à 12). Il veut que tu t'approches de lui. Dieu veut te rendre plus fort. Dieu est le soutien de ta vie, il est ton ami fidèle et sache qu'il ne t'abandonnera jamais. Ses

plans pour ton avenir sont toujours remplis d'espérance (Jr 29, 11). Garde confiance en lui, reste ferme dans la foi car tout est possible. Il veut changer ta vie. Donne-lui ton cœur et ta vie, et tu verras sa gloire ! »

Jonas

Quand on panique devant sa mission

I. Histoire biblique

1. Celui qui est infidèle à sa vocation

Apparemment, Jonas présente bien. Dans le livre qui porte son nom, il est présenté comme un prophète vivant une intimité avec son Seigneur, puisque Celui-ci lui parle « en direct » et qu'il s'adresse à Lui en toute simplicité. Il aura l'honneur d'être classé par la tradition chrétienne comme l'un des douze « petits prophètes » de la Bible. Mais ce personnage est en réalité un anti-héros, un croyant décevant. Dieu lui donne une mission de prophète : *« Lève-toi, va à Ninive, la grande ville païenne, et proclame que sa méchanceté est montée jusqu'à moi. »* (Jon 1, 2)

L'ordre de mission est clair, prescrivant le lieu et le contenu du message. Mais Jonas ne fait pas ce que Dieu lui demande ; il désobéit en prenant la fuite dans une autre direction, vers Tarsis (« le bout du monde »). Un prophète qui ne veut pas prophétiser, c'est comme un missionnaire des missions étrangères exigeant de rester dans son studio, un contemplatif ne voulant plus prier, un communautaire ne souhaitant plus vivre avec les autres… Il y a donc un gros problème. Comment comprendre cette attitude de la part d'un « professionnel » de la religion ? Parmi les nombreuses hypothèses des commentateurs, retenons les deux plus vraisemblables :

– **la peur.** Ninive symbolise, pour le peuple d'Israël, la nation assyrienne qui a dominé le monde oriental aux VIIIe et VIIe siècles. La réputation de cruauté de ces hommes est confirmée par les bas-reliefs des palais et les archives des rois assyriens. Ces derniers détruiront le royaume israélite du Nord, raseront la capitale Samarie et déporteront les populations dans tout l'Empire. Ce fut un soulagement dans l'Orient ancien lorsque Ninive fut détruite en 612, marquant la fin de cette domination extrêmement dure. Ninive, c'est quelque chose comme Moscou, cœur du pouvoir stalinien dans les années 1930, ou Téhéran, centre de l'intégrisme islamique dans les années 1990… En un mot, le symbole d'un pouvoir inhumain. Les Assyriens sont aussi les inventeurs du supplice de la crucifixion, repris plus tard par les Romains. Jonas aurait donc des circonstances atténuantes, se trouvant face à une « mission impossible » (à vue humaine), un peu comme un juif américain à qui l'on demanderait de se rendre à Berlin, capitale du nazisme, en pleine guerre…

– **la certitude de l'échec.** Il est probable que Jonas ait estimé que cette mission ne servait à rien, que c'était une perte de temps et d'énergie. À quoi bon transmettre un message de Dieu à des gens dont « tout le monde sait qu'ils n'ont pas de cœur » ? Autant parler à des murs. Jonas serait alors dans la situation du professeur d'université se disant qu'il ne vaut pas la peine de perdre son temps à expliquer la théorie de la relativité d'Einstein à des analphabètes. Le résultat est là : Jonas est rebelle à la volonté de Dieu, infidèle à sa vocation. C'est un piètre prophète.

2. Celui qui est poursuivi par Dieu

Jonas est en fuite. Il ne discute pas avec Dieu comme d'autres prophètes. Il est résolument parti ailleurs *« loin de la face de Dieu »* (Jon 1, 3 et 10). Puisque Jonas n'écoute pas la voix de Dieu, Celui-ci va lui parler autrement, par les événements de la vie. Ceux-là, on ne peut pas y échapper ! La Providence de Dieu intervient de multiples manières : vent violent, grande tempête, gros poisson qui passe par là… Le récit midrashique montre que le Seigneur conduit toutes choses et n'abandonne pas l'homme de Dieu à ses aveuglements, ses peurs, ses mécanismes de fuite. Dieu se sert de tout : les circonstances de l'existence, les rencontres humaines (les matelots), les conditions météo, les animaux mêmes (le gros poisson)… Son amour nous poursuit ! Ce livre de Jonas exprime avec humour ce que le Psaume 139 (138) dit d'une façon plus contemplative :

> *« Seigneur, tu me sondes et me connais, que je me lève ou m'assoie, Tu le sais, Tu perces de loin mes pensées ; que je marche ou me couche, tu le sais… mes voies te sont toutes familières.*
> *La parole n'est pas encore sur ma langue et voici, Tu la sais tout entière ; derrière et devant Tu m'enserres, Tu as mis sur moi ta main.*
> *Prodige de savoir qui me dépasse, hauteur où je ne puis atteindre. Où irai-je loin de ton esprit, où fuirai-je loin de ta face ? Si j'escalade les cieux, Tu es là, qu'aux enfers je me couche, te voici. Je prends les ailes de l'aurore, je me loge au plus loin de la mer ; même là, ta main me conduit, là ta droite me saisit. »* (Ps 139)

Dans la tempête et les éléments déchaînés, Jonas comprend qu'il y a un message de Dieu. Il insiste pour que les sympathiques marins cherchant à le sauver le jettent à la mer. Il n'y a pas d'autre solution. Il est englouti par un gros poisson qui, justement, passait par là comme par hasard ou par Providence.

3. Celui qui est sauvé par Dieu

Comment comprendre ce qui arrive à Jonas ? Certains voient dans ce gros poisson une « baleine », bien qu'elles soient peu fréquentes en mer Méditerranée. La tradition juive nous éclaire davantage que l'interprétation fondamentaliste : le poisson qui absorba Jonas, c'est le tombeau. Les entrailles du poisson sont les enfers (le *Shéol*). En effet, dans la Bible, la mer est un symbole de la mort et des puissances du mal. Les monstres marins mythiques, comme Léviathan, évoquent toujours cela. Cette interprétation sera essentielle pour comprendre le « signe de Jonas » dont parle Jésus : *« En effet, comme Jonas est resté dans le ventre du monstre marin trois jours et trois nuits, le Fils de l'Homme restera de même au cœur de la terre trois jours et trois nuits. »* (Mt 12, 38-40)

Dans sa fuite « loin de Dieu », Jonas se trouve dans une situation de mort, bloqué et incapable de s'en sortir par ses propres forces. Démuni, impuissant, vulnérable, il est comme « contraint » de se tourner vers Dieu. Et cela donne le psaume magnifique, inséré dans le chapitre 2.

> *« Depuis les entrailles du poisson, il pria le Seigneur son Dieu :*
> *Dans ma détresse, je crie vers le Seigneur et lui me répond ; du ventre des enfers, j'appelle ; tu écoutes ma voix…*
> *Les eaux m'ont assailli jusqu'à l'âme, l'abîme m'a cerné. Je descendis aux pays dont les verrous m'enfermaient pour toujours ; mais tu retires ma vie de la fosse. Seigneur mon Dieu, quand mon*

âme en moi défaillait, je me souviens du Seigneur ; et ma prière parvient jusqu'à toi... au Seigneur appartient le salut. »

Que dire de l'attitude spirituelle de Jonas ? Elle est mitigée, à la fois belle et insatisfaisante : belle, parce qu'il se tourne vers le Seigneur avec confiance, sûr de son salut. Insatisfaisante, parce qu'on n'y trouve aucune expression de repentir : pas d'aveu de ses fautes ou de relecture de sa vie à la lumière de la Parole de Dieu et de sa vocation de prophète. Les théologiens parleraient de « contrition imparfaite » comme celle du fils prodigue envisageant le retour vers le Père... pour des raisons alimentaires : « *Combien d'ouvriers de mon père ont du pain en abondance et moi ici, je meurs de faim !* » (Lc 15, 17.) Dieu n'est pas tatillon ni rancunier ; Il accueille cette prière telle qu'elle est et l'exauce : « *Le Seigneur commanda au poisson de vomir Jonas sur le rivage.* »

L'action de salut n'intervient pas dans une apparition divine spectaculaire, une théophanie grandiose, mais de façon discrète, par l'influence exercée sur le mécanisme de déglutition d'un poisson ! Les philosophes appellent cela « les causes secondes ».

4. Celui qui est réhabilité dans sa mission

« *La parole du Seigneur fut adressée de nouveau à Jonas : Lève-toi, va à Ninive, la grande ville païenne, proclame le message que je te donne pour elle.* » (Jon 3, 1-2)

Le Seigneur n'a pas renoncé à son dessein d'amour pour les Ninivites. Rien ni personne ne le fera changer de projet. Le moins que l'on puisse dire, c'est qu'Il a de la suite dans les idées. Le Seigneur est aussi Celui qui ne retire pas sa confiance à son serviteur, même quand celui-ci se révèle défaillant. À nouveau, Il lui parle personnellement et lui redonne sa mission première, ce qui signifie qu'Il s'adresse à lui comme prophète d'Israël, capable d'accueillir la Parole de Dieu pour en être ensuite le messager. Comme Jésus ne retirera pas sa charge à Pierre après son triple reniement, mais lui redonnera publiquement et solennellement une triple investiture : *« Sois le berger de mes brebis. »* (Jn 21, 15)

Cette fois-ci, Jonas s'exécute. *« Jonas se leva et partit pour Ninive, selon la Parole du Seigneur. Il proclamait : "Encore quarante jours et Ninive sera détruite". »*

Le message proclamé par le prophète est bien celui de Dieu, bref et percutant. Le jugement est prononcé : le salaire du péché, c'est la mort. La méchanceté des hommes mène le monde à la mort et à la destruction. Mais il y a un délai de quarante jours signifiant que l'exécution du juste jugement n'est pas immédiate. Un délai est accordé afin de provoquer un changement de conduite.

5. Celui qui, malgré ses déficiences, est canal de la grâce pour les autres

Quand Jonas se présente aux marins : *« Je suis Hébreu, moi, je crains le Seigneur, le Dieu du ciel qui a fait la mer et la terre ferme »* (Jon 1, 9), il révèle qu'il appartient au peuple élu, qu'il connaît le Dieu Créateur… et, en même temps, qu'il lui est infidèle. Les matelots, eux, sont des païens de différentes nations, pieux et fervents : *« Ils crièrent chacun vers son dieu. »* Ils agissent avec compétence dans la tempête et se montrent humains, ne voulant pas faire de mal à Jonas, même pour protéger leurs vies (Jon 1, 12-13).

Une fois la volonté de Dieu révélée, ils s'efforcent de l'accomplir en s'excusant de faire du tort au prophète :

> *« Ah ! Seigneur, ne nous fais pas mourir à cause de cet homme et ne nous rends pas responsables de la mort d'un innocent car toi, tu es le Seigneur, ce que tu as voulu, tu l'as fait. »* (Jon 1, 14)

Quand Jonas est jeté à l'eau et que la tempête se calme, les païens sont saisis par la crainte de Dieu et lui offrent un sacrifice accompagné de vœux (Jon 1, 16). Cet épisode nous présente un monde à l'envers : le prophète d'Israël est désobéissant à Dieu et peu soucieux des hommes (il dort dans la cale du navire pendant la tempête). Les païens, eux, se montrent humains avec un étranger et très religieux en reconnaissant ce Dieu d'Israël, lui offrant prières, sacrifices et vœux, constituant la liste complète des actes religieux.

Le midrash en rajoutera un peu en disant que les marins convertis iront ensuite à Jérusalem pour approfondir leur conversion au judaïsme ! Le paradoxe saute aux yeux : le médiocre serviteur de Dieu fuyant sa mission fait quand même connaître son Seigneur et suscite la conversion des païens ! Dieu se sert de tout, même des instruments défectueux, pour opérer des merveilles dans le cœur des hommes ! Il en sera de même avec les Ninivites. Certes, Jonas accomplit sa mission, mais il ne fait pas de longs jeûnes comme Moïse, des signes prodigieux comme Élie, de grandes prédications comme Jérémie au Temple. Il se contente de répéter un court message sans édifier les hommes par un témoignage de vie particulier… Et les résultats seront sans commune mesure par rapport à l'action du prophète : c'est une conversion parfaite des Ninivites !

– immédiate, spontanée : *« Aussitôt, les gens de Ninive crurent en Dieu »* ;

– massive : du petit peuple au roi lui-même ;

– mettant en pratique la démarche pénitentielle complète proclamée par les prophètes d'Israël au peuple de Dieu. Tout y est :

– la foi : « croire en la Parole de Dieu » ;

– la pénitence avec contrition et pratiques pénitentielles (jeûne, sac et cendre) ;

– la prière : *« on criera vers Dieu de toute sa force »* ;

– la conversion comme changement du cœur se manifestant dans les changements de comportement : *« Chacun se détournera de sa conduite mauvaise et de ses actes de violence »* ;

– l'espérance du pardon de Dieu et non la vaine assurance du légalisme religieux : *« Qui sait si Dieu ne se ravisera pas et ne reviendra pas de l'ardeur de sa colère ? »*

La parabole de Jonas met en valeur le fait que, même avec un homme de Dieu quelconque, le Seigneur peut faire de grandes choses et convertir ceux qui semblaient, a priori, très éloignés de Dieu : matelots et Assyriens.

6. Celui qui a du mal à s'ouvrir à la miséricorde de Dieu

Certains commentateurs se demandent si Jonas n'a pas éprouvé une satisfaction morbide en annonçant le jugement de Dieu et l'imminence de la destruction de Ninive. Peut-être même avait-il oublié que le message était conditionnel : *« Encore quarante jours et Ninive sera détruite »*, sous-entendu, s'il n'y a pas de conversion. Pour lui, le décompte des jours devait aboutir immanquablement au châtiment, à la vengeance. Il ne croyait pas que l'homme puisse changer et Dieu pardonner. Double erreur sur Dieu et sur l'homme !

Avec l'épisode du ricin, l'homme de Dieu se montre mesquin, replié sur lui même. *« Il se réjouit d'une grande joie »* quand Dieu fait pousser pour lui un « parasol végétal » le protégeant du soleil et il se met dans tous ses états quand son bien-être est affecté par un début d'insolation. *« Il demanda la mort et ajouta : mieux vaut pour moi mourir que vivre. »* Dramatisation de celui qui est centré sur son ego alors que se joue le salut ou la perte de plus de 120.000 êtres humains. Décidément, l'homme de Dieu ne comprend pas grand-chose aux enjeux de son ministère et aux désirs du cœur de Dieu ! Colère, mauvaise foi, préoccupations égoïstes et insignifiantes…

Quelle mesquinerie face à la noblesse d'âme des Ninivites ! Jonas est déçu car il aurait voulu que Dieu donne une bonne leçon aux païens, ennemis du peuple d'Israël. Mais le Seigneur ne parle que de pitié et de miséricorde ! *« En voyant comment ils se détournaient de leur conduite mauvaise, Dieu renonça au châtiment dont il les avait menacés. »* Le prophète contrarié, se met en colère comme le fils aîné de la parabole du fils prodigue, se révoltant contre le dessein d'Amour du Père : « C'est trop facile ! Ce n'est pas juste ! » Il a du mal à supporter l'amour fou de Dieu pour tous les hommes sans exception.

Et le livre se termine par une étonnante interrogation de Dieu laissant un espace afin que le prophète se convertisse à la Miséricorde divine :

> *« Et moi, comment n'aurais-je pas pitié de Ninive, la grande ville, où, sans compter une foule d'animaux, il y a plus de cent vingt mille êtres humains qui ne distinguent pas encore leur droite de leur gauche ? »*

II. Illustration : un Jonas dramatique, le prêtre de « La puissance et la gloire »

Le romancier anglais **Graham Greene**, converti au catholicisme, a publié un best-seller intitulé : *La puissance et* *la gloire* (1940), admiré par François Mauriac et adapté plusieurs fois au cinéma. Le personnage principal est un prêtre infidèle à sa vocation sacerdotale. Celle-ci était « mélangée » dès le commencement : « Il avait cru qu'en se faisant prêtre, il deviendrait riche et important : voici ce qu'on appelle avoir la vocation. »

Le président du Mexique, Calles (1924-1928), persécute l'Église catholique au nom d'une idéologie radicale, anticléricale et franc-maçonne. Face à l'opposition populaire, le pouvoir se durcit : assassinats de prêtres, sacrilèges dans les églises, interdiction du culte… La plupart des prêtres se cachent pour exercer leur ministère secrètement ou s'enfuient. Dans l'état de Tabasco, tous les prêtres et religieux sont partis. Le prêtre du roman est resté, seul, par orgueil plus que par zèle apostolique.

> « Tout s'est désagrégé peu à peu. Je me suis mis à négliger mes devoirs. J'ai pris l'habitude de boire. Je crois qu'il aurait mieux valu que je m'en aille moi aussi car c'était l'orgueil qui sans arrêt me faisait agir, ce n'était plus l'amour de Dieu. Puis j'ai pensé que j'étais si exceptionnel que je pouvais n'obéir qu'à mes propres lois. Je cessai de jeûner, je renonçai à la messe quotidienne, je négligeai mes prières et puis un beau jour, simplement parce que j'étais ivre, que je me sentais seul, vous voyez ce qui a pu se passer… j'ai un enfant. » Depuis, il porte une profonde blessure : « C'était pour lui la fin d'un monde tout entier. »

Dieu présent dans les événements

Graham Greene est obsédé par le problème du mal. Le péché est partout présent, dans les hommes et les institutions. On a tout d'abord l'impression que les ténèbres sont victorieuses et que Dieu est absent ou silencieux. Pourtant, c'est « au cœur d'un monde ravagé » que l'amour de Dieu est présent. Du malheur des hommes perce une espérance à la fois fragile et invincible. Le prêtre, dont la tête est mise à prix, mène une existence d'homme traqué. Pendant des années, il se cache et fuit la police qui le recherche, poursuivi plus encore par sa conscience... À travers cette fuite, Dieu, dans les événements et les rencontres, le poursuit. En vivant pauvre parmi les pauvres, le fugitif descend en lui-même et devient peu à peu un autre homme : le petit ecclésiastique, notable ambitieux, apprend à être un homme vulnérable, humain et fraternel.

Le second appel de Dieu

La persécution et la fuite vont constituer un nouvel appel de Dieu. Malgré sa misère de prêtre alcoolique, il continue son ministère pour le service des autres. Le roman est construit autour de deux faux départs : une première fois, l'homme de Dieu est sur le point de quitter le pays et y renonce pour répondre à l'appel d'un enfant le suppliant de venir au chevet de sa mère malade. Le bateau partira sans lui. Une seconde fois, à la fin du roman, il a enfin réussi à atteindre un autre État dans lequel il est en sécurité. Mais il accepte de repasser la frontière pour aller vers un bandit qui agonise. C'était un piège tendu par un traître pour le capturer et toucher une prime. Ce pauvre homme de Dieu va mourir martyr de la foi, fusillé par un peloton d'exécution.

Celui qui est quand même témoin de Dieu

Il ne cache pas sa déchéance, ce prêtre qui sent l'alcool, père d'une « bâtarde ». Et, mystérieusement, Dieu passe quand même par lui. À l'occasion de cette messe secrète dans un village isolé dans la forêt, « Dieu était présent, devant eux, sous sa forme corporelle, pour la première fois depuis six ans. Lorsqu'il leva l'hostie, il put imaginer leurs visages tendus vers elle comme ceux de chiens affamés ». Après des années sans présence de prêtre, les villageois lui demandent de les confesser. Il le fait en cachette, dans une écurie : « Ces gens sortaient de l'écurie purifiés ; le prêtre était le seul à qui fussent refusés le repentir, la confession et l'absolution. Dans six jours, se dit-il, je serai à Las Casas : je me serai confessé et j'aurai reçu l'absolution. »

Le prêtre a conscience de son indignité et a pourtant la certitude que Dieu se donne par lui, dans les sacrements de l'Église : « Même si tous les prêtres étaient comme moi lâches, ivrognes, cupides, cela n'y changerait rien, car ils pourront toujours donner Dieu aux hommes. » Mystère d'un Dieu qui prend le risque de se donner au monde par un homme pécheur ! Lors de rencontres occasionnelles, le prêtre sème, souvent sans s'en rendre compte, des graines de foi, d'espérance, de charité. Une jeune fille de treize ans, Coral, le cache dans un hangar pour le protéger d'un gendarme. Durant leur échange, elle déclare : « Je ne crois pas en Dieu. Voyez-vous, j'ai perdu la foi quand j'avais dix ans. » Elle lui demande naïvement pourquoi il ne renonce pas à sa foi et entend cette réponse : « C'est impossible. Il n'y a pas d'issue. Je suis prêtre, c'est tout à fait hors de mon pouvoir. »

Le jour de l'exécution du prêtre, les parents de Coral se demandent si ce n'est pas lui qui a été caché chez eux auparavant : « Je pensais à ce prêtre. Drôle de type. Il buvait. Je me demande si c'est lui. » « Si c'est lui, il n'a que ce qu'il mérite », dit la femme, mais « ce qui reste mystérieux, c'est la façon dont elle (Coral) parlait après comme si ce prêtre lui avait révélé des choses ». Le lieutenant ayant arrêté l'homme d'Église adhère à l'idéologie de l'État promettant un monde meilleur lorsqu'il sera débarrassé des superstitions religieuses. Ce personnage, représentant tous les totalitarismes ennemis de Dieu et des hommes, est lui-même touché par l'humble témoignage de ce prêtre qui va être fusillé le lendemain. Lui, le partisan de l'ordre nouveau, l'ennemi fanatique du christianisme, va prendre le risque de commettre un acte illégal et dangereux pour lui : pour répondre au désir de son prisonnier voulant se confesser avant de mourir, il va chercher un prêtre ! Le prêtre indigne prie souvent pour les personnes rencontrées et répète son acte de contrition chaque fois qu'il est en danger de mort. Mais, tenaillé par sa culpabilité, il se répète : « Je suis un mauvais prêtre et un mauvais homme », et doute de l'efficacité de ses prières : « Pourquoi Dieu écouterait-il les prières d'un tel prêtre ? Le péché est l'obstacle qui s'opposait à leur essor, il sentait ses prières retenues en lui, peser autant qu'une nourriture lourde à digérer. » Un jour, il s'écrie : « Oh ! Dieu, envoyez-leur quelqu'un qui soit plus digne de leur souffrance. » Il sentait qu'il y avait « une atroce dérision dans le fait qu'ils (les villageois) se sacrifiaient pour un prêtre ivrogne, père d'un bâtard. » Mystérieusement, dans les dernières lignes du roman, peu après l'exécution capitale, arrive un nouveau personnage dans la ville… C'est un prêtre clandestin… La prière de l'homme pécheur est donc exaucée.

Le doute concernant la miséricorde de Dieu

Le petit ecclésiastique suffisant est devenu un homme au cœur de chair, éprouvant tendresse et compassion pour tous les hommes. Passant une nuit enfermé dans une prison remplie de pauvres gens, « il fut saisi d'une tendresse immense et irraisonnée pour les occupants de cette prison ». Les détenus savent qu'il est prêtre et le dénoncer leur apporterait une récompense importante, mais personne « ne voudrait prendre le prix du sang ». « Il fut de nouveau bouleversé par une extraordinaire tendresse. Il n'était qu'un criminel au milieu d'une bande de criminels et il éprouvait un sentiment de camaraderie qu'il n'avait jamais connu autrefois, lorsque les gens venaient pieusement baiser son gant de coton noir. » Il est parfois amené à poser des actes de charité étonnants. Il a la conviction que l'homme qui vient de le rejoindre, « le métis », est le traître qui va le livrer pour toucher une rançon de 7000 pesos. « Il savait, il était en présence de Judas. » Pourtant, il lui laisse la mule qui lui aurait permis de s'échapper. Le traître, après l'arrestation du prêtre, sollicite quand même sa bénédiction !

L'homme de Dieu n'éprouve aucune animosité pour le lieutenant qui l'emprisonne et à cause de qui il va mourir. Il va même lui dire : « J'ai senti tout de suite votre bonté quand vous m'avez donné cet argent à ma sortie de prison. » Il est souvent homme de compassion, sûr de la miséricorde de Dieu pour les pécheurs : « C'est pour ce monde que le Christ est mort ; plus l'on voit de corruption autour de soi, plus la gloire qui entoure sa mort resplendit. C'est trop facile de mourir pour ce qui est bon, ou beau, son foyer, ses enfants ou la civilisation. Il fallait un Dieu pour mourir afin de sauver les hommes lâches et corrompus. » Si Jonas avait du mal à admettre la miséricorde et le pardon de Dieu pour les païens, le prêtre du roman, lui, ne peut croire en la miséricorde de Dieu pour lui. Il a la conviction qu'il est damné à cause de ses péchés. « Il s'était laissé aller au désespoir : le péché sans rémission. » En regardant sa fille, « il lui semble que son propre péché mortel sans contrition le regardait ».

Il vit, durant sa dernière nuit en prison, un combat contre lui-même. S'efforçant de faire une confession générale de ses péchés, il est écrasé par un sentiment d'échec, d'inutilité : « Oh mon Dieu, je regrette tous mes péchés et je vous en demande pardon… et j'ai mérité vos châtiments les plus terribles. Quel être impossible je suis, et combien inutile. Je pourrais aussi bien n'avoir jamais vécu… Si seulement j'avais une âme à offrir afin de pouvoir dire : voilà ce que j'ai fait. » « Il ne ressentait qu'une immense déception de se présenter devant Dieu les mains vides, parce qu'il n'avait rien fait du tout. »

Dans l'univers de Graham Greene, existe un paradoxe vécu par les mystiques dans la nuit de l'esprit et par notre monde contemporain, après la mort proclamée de Dieu : Dieu semble absent, silencieux, impuissant, englouti dans le péché des hommes. Et l'homme de Dieu est confronté à la grande tentation diabolique du désespoir. En même temps, au cœur même de la déréliction, l'Amour de Dieu pour les hommes demeure présent et transperce les épaisses ténèbres du mal. Dieu parle au monde déchu dans un langage discret, celui de sa tendresse et de sa pitié pour les hommes souffrants, par les paroles vivantes que sont les saints. C'est ce qui fait déclarer au prêtre pécheur et martyr : « En fin de compte, une seule chose importe vraiment : être un saint. »

À la différence de Jonas, le héros de Graham Greene croit en la miséricorde de Dieu pour tous les hommes… sauf lui ! N'est-ce pas le cas de nombre de nos contemporains qui n'ont pas de difficultés à penser que Dieu est bon, mais ne peuvent croire qu'ils sont aimés de Lui.

III. Appropriation personnelle : l'aventure de Jonas est la mienne

1. La Parole de Dieu nous poursuit

La Parole nous rejoint dans notre vocation particulière

Dieu demande à Jonas le prophète d'accomplir une mission de prophète, à savoir délivrer aux hommes un message « au nom de Dieu ». La Parole du Seigneur le rejoint et le confirme dans sa vocation propre et non dans celle d'un roi, d'un prêtre ou d'un sage d'Israël. Pour accueillir la Parole que le Seigneur m'adresse, je dois savoir « où je suis » et pour quoi « je suis fait ». C'est la raison pour laquelle Dieu, dans les récits de vocation, commence par nommer celui à qui il s'adresse : « Abraham », « Moïse », etc.

Le nom, dans la Bible, désigne à la fois l'identité de la personne et sa mission. Quel est mon nom, quelle est ma vocation ? Celle-ci m'est le plus souvent révélée dans mon enracinement humain et mon devoir d'état. Avant d'attendre ou de rêver le « pas encore » de ma vocation idéale, je dois prendre en considération le « déjà là » de ma condition humaine actuelle : identité sexuelle, âge, nationalité, état de vie, profession et engagements concrets dans la société et l'Église.

Saint François de Sales résume cela dans une jolie formule à destination des laïcs comme des clercs : « Fleurir et porter du fruit dans la terre où nous sommes plantés. »

Dieu parle aussi par les événements

Comme Jonas n'écoute pas la Parole de Dieu qui lui est personnellement adressée, le Seigneur va lui parler d'une autre manière, par les événements. Le récit le montre de façon naïve, mais profonde. Tout concourt à l'élaboration d'un message divin que le prophète va enfin comprendre : « *Je le reconnais, c'est à cause de moi que cette grande tempête vous assaille.* » Les acteurs sont multiples et agissent à différents niveaux :

– la liberté de l'individu : « *Jonas trouva un navire pour Tarsis* » ;

– l'action de Dieu sur la nature : « *le Seigneur lança sur la mer un vent violent* » ;

– les activités des hommes rencontrés (matelots, capitaine).

Le poète Charles Péguy le dit très justement :

« Les événements, dit Dieu, c'est Moi,
C'est Moi qui vous caresse,
C'est Moi qui vous rabote. »

Dans la vie chrétienne, il importe de savoir lire et interpréter les événements, de considérer comment Dieu nous guide par eux.

Sainte Édith Stein (Thérèse-Bénédicte de la Croix) va nommer bien des événements « rencontres – paroles de Dieu » qui ont orienté son existence vers Dieu et lui ont révélé sa vocation de contemplative, puis de martyre. En voici quelques exemples :

– l'événement de la lecture, à l'âge de vingt ans, de l'ouvrage *Recherches logiques* du philosophe allemand Edmund Husserl, père du courant de la phénoménologie. Elle a abandonné la foi juive de ses parents, mais demeure dans une recherche incessante de la vérité et du sens de l'existence. C'est pour elle une « révélation philosophique ».

– l'événement de son entrée à l'université de Göttingen où enseigne Husserl ; très peu de femmes étudient à cette époque.

– l'événement des cours de Max Scheler, juif comme elle et cheminant vers la foi chrétienne. « Pour moi comme pour beaucoup d'autres, son influence s'étendit bien au-delà du domaine de la philosophie. Je ne sais plus en quelle année Scheler revint à l'Église catholique, mais ce temps devait être proche car il était rempli d'idées chrétiennes et savait les exposer avec son brillant esprit et sa force de persuasion. Ce fut pour moi la révélation d'un univers jusque-là totalement inconnu... Je me suis trouvée soudain face au monde de la foi. J'y voyais vivre sous mes yeux des personnes que je respectais. »

– l'événement de la rencontre avec Adolph Reinach, jeune philosophe juif de trente ans, interpellé aussi par la foi chrétienne comme son épouse Anna. Reinach, qui était l'assistant de Husserl, doit partir au front en 1914 et sera tué au combat en 1917. Anna fait appel à Édith qui remplace son mari comme assistante de Husserl – pour classer des papiers. Édith appréhende cette entrevue : que dire à une jeune veuve qui doit être désespérée ? Elle est stupéfaite car, loin d'avoir besoin d'être consolée, c'est Anna qui rend force et courage à tout son entourage par sa foi inébranlable. Moment inoubliable dans le chemin d'Édith Stein. « Ce fut ma première rencontre avec la Croix, avec cette force divine qu'elle confère à ceux qui la portent. Au moment même, mon incrédulité céda, le judaïsme pâlit à mes yeux, tandis que la lumière du Christ se levait en mon cœur. »

– l'événement de la maladie d'Husserl (1918). Édith vient souvent le voir et le soigner. Ce grand intellectuel se rapproche de plus en plus de Dieu et lui demande de lui lire la Bible.

– l'événement « coup de grâce » en 1921. Passant ses vacances d'été chez une amie protestante, elle prend un soir, dans la bibliothèque, un livre inconnu d'elle, la vie de sainte Thérèse d'Avila. Elle passe toute la nuit à le lire, le cœur brûlant. En refermant le livre, elle se dit à elle-même : « Là est la vérité. » Dès le matin, elle se rend sans attendre pour acheter un petit catéchisme catholique et un missel. Elle sera baptisée en 1922.

– l'événement de la demande de conférences dans toute l'Allemagne, surtout pour l'Action catholique féminine, à partir de 1928. Ces années d'enseignement approfondissent sa foi et lui donnent de mieux connaître l'Église et les enjeux politiques en Allemagne.

– l'événement de la montée du nazisme et des persécutions antisémites, qui lui fait entrevoir sa vocation de Carmélite, intercédant pour son peuple Israël, l'Église, le monde. Elle entre au carmel de Cologne en 1933, année de l'accession de Hitler au pouvoir.

– l'événement de la fuite dans un carmel des Pays-Bas en 1942, à la demande de ses supérieurs.

– l'événement de la protestation des évêques de Hollande contre les agissements des nazis et la répression féroce de la Gestapo qui suivit en août 1942. Arrestation massive de juifs et de sœur Bénédicte de la Croix, puis déportation au camp d'Auschwitz où elle mourra martyre…

En regardant ma vie, durant ces dernières années, mois, semaines, je me pose la question : quels sont les événements-paroles de Dieu ? Qu'est-ce que le Seigneur me dit à travers cela ? Quelle orientation cela donne-t-il à mon existence ? S'agit-il de messages qui me bousculent, m'interpellent ? De paroles de consolation, de réconfort ? De lumières accordées pour me conduire sur ma route ?

Le disciple de Jésus doit savoir ce que lui dit son Maître et comment Il le lui dit. Carlo Caretto médite cette providence de Dieu dans sa vie. N'est-ce pas notre propre expérience qui est ainsi décrite ?

> « Dieu a été le chemin. Il m'a pris par la main et m'a montré la route. Que de fois j'ai pu vérifier que c'était Dieu qui me tenait par la main ! J'étais tenté de penser que c'était moi qui dirigeais mes pas, mais les occasions ne m'ont pas manqué de faire l'expérience que Dieu me guidait... Plus j'allais de l'avant et plus ses touches se faisaient discrètes... Mais la foi m'a enseigné à marcher en sa compagnie, à prendre des décisions avec lui, à vivre vraiment avec lui, comme deux époux qui se disent tout et sont heureux. Qu'il est doux de mettre sa confiance dans le Seigneur ! Quelle paix pour le cœur de le sentir présent au creux de toute la vie ! Comme je me sens fort quand je me fie totalement à lui ! » (*Né pour l'éternité*, Médiaspaul, 1987)

2. Les fuites devant les missions

Jonas perçoit clairement la demande de Dieu, mais celle-ci lui fait peur et il s'estime incapable de remplir cette mission, c'est la raison de sa fuite.

La peur est sans aucun doute l'une des principales raisons de ne pas accomplir la volonté de Dieu. Peur de se tromper, d'être en échec, de souffrir ou de faire souffrir, de ne pas maîtriser une aventure qui entraîne trop loin. Dans les récits de vocation de la Bible, ceux qui sont appelés par Dieu sont souvent dans la peur et le Seigneur doit les rassurer avec la parole qu'il répète tout au long des Saintes Écritures : *« N'ayez pas peur - Sois sans crainte »*.

La réaction humaine recouvre parfois des sentiments bien différents : il y a « la crainte de Dieu », qui est un don du Saint-Esprit manifestant un infini respect devant la grandeur et la sainteté de Dieu faisant irruption dans la vie. Il y a la peur qui exprime souvent un regard négatif sur soi. L'individu est paralysé par la vision de ses limites et de ses insuffisances. À cela s'ajoute un manque de foi en Dieu. Il est Tout-Puissant, certes, mais celui qui est appelé a du mal à le croire « vraiment », à faire confiance, à entrer dans l'assurance qu'avec Dieu, tout est possible. Nous expérimentons ces « paniques » plus ou moins intellectualisées, dans des circonstances variées :

– la peur d'accueillir un nouvel enfant qui pourrait bouleverser l'équilibre du couple, de la famille ;

– la peur de dire oui à une sollicitation de l'Église pour assurer un service auquel je n'avais pas pensé (liturgie, catéchisme, pastorale des couples en vue du mariage…) ;

– la peur d'une nouvelle responsabilité professionnelle ou associative (remplacer X pour être « président » de…) ;

– la peur d'accepter une relation amoureuse car je crains de souffrir en cas d'échec. Parfois, la question ne se pose pas en termes de discernement car, au fond de moi, je pense que « cela vient de Dieu ». Toutefois, je vais tenter d'échapper à cette demande qui semble trop exigeante (en temps, compétence, sacrifice)… et je fais comme Jonas.

Les fuites à Tarsis – catalogue à consulter sur notre site « Jonas panique »

– la fuite déni : je fais semblant d'ignorer l'appel ; je sais bien que cette demande peut ou va « me tomber dessus », mais je refuse d'y penser, souhaitant jusqu'à la dernière minute « que cette coupe passe loin de moi ».

– la fuite blocage : « non, c'est non, parce que c'est non ». L'enfermement dans le refus sans vouloir même y réfléchir, en parler. Cette menace est exorcisée par un refus incantatoire, pas forcément efficace ! Les prétextes plus ou moins valables pour éviter de s'engager, comme dans le Cantique des Cantiques lorsque le Bien-Aimé frappe à la porte de sa bien-aimée pour la rejoindre. Celle-ci déclare : *« J'ai ôté ma tunique, comment la remettrais-je ? J'ai lavé mes pieds, comment les salirais-je ? »* (Ct 5, 3.) Comme dans l'Évangile, lorsque les invités au festin présentent les raisons pour ne pas venir : *« J'ai acheté un champ et il me faut aller le voir, je t'en prie, tiens-moi pour excusé. J'ai acheté cinq paires de bœufs et je pars les essayer... Je viens de me marier. »* (Lc 14, 18-19)

– les fuites déplacements. Je me souviens, lorsque je travaillais à l'Association des Paralysés de France, d'une confidence d'un papa qui venait de prendre conscience que le moteur de ses nombreux engagements sociaux, c'était la crainte de passer du temps à la maison avec son fils handicapé et son épouse complètement désorientée. Lui résumait son comportement par l'expression connue : « Le salut est dans la fuite. » Cette prise de conscience lui a permis de se réinvestir progressivement dans sa vie de famille... Bien des fuites trouvent leur origine dans nos peurs d'affronter le réel de notre condition humaine. Pour ce père, ce fut dans les engagements lui donnant « de l'air » et une reconnaissance sociale. Pour d'autres, la fuite peut conduire dans l'imaginaire, le virtuel sous toutes ses formes.

Aujourd'hui, j'examine loyalement ma situation « sous le regard de Dieu » : y aurait-il des tentations de fuite pour échapper à des demandes du Seigneur que je pressens ? Quelle est cette attente de Dieu à mon égard ? Comment l'ai-je perçue, discernée, avec qui ? Sous quelle forme ai-je adopté une stratégie de fuite ? Comment y remédier ?

Sainte Faustine, dans son *Petit Journal*, raconte une anecdote curieuse : pendant une retraite personnelle, elle demande à Jésus de venir la conduire dans ses méditations.

> « J'ai reçu cette réponse : “Médite sur le prophète Jonas et sa mission.” J'ai remercié le Seigneur, mais j'ai commencé à penser que cette méditation était différente des autres. Cependant, je tâchai de toutes les forces de mon âme de méditer et je me suis reconnue dans ce prophète en ce sens que moi aussi, je donne souvent un refus à Dieu, pensant que quelqu'un d'autre remplirait mieux Sa sainte volonté – ne comprenant pas que Dieu peut tout, que Sa toute-puissance se manifestera d'autant mieux que l'outil sera plus faible. Dieu m'éclaira ainsi. »

Mais la leçon de Jésus ne s'arrête pas là ; Il va montrer à sainte Faustine qu'Il lui parle aussi par le prêtre qui va la recevoir en confession et confirmer ainsi par la médiation de son serviteur ce qu'Il lui a déjà dit « en direct ».

> « Dans l'après-midi eut lieu la confession de la Congrégation. Quand j'ai exposé à mon directeur spirituel quelle peur me prend devant cette mission pour laquelle Dieu se sert de moi comme un instrument inapte, mon père spirituel répondit que bon gré mal gré, nous devions accomplir la volonté divine et il m'a donné l'exemple du prophète Jonas. » (*Petit Journal* 331)

Soyons nous aussi attentifs à ce que le Seigneur nous dit par des inspirations intérieures confirmées par des personnes extérieures « éclairées » ; c'est le même message par des canaux différents.

- Quand je suis coincé dans le ventre de la baleine

Voici une illustration d'une Jonas de notre époque, coincée dans « le ventre d'une baleine » et ressortie transformée.

Ingrid Bétancourt est une femme politique franco-colombienne qui a travaillé au ministère des Finances à Bogota, puis fut élue députée. Candidate à l'élection présidentielle de 2002 en représentant le parti écologiste « Oxigeno Verde », elle est enlevée, durant la campagne électorale, par les forces armées révolutionnaires de Colombie (FARC) et demeura leur otage jusqu'à sa libération, au cours d'une opération militaire de l'armée colombienne, en juillet 2008.

Dans son livre-témoignage *Même le silence a une fin*, Ingrid raconte sa découverte de la Bible au début de sa captivité. En méditant sur la personne de Jésus, elle prend conscience qu'il n'était pas un automate programmé pour faire le bien, mais un homme libre, qui « avait fait des choix ». Cette réflexion la renvoie à elle-même : « Et moi, quel était mon destin ? Dans cet état d'absence totale de liberté, me restait-il une possibilité de faire un choix quelconque ? Et si oui, lequel ? »

Dans un même mouvement, lui est révélée la Présence de Dieu, particulièrement dans les Saintes Écritures, et sa liberté intérieure au cœur de la détention.

> « Ce livre que je tenais entre mes mains devenait mon seul interlocuteur fiable. Ce qui y était inscrit avait une puissance telle que je serais amenée à me dénuder face à moi-même, à arrêter de fuir, à faire moi aussi mes propres choix. Et par une sorte d'intuition vitale, je découvrais que j'avais devant moi un long chemin à parcourir, qui me transformerait de manière profonde sans que je puisse en deviner ni l'essence ni l'ampleur. Il y avait une voix derrière ces pages remplies de mots qui déroulaient leurs lignes et, derrière cette voix, une intelligence qui cherchait à entrer en contact avec moi. Ce n'était plus seulement la compagnie d'un livre qui me désennuyait. **C'était une voix vivante qui me parlait**. À moi. » (*Même le silence a une fin*, Folio, 2010)

Cette Présence de Dieu et de la Vierge Marie va lui donner force et soutien durant ces six années et demie de captivité dans la jungle, dans des conditions physiques et morales très éprouvantes. Son témoignage, à la fin du livre, exprime ses sentiments le jour de sa libération : à l'action de grâces pour Dieu (et pour les personnes qui ont permis sa libération) se mêle la certitude qu'une renaissance de tout son être s'est opérée durant ou à l'intérieur même de cette épreuve. Ce sont ses derniers mots : « C'est alors que je sentis en tressaillant que tout était nouveau, tout était dense et léger à la fois, et, dans la lumière qui jaillissait, tout avait disparu, tout avait été emporté, vidé, nettoyé. Je venais de naître. Il n'y avait en moi plus rien d'autre que de l'amour. » L'épreuve fut pour elle à la fois le retour et l'affermissement de la foi de son enfance et le creuset de sa nouvelle naissance. Ingrid donnera plus tard son pardon aux FARC et exprimera par là un témoignage rayonnant de foi, d'espérance et d'amour.

Sans être aussi dramatiques, il est des situations dans nos vies où nous pouvons nous retrouver coincés « dans le ventre d'une baleine » sans pouvoir faire grand-chose :

– une grossesse difficile nécessitant de rester allongée plusieurs mois, avec une activité réduite ;

– une hospitalisation pour maladie ou accident se prolongeant et obligeant à « débrancher » de toutes occupations ;

– j'ai même rencontré un homme d'affaires, bloqué dans son hôtel dans le Nord de l'Europe pendant une semaine à cause d'éruptions de gaz volcaniques empêchant les avions de voler. Cet homme hyperactif, dans un pays dont il ne parlait pas la langue, s'est retrouvé à faire une retraite spirituelle forcée avec la lecture d'une bible en Anglais qui se trouvait sur la table de nuit. Une semaine plus tard, son épouse qui le poussait en vain depuis des années à faire avec elle des récollections dans des établissements religieux l'a trouvé transformé, épanoui et devenu chrétien…

Tant de cas où se renouvelle l'expérience de Jonas :

« Dans ma détresse, je crie vers le Seigneur, et Lui me répond
Du ventre des enfers, j'appelle ; tu écoutes ma voix
Tu retires ma vie de la fosse
Seigneur mon Dieu. »

3. Quand Dieu redonne la vocation

La première fois, Jonas n'a pas voulu entendre, il a été infidèle à l'appel de Dieu. Une seconde fois, Dieu a parlé et le prophète s'est laissé rejoindre. Dieu est patient et miséricordieux. En tant que baptisé, marié, consacré… nous pouvons nous montrer défaillant et suivre un autre chemin que celui que le Seigneur nous proposait. Mais il y a toujours un deuxième, un troisième appel (et même plus !). Dans toute vocation, il y a des étapes :

– le temps du commencement est celui de la générosité du don de soi. Le fiancé comme le séminariste sont prêts à de grands sacrifices pour s'engager dans l'aventure de leur vocation. L'un et l'autre ne savent pas (vraiment) à quoi ils s'engagent !

– puis vient le temps de la durée où la personne expérimente les exigences de son état de vie et les difficultés, parfois même les incapacités à vivre cela. La vocation semble impossible, au-dessus des forces humaines. L'enthousiasme des débuts s'est dissipé – vient le temps de la monotonie, de l'usure, de la désillusion. La personne peut avoir l'impression de ne pas avancer, de stagner, voire de reculer dans son cheminement vocationnel.

C'est l'heure de vérité – « ça passe ou ça casse » :

– ça casse, si je remets tout en cause, estimant que cette vie est impossible et que cela m'oblige à « voir ailleurs » ;

– ça passe (du mot « passage », « Pâques » !) quand je prends conscience que ma vocation, effectivement impossible… aux hommes, à mes forces naturelles, n'est possible qu'avec l'aide de Dieu. Lui seul, par sa grâce, peut me donner de vivre mon appel. Il me faut simplement le désirer et un peu plus, le vouloir et plus encore : le demander à Dieu. C'est l'heure de redonner mon « oui », de revenir à mon premier appel, en acceptant d'être « suspendu » à la grâce de Dieu. En général, le premier appel nous détache des « biens extérieurs » (famille, projet de vie individuel) ; le second va plus loin : il nous détache de nous-mêmes.

Quand Jésus redonne sa mission à Pierre, après son triple reniement, il lui redit la parole de son premier appel : « Suis-moi. » Mais il lui annonce qu'il lui faudra se laisser faire par un Autre, renoncer à sa volonté propre :

> *« Quand tu étais jeune, tu mettais ta ceinture toi-même pour aller là où tu voulais, quand tu seras vieux, tu étendras les mains et c'est un autre qui te mettra ta ceinture, pour t'emmener là où tu ne voudrais pas aller. »* (Jn 21, 18)

Dans le second appel, l'homme renonce à vivre selon ses idées toutes humaines, il renonce à son indépendance, même dans le service de Dieu, pour se laisser faire par Dieu. Il ne s'agit plus de faire des œuvres « pour Dieu », mais de faire « l'œuvre de Dieu ». La fécondité est beaucoup plus grande, le renoncement à soi-même aussi.

4. La peur surmontée

Est-ce qu'aujourd'hui, je résiste à une demande de mission à cause de mes peurs ? Cette demande me semble-t-elle venir de Dieu à travers les événements de ma vie ? Quels moyens me suis-je donné pour faire un discernement ?

Si je pense que c'est le Seigneur qui m'a fait signe, quelles sont mes peurs ? Comment se manifestent-elles ? Est-ce qu'elles me renvoient à d'autres peurs semblables dans mon histoire ? Suis-je prêt à les présenter au Seigneur dans la prière personnelle ou avec d'autres ? Ai-je des exemples concrets de peurs que le Seigneur m'a donné de dépasser ? Comment s'y est-il pris avec moi ?

Je peux méditer l'évangile de Jésus marchant sur les eaux et me répéter, comme une prière du cœur, la parole qu'Il m'adresse : *« Confiance ! C'est moi ; n'ayez plus peur. »* (Mt 14, 27) La Parole de Dieu, reçue avec foi, agit avec efficacité. Elle fait en moi ce qu'elle dit.

5. Accepter d'être canal de grâces pour les autres malgré mes insuffisances

Nous le savons bien, il faut s'efforcer, en tant que chrétien, d'être cohérent et de mettre en pratique le message évangélique que nous annonçons. Mais nous devons aussi nous rappeler que nous sommes des serviteurs « inutiles » ou « quelconques » ou « ordinaires » (selon les traductions de Lc 17, 10). Saint Paul nous dit :

> *« Et si nous avons une telle confiance en Dieu par le Christ, ce n'est pas à cause d'une capacité personnelle que nous pourrions nous attribuer : notre capacité vient de Dieu. »* (2 Co 3, 4-5)

Et il prend une image pour nous le faire comprendre :

> *« Ce trésor, nous le portons comme dans des vases d'argile ; ainsi on voit bien que cette puissance extraordinaire appartient à Dieu et ne vient pas de nous. »* (2 Co 4, 7)

Dans son expérience d'apôtre, il en vient à se réjouir de ses faiblesses :

« Il m'a déclaré : Ma grâce te suffit car ma puissance donne toute sa mesure dans la faiblesse. C'est donc très volontiers que je mettrai plutôt ma fierté dans mes faiblesses, afin que la puissance du Christ fasse en moi sa demeure… car, lorsque je suis faible, c'est alors que je suis fort. » (2 Co 12, 9-10)

Témoignage personnel peu édifiant

C'était il y a vingt-cinq ans, au début de ma vie communautaire. La semaine avait été chargée ; il y avait souvent des réunions en soirée pour préparer ceci et cela… Ce week-end, la communauté accueille une session importante, les retraitants sont nombreux. Je ne me sens pas très motivé et je n'ai qu'une hâte, arriver au dimanche soir pour me reposer. J'ai besoin de détente pour le corps et l'esprit… Le dimanche vers 14 heures, on me propose d'accueillir un homme pour un temps d'« écoute-prière ». Horaire redoutable que celui de la sieste ! Je suis somnolent dans mon fauteuil. Après avoir invoqué le Saint-Esprit, le monsieur me parle de sa situation avec force détails. Embrumé, je l'entendais parler, parler… avec la vivacité d'un Italien. Cela n'arrêtait pas ! Parfois, mes yeux se fermaient tout seul ; je luttais pour ne pas m'endormir. Il devait penser que je priais ou que j'étais « intérieur »… J'avais un peu honte de moi, de mon manque d'attention pour cette personne, je le ressentais comme un manque de respect et d'amour de ma part. Je priais intérieurement : « Seigneur, pitié, je suis crevé ! Je ne suis pas présent à tout ce que me dit cette personne. C'est ton enfant, occupe-toi de lui. Accueille-le et parle à son cœur comme tu le veux. Donne-lui ce dont il a besoin… et fais que cela se termine vite. Amen. »
Après un bon moment, je fus surpris par un temps de silence prolongé. La personne avait fini d'exposer sa situation et concluait par : « Qu'en pensez-vous ? » J'étais tenté de répondre comme les rabbins et de lui retourner la question : « Et vous,

qu'en pensez-vous ? » Mais je n'avais pas envie que ce monsieur un peu bavard me fasse un autre discours. Alors, j'ai bredouillé quelques phrases et lui ai partagé un verset d'un psaume qui me venait à l'esprit. Je me sentais pauvre et pas à la hauteur. Temps de silence prolongé. Je me dis intérieurement : « J'ai dû être à côté de la plaque ! Cela ne lui parle pas. Pardon, Seigneur. » Mais le monsieur très digne s'est mis à pleurer tout doucement. Il m'a dit que cela ne lui était pas arrivé depuis quinze ans – la mort de sa mère – et que cela lui faisait du bien, comme une libération. Je ne comprenais pas ce qui se passait. « Voyez-vous, me dit-il, cette phrase que vous m'avez dite, c'est celle que ma mère très pieuse m'avait laissée avant de mourir. Et ce verset du psaume, c'est celui qu'un prêtre m'a donné quand j'ai été me confesser à Lourdes il y a un an. Et depuis, j'ai l'impression que ce verset me poursuit de multiples manières. Merci, Dieu parle par votre bouche, c'est évident ! » Dans son enthousiasme, il ne cessait de louer la communauté et la personne qui l'avait écouté et avait prié pour lui. Avec l'exagération méridionale, j'étais entre le curé d'Ars et Padre Pio ! S'il savait…

Ce fut pour moi une leçon du Seigneur que je n'oublierai pas. La parole de Dieu par le pauvre Jonas s'était révélée agissante, vivante, efficace. Elle était passée à travers ma pauvreté.

Un jour, mon épouse et moi devons donner un topo pour des couples sur un thème comme « favoriser la communion conjugale » et nous nous disputons une heure avant la rencontre. La raison du conflit ne devait pas être très grave car nous l'avons oubliée peu après. Mais les énervements se sont exprimés par des paroles qui ont dépassé nos pensées. Un peu têtus l'un et l'autre (*Kyrie Eleison*), nous n'avons pas fait de démarche de pardon avant de donner notre enseignement.

Nous étions bien mal à l'aise et aurions aimé qu'une cause soudaine, miraculeuse, intervienne pour décommander la rencontre. Mais non, il a fallu y aller. Qu'avons-nous dit ? Sans doute était-ce la même trame que d'autres fois, mais ce soir-là, les couples présents étaient « percutés ». Rarement nous avons eu tant de retours positifs ! En accueillant les éloges, nous étions bien honteux… et émerveillés par la grâce de Dieu. La potiche sans valeur n'a pas à se glorifier du trésor qu'elle porte, sinon elle ressemble à l'âne de la fable de La Fontaine portant des reliques devant les foules. Et l'âne de penser que les marques de vénération des gens s'adressent à lui ! Ah, j'oubliais, ne vous inquiétez pas pour notre couple, nous nous sommes réconciliés juste après !

Il y a une douzaine d'années, j'étais responsable d'une maison accueillant une retraite. Durant les jours qui ont précédé et même pendant la retraite, nous avons connu en communauté des frottements et des tensions. Rien de grave, certes mais quand même des relations fraternelles crispées, des colères, des éclats de voix… il est vrai que nous avions à faire face à une multiplication de pannes mystérieuses qui perturbaient l'organisation matérielle. À la fin de la retraite, durant le temps d'actions de grâces, les retraitants bénissaient le Seigneur pour le climat de paix et d'amour régnant dans la maison et les cœurs ! Les communautaires se regardaient un peu gênés, un peu amusés… Il n'y avait là ni hypocrisie ni aveuglement, mais seulement le désir de Dieu de donner ses grâces à ses enfants. Les canalisations sont parfois un peu détériorées, cela n'empêche pas la source d'eau vive de s'écouler et de désaltérer la soif des personnes venues se ressourcer dans notre maison. Cela ne nous empêche pas de faire des efforts pour progresser dans l'Amour, mais l'essentiel est de se rappeler que Dieu est Celui qui agit et donne ses bénédictions en abondance, bien au-delà du mérite de ses serviteurs. Quel soulagement !

Nous n'avons pas besoin d'être des super-communautaires pour partager tout simplement la grâce de Dieu.

6. Croire en la miséricorde de Dieu

Jonas doit se convertir à la miséricorde de Dieu pour les autres pécheurs comme le prêtre de *La puissance et la gloire* doit croire en la miséricorde de Dieu pour lui-même. Qu'il est difficile d'accueillir ce message ! Pourtant, Jésus nous le répète sans cesse :

> *« Ce ne sont pas les gens bien portants qui ont besoin du médecin, mais les malades. Allez apprendre ce qui signifie : je veux la miséricorde, non le sacrifice. Je ne suis pas venu appeler des justes, mais des pécheurs. »* (Mt 9, 13)

En notre temps, le Seigneur continue de faire retentir cette Parole par le témoignage des saints comme Thérèse de Lisieux, Faustine, Jean-Paul II. Le pape François déclare : « Dans toute l'Église, c'est le temps de la miséricorde. C'était l'intuition du bienheureux Jean-Paul II. Il a eu "du flair". Nous sommes dans le temps de la miséricorde. » Et il cite Jean-Paul II : « La lumière de la miséricorde Divine, que le Seigneur a presque voulu remettre au monde à travers le charisme de sœur Faustine, éclairera le chemin des hommes du troisième millénaire. » (6 mars 2014)

Voici quelques paroles que Jésus adresse à Sainte Faustine afin qu'elle les transmette au monde. »

> « Aucune âme ne trouvera justification, tant qu'elle ne s'adressera pas avec confiance à ma miséricorde. » (PJ 570)
> « Je désire qu'on honore ma miséricorde ; je donne à l'humanité sa dernière planche de salut – c'est-à-dire le recours à ma miséricorde. » (PJ 998)
> « Je désire que les prêtres proclament ma grande miséricorde envers les âmes pécheresses. Qu'aucun pécheur ne craigne de m'approcher. Les flammes de la miséricorde me brûlent, je veux les répandre sur les âmes humaines. » (PJ 50)
> « Aujourd'hui, Jésus m'a dit : Je désire que tu connaisses plus profondément l'amour dont brûle mon cœur pour les âmes, et tu le comprendras en méditant ma passion. Appelle ma miséricorde sur les pécheurs, je désire leur salut. » (PJ 186)

Jésus se plaint à sainte Faustine, sa confidente et sa collaboratrice, du refus des hommes, de leur manque de foi en son amour.

« À un certain moment, Jésus me fit connaître que lorsque je le priais aux intentions que parfois on me confiait, Il était toujours prêt à accorder Ses grâces, mais que les âmes ne voulaient pas toujours les accepter. “Mon cœur déborde d'une grande miséricorde pour les âmes et particulièrement pour les pauvres pécheurs. Si elles pouvaient comprendre que je suis pour elles le meilleur Père, que c'est pour elles que le sang et l'eau ont jailli de mon cœur comme d'une source débordante de miséricorde ; je désire combler les âmes de grâces, mais elles ne veulent pas les accepter. Oh ! combien est grande l'indifférence des âmes pour tant de bonté, tant de preuves d'amour ; mon cœur n'est abreuvé que d'ingratitude, d'oubli de la part des âmes qui vivent dans le monde ; elles ont du temps pour tout, mais elles n'ont pas de temps pour venir vers moi, ni pour chercher des grâces”. » (PJ 367)

Ce que Jésus attend de nous est simple : lui faire confiance.

« Je donne aux hommes un vase, avec lequel ils doivent venir puiser la grâce à la source de la miséricorde : ce vase, c'est cette image avec l'inscription : *Jésus, j'ai confiance en toi.* » (PJ 327)
« Dieu a promis une grande grâce, particulièrement à toi et à tous ceux qui proclameront ma grande miséricorde. Moi-même je les défendrai à l'heure de la mort comme ma propre gloire et même si ses péchés étaient noirs comme la nuit, lorsqu'un pécheur se tourne vers ma miséricorde, il me rend la plus grande gloire et fait honneur à ma passion. Lorsqu'une âme glorifie ma bonté, alors le démon tremble à cette vue et s'enfuit au fond de l'enfer. » (PJ 378)
« Au cours d'une adoration. Jésus m'a promis : “Envers les âmes qui auront recours à ma miséricorde et envers celles qui glorifieront et parleront aux autres de ma grande miséricorde, j'agirai, à l'heure de leur mort, selon mon infinie miséricorde.

Mon cœur souffre, dit Jésus, de ce que même les âmes choisies ne comprennent pas l'immensité de ma miséricorde ; leur relation envers moi est d'une certaine manière méfiance. Oh ! combien cela blesse mon cœur. » (PJ 379)

Achevons cette méditation par une double résolution

Première résolution :

Sainte Faustine nous rappelle que l'essentiel de notre vie chrétienne consiste tout simplement à faire au jour le jour la volonté de Dieu dans l'amour. Choisissons ce chemin sûr et ne rêvons pas à des chimères, même très spirituelles, qui nous éloigneraient de notre devoir d'état. Avec la messagère de la Miséricorde divine, prions :

> « Mon Jésus, je comprends bien que ma perfection ne consiste pas en ce que Tu me charges d'accomplir ces grandes œuvres – oh non ! ce n'est pas en cela que consiste la grandeur de l'âme, mais dans un grand amour pour Toi.
> Ô Jésus, je comprends au fond de mon âme que les plus grandes œuvres ne peuvent se comparer à un acte de pur amour pour Toi. Je désire t'être fidèle et réaliser Tes désirs, et j'applique mes forces et mon intelligence à accomplir tout ce que Tu recommandes, ô Seigneur. Je le fais car telle est Ta volonté. » (PJ 984)

Deuxième résolution :

Après avoir accueilli et cru en la miséricorde de Dieu pour moi, je choisis de m'associer à la prière de l'Église de notre temps pour implorer la Miséricorde divine pour notre monde. Faisons-le, avec cette bouleversante imploration de saint Jean-Paul II, en conclusion de son encyclique sur la Miséricorde divine :

> « Cependant, à aucun moment ni en aucune période de l'histoire – surtout à une époque aussi critique que la nôtre –

l'Église ne peut oublier la prière qui est un cri d'appel à la miséricorde de Dieu face aux multiples formes de mal qui pèsent sur l'humanité et la menacent…
Plus la conscience humaine, succombant à la sécularisation, oublie la signification même du mot de "miséricorde", plus, en s'éloignant de Dieu, elle s'éloigne du mystère de la miséricorde, plus aussi l'Église a le droit et le devoir de faire appel au Dieu de la miséricorde "avec de grands cris". Ces "grands cris" doivent caractériser l'Église de notre temps ; ils doivent être adressés à Dieu pour implorer sa miséricorde…
Comme les prophètes, faisons appel à l'aspect maternel de cet amour qui, comme une mère, suit chacun de ses fils, chacune des brebis perdues ; et cela même s'il y avait des millions d'égarés, même si, dans le monde, l'iniquité prévalait sur l'honnêteté, même si l'humanité contemporaine méritait pour ses péchés un nouveau "déluge" comme le mérita, jadis, la génération de Noé !
Ayons recours à l'amour paternel que le Christ nous a révélé par sa mission messianique et qui a atteint son sommet dans sa croix et sa résurrection ! » (N° 15)

Témoignage : « Quand faut y aller… faut y aller »

J'aime Jonas, sans doute parce que, souvent dans ma vie, je me suis reconnu en lui. Il finit par faire la volonté de Dieu, mais en râlant, en « traînant des pieds ». En voici une illustration très peu édifiante :
Vers 1985 à Limoges, je suis le nouveau responsable d'un groupe de prière du Renouveau charismatique. Les jeunes du groupe veulent participer à la Fête de la musique, qui s'est mise récemment en place autour du 21 juin, solstice d'été. Il y aura de tout dans la rue : groupes de musique rock, folk, jazz, classique, chorales d'enfants… Et « nos jeunes » veulent y être pour louer le Seigneur avec des instruments de musique et témoigner de leur foi. Je trouve l'idée géniale et les encourage : « C'est super… pour des jeunes. » Quand ils m'expliquent que

ce serait bien que j'y sois, en tant que « berger », je suis très contrarié et leur dit que je vais y réfléchir.
Je suis gêné car je n'ai pas envie de « m'afficher » dans une ville où je suis un peu connu en tant que délégué départemental de l'Association des Paralysés de France (APF), organisation non confessionnelle. De plus, depuis plusieurs années, nous travaillons avec des parents d'enfants handicapés et des assistantes sociales afin d'ouvrir un foyer pour adultes. Les démarches sont sur le point d'aboutir et nous sommes soutenus par le maire (socialiste) de la ville et un député (communiste) du département. Je ne voudrais pas que, pour des raisons religieuses, surtout dans cette région plutôt « rouge », franc-maçonne et anticléricale, le projet capote. Toute la semaine, je cherche un prétexte pour ne pas aller à cette Fête de la musique. J'espérais, au moins, que ma femme et mon accompagnateur spirituel me comprendraient et se montreraient « raisonnables », « prudents », mais leurs avis vont à l'encontre de mes désirs : « En tant que responsable, c'est bien que tu y sois ; surtout que tu enseignes souvent l'importance de la mission et du témoignage. »
Bon, « quand faut y aller… faut y aller ». J'y vais donc, ce soir-là, mais en râlant intérieurement. J'essaie de marchander un contrat avec le Seigneur : « Ok, j'y vais. Mais fais que je ne rencontre pas les trois personnes suivantes : le maire, le député et telle salariée de l'Association, sympathisante du parti communiste. » Avec une mauvaise foi digne de Don Camillo, j'ajoute : « Ce n'est pas pour moi, c'est pour les personnes handicapées. »
Durant la première demi-heure, je suis vraiment mal. Pris d'une crise d'humilité irrépressible, je me tiens très discret en arrière du groupe de chants et plonge vers le sol pour ajuster ma sandale chaque fois que je crois reconnaître dans les parages quelqu'un susceptible de me reconnaître. La honte.
La seconde demi-heure est catastrophique : je rencontre à tour de rôle les trois personnes que je ne voulais surtout pas voir et qui me saluent très gentiment d'un « Bonjour, monsieur

Belleil » très sonore… La honte. Maintenant que « le mal est fait », je me sens curieusement soulagé et je suis surpris de louer le Seigneur de façon joyeuse et détendue. Je suis content d'être là pour Lui.

Je ne prête même pas attention – j'avais les yeux fermés – à cette grosse caméra de la télé régionale filmant les « cathos de service » au milieu des punks et des groupes folkloriques répartis dans la ville…

Le lendemain matin, au bureau, tout le monde me dit, amusé : « On vous a vu à la télé, monsieur Belleil ! » La honte ? Non, car ce soir-là, j'ai vécu une libération : ne plus être prisonnier du regard des autres. Avant, j'aimais le Seigneur et étais prêt à Lui donner toute ma vie… mais pas ma réputation. Ce soir-là, la délivrance fut totale !

Depuis, trente ans se sont passés. Le Seigneur m'a donné une grande liberté pour témoigner de Lui en tous lieux et toutes circonstances. Non seulement je ne « rougis plus » de l'annoncer, mais c'est devenu une grande joie, un sujet de fierté. À travers les circonstances, le Seigneur a bien fait d'insister pour « pousser » un peu son Jonas. Cela en valait la peine.

Ruth et Noémi

Quand les deuils rendent amers ou quand Dieu comble ce qui est vide

I. Histoire biblique

> *« À l'époque où gouvernaient les Juges, il y eut une famine dans le pays. Un homme de Bethléem de Juda émigra avec sa femme et ses deux fils pour s'établir dans la région appelée Champs-de-Moab. L'homme se nommait Élimélek (c'est-à-dire : Mon-Dieu-est-roi), sa femme : Noémi (c'est-à-dire : Ma-gracieuse) et ses deux fils : Mahlone (c'est-à-dire : Maladie) et Kilyone (c'est-à-dire : Épuisement). C'étaient des Éphratéens de Bethléem de Juda. Ils arrivèrent aux Champs-de-Moab et y restèrent. Élimélek, le mari de Noémi, mourut, et Noémi resta seule avec ses deux fils. Ceux-ci épousèrent deux Moabites : l'une s'appelait Orpa (c'est-à-dire : Volte-face) et l'autre, Ruth (c'est-à-dire : Compagne). Ils demeurèrent là une dizaine d'années. Mahlone et Kilyone moururent à leur tour, et Noémi resta privée de ses deux fils et de son mari. »*

Le petit livre de Ruth – quatre chapitres seulement – nous raconte l'histoire de deux femmes, Ruth et Noémi, ancêtres du roi David et de Jésus.

1. Les cinq deuils

Le deuil, c'est la souffrance du détachement vis-à-vis de quelqu'un ou de quelque chose. Noémi en vit cinq différents.

Le deuil de l'émigration

« Il y eut une famine dans le pays. »

Dès le début du récit, nous sommes plongés dans le contexte de cette période de troubles et d'anarchie du livre des Juges (les années 1200 à 1025 environ avant Jésus-Christ). Une sécheresse provoque la famine. Quel paradoxe : à Bethléem (qui veut dire « la maison du pain »), il n'y a plus de quoi se nourrir. Le malheur menace l'existence des habitants de la région et certains choisissent de partir. L'exil a toujours été perçu comme une souffrance (individuelle et collective) quand il est forcé, à cause des guerres ou des conditions économiques. Quitter son pays, la terre de ses ancêtres, ses proches, sa culture, est un arrachement douloureux. Mais, dans la mentalité biblique, le départ d'Élimélek constitue un double malheur. Pourquoi ?

Tout d'abord, le drame de quitter la Terre Sainte, qui est un don de Dieu, signe permanent, incarné de l'amour de Dieu pour son peuple. S'éloigner physiquement de cette terre équivaut à s'éloigner spirituellement du Seigneur et de son Alliance, car une terre étrangère est « souillée » par la présence des divinités païennes. Vivre en ces lieux contamine, pollue ceux qui appartiennent au Dieu d'Israël. C'est pourquoi David, obligé de fuir à l'étranger pour échapper à Saül, déclara : *« Aujourd'hui, ils m'ont expulsé, dépossédé de l'héritage du Seigneur, en disant : "Va servir d'autres dieux ! »* (1 S 26, 19.)

Nous comprenons mieux pourquoi Naaman le Syrien, après avoir fait l'expérience du Dieu véritable sur la terre d'Israël, emporte à Damas un peu de la terre d'Israël (2 R 5, 17).

Quand le peuple de Dieu sera exilé à Babylone, il éprouvera la difficulté de demeurer relié au Seigneur sur une terre « impure » : « *Comment chanterions-nous un chant du Seigneur sur une terre étrangère ?* » (Ps 136.)

Le malheur de vivre dans le pays de Moab

« Les champs de Moab » sont proches géographiquement (environ 50 kilomètres), mais très éloignés religieusement. Le peuple de Moab, voisin d'Israël, fut souvent son ennemi acharné. Nombreux sont les récits bibliques relatant des guerres entre les deux peuples. Dans le Psaume 82, Moab est cité parmi les principaux adversaires du peuple élu, de ceux qui disent : « *Venez, retranchons-les des nations : que soit oublié le nom d'Israël !* »

Pour toutes ces raisons, les Moabites étaient détestés par les juifs. Ce peuple fait même l'objet d'une malédiction dans la Loi de Moïse : « *L'Ammonite et le Moabite ne seront pas admis à l'assemblée du Seigneur, même à la dixième génération ; ils n'y entreront jamais.* » (Dt 23, 4)

Si la tradition juive se montre compréhensive pour Abraham qui, à cause d'une famine, émigre en Égypte, ou pour David qui se cache dans le pays des Philistins, elle est très sévère pour Élimélek. Son péché de fuir Israël est aggravé par le choix de la patrie païenne, Moab. S'il était parti ailleurs, sa faute n'aurait pas été aussi grave. Il ne mérite pas son nom, Élimélek, « Mon Dieu est Roi », celui qui se comporte comme un renégat.

La même tradition juive innocente Noémi qui n'a fait que « suivre son mari ».

Le premier deuil de Noémi est de vivre sur une terre étrangère, dans un monde païen, dont les valeurs spirituelles et humaines sont très éloignées de celles du peuple de Dieu.

Aujourd'hui, c'est pour beaucoup le deuil de vivre loin de son pays, de sa culture, d'être arraché à son environnement religieux.

Le deuil du mari

« Élimélek, le mari de Noémi, mourut, et Noémi resta seule avec ses deux fils. »

Après l'exil, voici l'épreuve du veuvage. Les commentateurs juifs interrogent le texte : pourquoi est-il écrit *« Élimélek, le mari de Noémi, mourut »*, alors que le verset précédent nous dit déjà qu'ils sont mari et femme ? Pourquoi le répéter quand il est question de sa mort ? Le Talmud répond que Noémi est mentionnée, là, en relation avec la mort d'Élimélek « car la mort d'un homme n'est ressentie par personne aussi douloureusement et aussi profondément que par sa femme » (*Sanhedrin* 22).

Dans la Bible, la veuve, l'orphelin, l'étranger représentent les catégories sociales les plus défavorisées. Ces personnes sont dans une situation de fragilité et de vulnérabilité ; c'est pourquoi, dans la Loi de Moïse, elles sont protégées par Dieu.

En Orient ancien – comme aujourd'hui encore dans beaucoup de pays – la veuve est sans ressources pour vivre, car il n'existe pas d'assurance-vie, de protection sociale, de retraite. Surtout, si la femme a passé l'âge d'enfanter, elle ne peut se remarier et demeure dans une condition précaire. Elle fait partie des « pauvres » de la Bible. La souffrance de Noémi est double : affective et sociale. Le verset souligne cet état en mentionnant : « *Noémi resta* **seule** *avec ses deux fils.* »

Aujourd'hui encore, c'est la souffrance des hommes et des femmes qui ont perdu leur conjoint et se trouvent démunis affectivement et matériellement.

Le deuil des mauvais mariages de ses fils

« *Ceux-ci épousèrent deux Moabites…* »

Dans son testament spirituel, Josué mettait en garde les Israélites contre les mariages avec les païens idolâtres (Jos 23, 6-13). Les mariages de ce genre représentent un danger pour la foi, car il y a le risque de mélanger les croyances païennes avec la religion du Dieu d'Israël. Josué utilise des images fortes pour dissuader son peuple de toute union illégitime : « *Elles seront pour vous comme un filet ou un piège, un fouet sur vos côtés, des épines dans vos yeux.* » (Jos 23, 13)

Pourquoi alors Mahlone et Kilyone épousent-ils des Moabites, puisque cela est condamné par la Loi ? Pourquoi ne font-ils pas le court trajet (deux jours de marche) pour chercher des femmes dans le peuple élu ? Le péché du père était de s'implanter dans le monde païen idolâtre ; il a ouvert la voie aux péchés des fils qui font alliance avec ce monde. L'initiative de ces mariages est imputée aux fils, et non à Noémi : « *Ceux-ci épousèrent.* »

Noémi est une femme de foi, fidèle au Dieu d'Israël, qu'elle mentionne à plusieurs reprises dans le récit ; elle ne peut que souffrir du choix de ses fils, qui s'apparente à une rupture de l'Alliance, une apostasie.

Aujourd'hui encore, c'est le deuil de parents souffrant des « mauvais mariages » (ou unions) de leurs enfants.

Le double deuil de la mort des deux fils et de l'absence de descendance

« Ils demeurèrent là une dizaine d'années. Mahlone et Kilyone moururent à leur tour, et Noémi resta privée de ses deux fils et de son mari. »

La cascade des malheurs continue : Noémi perd ses deux fils et, malgré une attente d'une dizaine d'années, elle n'a pas de petits-enfants. Les deux couples sont privés de fécondité. La tradition juive établit un lien entre l'installation spirituelle en Moab, la mort des trois hommes et l'absence d'enfants : le péché conduit à la mort et rend l'être humain stérile.

Après cette décennie, Noémi se trouve dépouillée de tout : de la Terre Sainte et de la présence de son peuple, de son époux et du mariage, de ses fils, d'une descendance. Elle a tout perdu, les bienfaits de son passé et les promesses d'avenir. Tant de pertes, de détachements, de morts… Et aucune perspective.

Aujourd'hui encore, c'est le deuil de parents ou de grands-parents ayant perdu leurs enfants ou petits-enfants et attendant en vain de futures naissances.

2. L'amertume

Comment Noémi réagit-elle à cette succession d'épreuves douloureuses ? La réponse nous est donnée une première fois lorsqu'elle s'adresse à ses deux belles-filles : *« Mon sort est trop* **amer** *pour que vous le partagiez. Car c'est contre moi que la main du Seigneur s'est levée. »* (Rt 1, 13)

Puis, une seconde fois lorsqu'elle répond à la question des femmes de Bethléem :

*« Les femmes disaient : "Est-ce bien là Noémi ?" Mais elle leur dit : "Ne m'appelez plus Noémi, appelez-moi Mara. Car le Puissant m'a remplie d'***amertume**. *J'étais partie comblée, mais le Seigneur me ramène les mains vides. Pourquoi m'appeler encore Noémi ? Le Seigneur m'a humiliée, le Puissant m'a fait du mal". »* (Rt 1, 19-21)

Retenons les quatre termes qui révèlent les sentiments de Noémi.

Amertume

Ce mot revient avec insistance. Le sentiment d'amertume est omniprésent et va comme en s'accentuant, avec l'évolution de la lecture interprétative ; l'amertume est attachée aux événements de la vie (le sort), à l'intime (le nom) et à Dieu lui-même. La « maladie » est toujours la même, mais perçue comme étant de plus en plus grave…

Vide

Pour exprimer les dépouillements successifs, Noémi utilise des contrastes : avant *comblée*, maintenant *vide* (*« les mains vides »*). Toutes les richesses humaines qui faisaient sa joie lui sont enlevées. Le vide éprouvé est le résultat de tous les détachements imposés par la vie ; les arrachements et les pertes donnent l'impression qu'il ne reste plus rien. L'être est alors rendu « pauvre » au sens biblique. Ce vide ressenti est le contraire de la « plénitude » expérimentée par la personne goûtant les bienfaits de Dieu, ses bénédictions.

Méconnaissable

La réponse de Noémi va plus loin que l'interrogation des femmes qui se demandent si cette personne est bien l'épouse d'Élimélek. La question appelle la réponse : « Oui, c'est bien moi. » Mais Noémi répond à un autre niveau, celui de son nom, qui exprime dans la Bible l'identité profonde de la personne. Elle révèle que ce qu'elle était : Noémi, qui veut dire « douceur », « grâce », elle ne l'est plus. Elle est devenue quelqu'un d'autre : Mara, qui signifie « amertume ». Ce n'est donc pas seulement son aspect extérieur qui a changé, c'est son âme.

Rejetée par Dieu

Dieu est omniprésent dans la lecture de ce que Noémi vit : il est nommé à quatre reprises. En femme très religieuse, elle essaie de comprendre, d'interpréter sa vie sous le regard de Dieu. Le résultat est accablant ; elle a conscience qu'il ne s'agit pas seulement d'événements naturels douloureux, mais d'une volonté de Dieu : Il est la cause de son malheur !

Comme dans un procès, Dieu se fait « partie adverse », « accusateur », et « témoigne » contre elle. Elle a l'impression que Dieu ne l'aime plus, et même qu'il lui en veut. Cette épreuve de la foi est plus douloureuse encore que toutes les autres.

Dans cette nuit profonde, on peut toutefois percevoir une toute petite lueur d'espérance, en étant attentif au verset : *« J'étais partie comblée, mais le Seigneur me ramène les mains vides. »* (Rt 1, 21) Noémi établit une distinction entre la cause de son départ et la cause de son retour. *« J'étais partie »* manifeste le vouloir humain ; *« Le Seigneur me ramène »* signifie que c'est Dieu Lui-même qui prend l'initiative du retour.

3. Comment Dieu comble ce qui est vide

À la fin de cette scène, nous voyons Noémi au plus profond de sa détresse, mais ne vous inquiétez pas, l'histoire se termine bien ! Le dernier verset du livre de Ruth s'achève par l'évocation de David, le roi d'Israël, la figure du Messie, dont Noémi va être une aïeule. Comment Dieu va-t-il faire pour combler celle qui est pauvre ? Six moyens différents vont être mis à l'œuvre pour opérer un relèvement, un passage de la mort à la vie, du découragement à l'espérance.

a. La décision du retour en Terre Sainte

> *« Alors, avec ses belles-filles, elle se prépare à* **quitter** *les Champs-de-Moab et à* **retourner** *chez elle, car elle avait appris que le Seigneur avait visité son peuple et lui donnait du pain. Elle* **partit** *donc de l'endroit où elle habitait, accompagnée de ses deux belles-filles. Et elles* **prirent** *le chemin du retour vers le pays de Juda. »* (Rt 1, 6-7)

Le texte souligne deux aspects : « quitter » et « aller vers » :

– « Quitter » un monde païen, un lieu de mort, une voie sans issue : Moab ;

– « Aller vers » la Terre d'Israël, une espérance pour l'avenir.

Cette décision de Noémi est le premier pas vers le salut. Comme le patriarche Abraham avec qui l'aventure spirituelle du peuple de Dieu a commencé, elle revit les deux dimensions, négative et positive, de l'appel : *« Quitte ton pays... Et va vers le pays que je te montrerai... Tu deviendras une bénédiction. »* (Gn 12, 1-2)

Le retour est un recommencement quand tout semble fini, perdu. Le choix de Noémi correspond aussi à celui du fils prodigue de la parabole. Après la prise de conscience de son malheur, de sa déchéance (seul, affamé, à garder des cochons, animaux impurs), il y a un sursaut de vie : *« Ici, je meurs de faim ! Je me lèverai, j'irai vers mon père. »* (Lc 15, 17-18)

Cette décision de Noémi est un acte d'espérance en l'avenir, un désir de « s'en sortir », de ne pas se laisser aller à la fatalité du malheur et de la mort.

b. L'aide inespérée d'une compagne et amie

Les deux belles-filles, veuves et sans enfants, sont Moabites et se trouvent placées devant un choix important :

– Demeurer avec leur belle-mère qu'elles aiment et quitter leur pays, aventure risquée, sans aucune garantie ;

– Rester dans leur environnement humain et culturel, retrouver leurs familles d'origine, seule sécurité pour elles, dans leur statut de femme veuve et stérile.

Orpa, dont le nom signifie « volte-face », choisit la solution la plus raisonnable au regard humain, et retourne vers son peuple. Ruth, elle, s'est attachée à Noémi, et lui déclare :

> *« Ne me force pas à t'abandonner et à m'éloigner de toi, car où tu iras, j'irai ; où tu t'arrêteras, je m'arrêterai ; ton peuple sera mon peuple ; et ton Dieu sera mon Dieu. Où tu mourras, je mourrai ; et là je serai enterrée. Que le Seigneur me traite ainsi, qu'il fasse pire encore, si ce n'est pas la mort seule qui nous sépare. »* (Rt 1, 16-17)

L'engagement de Ruth est étonnant et revêt plusieurs caractères :

– **Il est résolu**, puisqu'il intervient après le départ d'Orpa et quatre incitations de Noémi à rentrer chez elle ;

– **Il est attachement** à une personne dont elle est l'amie, d'où l'alternance dans le texte des « je » et des « tu » ;

– **Il est adhésion** au peuple de Dieu : *« Ton peuple sera mon peuple. »* Par ce choix, Ruth la Moabite « change de camp » et se détache de façon radicale de son passé, peuple, terre, famille… ;

– **Il est engagement** envers le Dieu qui s'est révélé aux patriarches et à Moïse : *« Ton Dieu sera mon Dieu. »* Cette profession de foi est le signe de la conversion au Dieu unique et véritable. Ruth sera, dans la tradition juive, le modèle de la païenne se tournant vers Dieu ;

– **Il est scellé** par une formule religieuse solennelle qu'on appelle « un vœu sacré » : le nom de Dieu est prononcé et un malheur est appelé si le serment n'est pas respecté ! *« Que le Seigneur me traite ainsi »* – littéralement « me fasse ce mal et y ajoute encore un autre si… » ;

– **C'est un engagement définitif**, irrévocable : *« Où tu mourras, je mourrai. »* Ruth établit un lien indissoluble entre les deux femmes : « À la vie, à la mort » ;

– **C'est un choix inconditionnel** : *« Où tu iras, j'irai. »* Elle accepte désormais de vivre non selon ses propres désirs, mais selon la volonté d'une autre ;

– **C'est un engagement désintéressé**, car en abandonnant tous ses points de repère et en s'associant à une femme âgée, veuve, seule et pauvre, elle opte pour une existence sans aucune garantie ;

– **C'est une décision risquée**, car Ruth n'a pas bénéficié comme Abraham, Joseph, Moïse, de théophanie, apparition, songe ou parole de Dieu. Aucune promesse divine ne lui est adressée et, pourtant, elle fait ce saut dans l'inconnu, par la foi ;

– **C'est une orientation de vie impossible à vue humaine**, puisque les Moabites sont détestés des Israélites et exclus d'office du peuple de Dieu (Dt 23, 14).

Ruth veut dire en hébreu « consolée » ou « réconfortée ». Or, avant d'être consolée, elle console Noémi dans sa solitude. S'accomplira pour elle la loi évangélique : *« C'est en donnant qu'on reçoit. »* Dans la suite du récit, les destins des deux femmes sont étroitement liés, mais c'est par la médiation de Ruth, sa belle-fille et son amie, que la vie de Noémi va être transfigurée.

c. Se retrouver dans le peuple de Dieu

> *« Elles arrivèrent à Bethléem au début de la moisson de l'orge. »* (Rt 1, 22)

Toute la suite du récit se déroule en Terre Sainte, à l'intérieur du peuple de Dieu. C'est dans ce lieu que Dieu va agir en disposant toutes choses pour le salut des deux femmes. C'est une condition pour que les choses changent : entrer, demeurer, vivre dans le peuple de l'Alliance. Dans ce cadre, tout se met au service de l'espérance : saisons, travaux agricoles, institutions religieuses, rencontres…

d. Une rencontre providentielle

> *« Ruth partit donc glaner dans les champs derrière les moissonneurs. Elle se trouve par bonheur dans la parcelle d'un champ appartenant à Booz, du clan d'Élimélek. »* (Rt 2, 3)

En arrivant en Terre Sainte, Ruth bénéficie d'une coutume israélite, le glanage. Le Dieu d'Israël aime les pauvres et dans la Tora donnée à Moïse, il y a des commandements précis pour prendre soin des laissés pour compte de la société. Les pauvres et les étrangers ont le droit de disposer d'une petite part dans une économie tournée vers la culture et l'élevage. La solidarité obligatoire est tout à la fois un devoir religieux (envers Dieu) et social (envers le prochain).

> *« Lorsque tu feras la moisson, si tu oublies une gerbe dans ton champ, tu ne retourneras pas la chercher. Laisse-la pour l'immigré, l'orphelin et la veuve, afin que le Seigneur ton Dieu te bénisse dans tous tes travaux. »* (Dt 24, 19)

Par les préceptes de la loi, Ruth prend conscience de la bienveillance et de la miséricorde de Dieu pour elle et les étrangers. Cette démarche va s'inscrire dans un hasard providentiel. Il y en a tant dans la Bible, surtout quand il s'agit de la rencontre d'un homme et d'une femme :

– du serviteur d'Abraham et de Rébecca, future épouse d'Isaac (Gn 24, 15) ;

– de Jacob et de Rachel (Gn 29, 9) ;

– de Moïse et des filles de Réuel parmi lesquelles se trouve Cippora, la future épouse de Moïse (Ex 2, 17).

C'est la main de Dieu qui conduit Ruth à cet endroit précis, et Booz à son champ. Ce qui semble être une coïncidence est un arrangement de la Providence.

> *« Et voici que Booz arriva de Bethléem. Il dit aux moissonneurs : "Le Seigneur soit avec vous !" Booz demanda à son serviteur, le chef des moissonneurs : "À qui appartient cette jeune femme ?" Celui-ci répondit : "Cette jeune femme est une Moabite. Elle est revenue avec Noémi des Champs-de-Moab. Elle a dit : "Laisse-moi glaner et ramasser ce qui tombe des gerbes, derrière les moissonneurs." Depuis qu'elle est arrivée, elle est restée debout, depuis ce matin jusqu'à maintenant. C'est à peine si elle s'est reposée."*
> *Booz dit à Ruth : "Tu m'entends bien, n'est-ce pas, ma fille ? Ne va pas glaner dans un autre champ. Si tu as soif, va boire aux cruches ce que les serviteurs auront puisé."*
> *Alors Ruth se prosterna face contre terre et lui dit : "Pourquoi ai-je trouvé grâce à tes yeux, pourquoi t'intéresser à moi, moi qui suis une étrangère ?"*
> *Booz lui répondit : "On m'a dit et répété tout ce que tu as fait pour ta belle-mère après la mort de ton mari, comment tu as quitté ton père, ta mère et le pays de ta parenté, pour te rendre chez un peuple que tu n'avais jamais connu de ta vie. Que le Seigneur te rende en bien ce que tu as fait ! Qu'elle soit complète, la récompense dont te comblera le Seigneur, le Dieu d'Israël, sous les ailes de qui tu es venue t'abriter !" »* (Rt 2, 4-12.)

Comment Booz nous est-il présenté ?

Son nom, Booz, veut dire.« en lui la force », car il est fort de la force de Dieu. Son statut est celui d'un homme de bonne condition, « riche propriétaire », et, à ce titre, il jouit de la reconnaissance sociale dans la région. Sa première parole est une parole de bénédiction : *« Le Seigneur soit avec vous ! »*, car c'est un homme juste, à l'image de Dieu qui bénit. C'est aussi une personne attentive aux autres, car il remarque tout de suite la présence d'une « nouvelle » dans ses champs. C'est lui qui prend l'initiative du dialogue avec Ruth et il prête attention à cette femme étrangère et pauvre. Booz est paternel puisqu'il appelle Ruth *« ma fille »*, ce qui révèle une différence d'âge entre les deux.

En étant attentif à tous les détails du texte, on remarque que Ruth doit encore être « bien », car, alors qu'elle a connu dix années de mariage, le propriétaire pose cette question : *« À qui appartient cette* **jeune** *femme ? »* La note de la Bible de Jérusalem a de quoi faire hurler les féministes : « En Orient, toute femme appartient à quelqu'un, père, mari, frère ou maître. » (Mais c'est un autre sujet !)

Booz apparaît encore comme un véritable fils d'Israël qui met le commandement de Dieu en pratique en invitant la Moabite à glaner dans son champ. En l'invitant même à se joindre au repas de son équipe de moissonneurs, il modifie son statut : elle n'est plus seulement l'étrangère que l'on tolère, mais est intégrée aux « gens de la maison ». Enfin, il manifeste une véritable admiration pour le comportement spirituel de Ruth et lui rend hommage. Il la bénit au nom du Seigneur et lui souhaite une récompense divine.

e. Les bienfaits des institutions divines

Nous avons évoqué la loi miséricordieuse du glanage. Mais Noémi et Ruth vont aussi bénéficier d'une autre institution religieuse particulière : la loi du lévirat. De quoi s'agit-il ? Booz est présenté comme *goël*, que l'on peut traduire par « proche parent ayant droit au rachat ». Une fois encore, le Dieu d'Israël va prendre une coutume humaine qui existait en Orient pour « l'évangéliser ». Dans l'Antiquité, une famille élargie constitue un ensemble cohérent, qu'il s'agit de protéger et de faire grandir.

Or, l'unité de la famille ou du clan peut être menacée par plusieurs facteurs : maladie, mort, guerre, esclavage, enlèvement… Le *goël* ou le racheteur (traduit aussi par « rédempteur ») est un membre important de la famille, une sorte de « parrain » qui a pour mission de préserver l'unité du groupe contre les menaces extérieures et intérieures. Cette tâche est déterminée par la Loi de Moïse en Lévitique 25, 23-55. En quoi consiste-t-elle ? Si un membre de la famille est pris en esclavage à la suite d'une dette ou d'une guerre, le *goël* doit verser une rançon pour le racheter. Si un membre du clan est assassiné, le *goël* devient alors « vengeur du sang » en retrouvant et exécutant le coupable du crime, selon la loi du talion : « œil pour œil, vie pour vie ».

Cette institution du *goël* est mise au service d'une finalité : la protection de la famille selon la promesse de Dieu à son peuple. À cette institution se trouve associée une autre coutume, le lévirat, qui a un but précis : perpétuer la descendance d'une famille. La veuve sans enfant mâle doit être épousée par un proche parent pour assurer une descendance et un héritage au défunt. Pour sauver la promesse de Dieu, il ne faut pas qu'une seule famille s'éteigne en Israël. Mais cette coutume est exigeante pour celui qui épouse la veuve, car c'est le premier fils de la nouvelle union qui recevra une part d'héritage, au nom de son père défunt… ce qui défavorise le mari vivant, en amputant une part de son patrimoine. Aussi, cette coutume est diversement appliquée et beaucoup essaient de s'y soustraire… Or, Booz est le *goël* de Noémi et de Ruth, puisque Mahlone et Kilyone sont morts.

f. L'esprit d'initiative : de l'audace, encore de l'audace…

Ruth a accueilli la venue providentielle de Booz ; c'est important, mais cela ne suffit pas. Les deux femmes sont dans une situation intermédiaire, un « entre-deux » :

– D'une part, elles ne sont pas rejetées, ni par les habitants de Bethléem, ni par Booz. Au contraire, celui-ci prend soin de Ruth en lui promettant de vivre toute la période des moissons avec les gens de sa maison. (D'après le midrash, la période des moissons des orges, puis des blés dure en tout trois mois.) La manière d'être de Ruth inspire le respect et les gens du pays lui rendent un bon témoignage. « *Tout le monde ici sait que tu es une femme parfaite.* » (Rt 3, 11) ;

– D'autre part, le temps passe, Noémi se rend compte que la moisson se termine et que Booz n'a pas lui-même fait la démarche pour « racheter » Ruth. Pour quelles raisons ? On l'ignore. Certains commentateurs de la tradition juive – pour excuser Booz le Juste – avancent le fait qu'il n'avait pas la tête à cela, étant préoccupé par le travail des moissons. (Ah ! les hommes !) Noémi sent qu'il faut agir pour débloquer la situation et prend l'initiative de provoquer les événements. (Ah ! les femmes !) L'intention de Noémi est double : susciter le droit de rachat pour que la maison d'Élimélek soit rétablie par une descendance et « *chercher à établir Ruth pour qu'elle soit heureuse* » (Rt 3, 1). Le texte dit littéralement

« pour te procurer le repos ». Magnifique expression : le mariage comme lieu de repos du cœur humain ! Et Noémi imagine un plan, une « conspiration de saintes femmes ».

> *« Et maintenant, Booz n'est-il pas notre parent, lui dont tu as suivi les servantes ? Voici que cette nuit, il vanne lui-même l'orge sur l'aire. Va te baigner, te parfumer et mettre ton manteau. Tu descendras sur l'aire. Ne te fais pas reconnaître de l'homme avant qu'il ait fini de manger et de boire. Quand il sera couché, tu sauras où il se couche. Alors, va, découvre-lui les pieds, et là, tu te coucheras. Lui t'indiquera ce que tu devras faire. » Et Ruth lui répondit : « Tout ce que tu me dis, je le ferai. »* (Rt 3, 2-5)

Pourquoi Noémie invite-elle Ruth à une telle démarche secrète ? À première vue, cela ressemble à une scène de séduction : une femme qui se fait belle pour aller seule de nuit rencontrer un homme seul… Comment comprendre cette scène étonnante ? La tradition juive est formelle : il ne faut pas en faire une lecture superficielle, à contre-sens de la signification réelle du récit.

> « La *Meguila* de Ruth a été qualifiée par des gens ignorants et sacrilèges, éloignés de la Tora, de premier roman d'amour de l'histoire. Qu'une telle affirmation remplisse de dégoût et fasse trembler de colère tout juif qui étudie la Tora, cela va sans dire. »

Pourquoi cette rencontre de nuit ? Noémi suscite cette rencontre pour ne pas revendiquer publiquement un droit qui obligerait Booz. Par délicatesse, elle veut proposer et non imposer cette solution selon la loi de Dieu. C'est pourquoi Booz nommera cette initiative « un acte de piété ».

Histoire vraie

Le chef d'une petite entreprise avait une secrétaire depuis plusieurs années. Embauchée comme dactylo, elle était

devenue de plus en plus compétente et efficace. Elle avait un comportement irréprochable dans un milieu parfois malsain et était appréciée de tous. Elle bénéficiait de toute la confiance de son patron. Toutefois, son salaire était en dessous de ses attributions réelles, puisqu'elle avait des responsabilités de secrétaire de direction et même d'assistante de direction. Un ami lui dit : « Tu devrais en parler à un syndicat ! »
Elle choisit un autre moyen. Après avoir conclu une excellente affaire qui réjouit son employeur, elle s'arrangea pour être seule dans le bureau du chef et lui parler de son augmentation ! C'était la veille de Noël. L'histoire ne dit pas si elle était « lavée et parfumée », mais elle obtint ce qu'elle voulait. Le patron se rendit compte que sa situation n'était pas normale et il fut même touché par la délicatesse et la droiture de cette femme qui aurait pu revendiquer autrement cette augmentation. D'ailleurs, c'est lui-même qui me l'a raconté !

C'est un peu la délicatesse de Ruth : elle crée une situation favorable pour toucher le cœur de l'autre, plutôt que de recourir à l'obligation de la loi. Agir ainsi, c'est faire confiance à l'autre, en sa capacité de comprendre. Mais alors, si l'intention est si pure et si religieuse, pourquoi recourir à des moyens si « féminins » ? *« Lave-toi donc et parfume-toi, mets ton manteau. »*

Histoire vraie

Une religieuse recueille un petit enfant abandonné par sa famille, dans un pays en guerre. Elle va recevoir la visite d'un jeune couple de coopérants qu'elle connaît. Après huit années de mariage, ils souffrent de n'avoir pas d'enfants. La religieuse a une idée… Elle « prépare » le bébé, le lave, l'habille, il est très mignon. En présentant le dispensaire, elle s'arrange pour présenter aussi le charmant bambin… curieux. Le couple « craque » et en apprenant l'histoire, désire l'adopter. Cette décision n'est évidemment pas motivée par le fait que l'enfant soit propre ! Toutefois, il faut savoir présenter les choses ! (Re-Ah ! les femmes !)

Ruth se révèle une femme capable d'initiative et très audacieuse. Pourquoi audacieuse ? La Loi de Moïse cherche à éviter les rapports sexuels hors mariage. À cette fin, les coutumes de la tradition juive vont multiplier les précautions pour éviter une trop grande proximité entre les hommes et les femmes. On évite toutes les situations où un homme et une femme peuvent se retrouver seuls dans le même lieu. La démarche de Ruth est, pour la mentalité de l'époque, scandaleuse. Et la suite du récit biblique va donner raison aux « saintes femmes ».

> « *Elle descendit sur l'aire et fit tout ce que sa belle-mère lui avait ordonné. Booz mangea et but. Puis, le cœur content, il alla se coucher contre la meule. Alors, Ruth s'approcha discrètement, découvrit les pieds de Booz et se coucha. Or, au milieu de la nuit, l'homme frissonna, il se tourna pour voir : et voici qu'une femme était couchée à ses pieds ! Il demanda : "Qui es-tu ?" Elle répondit : "C'est moi, Ruth, ta servante. Étends sur ta servante le pan de ton manteau* – c'est le geste symbolique de la demande en mariage en Israël – *car c'est toi qui as droit de rachat." Alors il dit : "Sois bénie du Seigneur, ma fille ! Ce geste d'attachement est encore plus beau que le premier : tu n'as pas recherché les jeunes gens, pauvres ou riches. Et maintenant, ma fille, n'aie pas peur ; tout ce que tu diras, je le ferai pour toi."* » (Rt 3, 6-11)

L'attitude de Ruth est surprenante, car elle conjugue à la fois une grande **audace** (c'est choquant pour une femme seule de rejoindre, de nuit, un homme seul, à son insu) et une grande **pureté**. Elle fait preuve de simplicité et de candeur. Elle a une âme d'enfant. Ce fut le cas de sainte Jeanne d'Arc qui partit de Vaucouleurs escortée par des hommes d'armes, et cela pendant une dizaine de jours, jusqu'à leur arrivée à Bourges pour y rencontrer le Dauphin. Mélange d'audace – cette jeune fille dormait seule au même endroit que les soldats – et de pureté, car elle inspirait à tous ces hommes un profond respect.

Ruth demande à Booz de l'épouser, c'est le sens de l'expression biblique : *« Étends sur ta servante le pan de ton manteau, car tu as droit de rachat. »* Elle ne fait pas appel à l'amour de Booz, mais à son sens du devoir et de la justice. Elle s'offre, non pour une passion amoureuse, mais pour donner à une famille du peuple de Dieu de se continuer malgré la mort.

4. Le mariage, la naissance et la promesse messianique

Le dénouement est rapide, car Booz va faire les démarches nécessaires pour « exercer son droit de rachat » afin d'épouser Ruth. Il agit avec autorité, clarté, rapidité. Le midrash explique : « Booz jouait son rôle, Ruth jouait le sien, Noémi jouait le sien. Sur quoi, le Saint, béni soit-Il, dit : "Moi aussi, je dois jouer mon rôle." »

Dans le livre de Ruth, Dieu n'intervient pas par des apparitions angéliques, des visions ou des songes. Il n'agit pas dans les signes et les prodiges. Le Seigneur est pourtant omniprésent dans le cours des événements et dans les choix des hommes et des femmes justes. Ce livre de la Bible nous donne un autre regard sur l'action de Dieu dans l'existence des hommes. Et dans le même verset, le mariage de Booz et Ruth est célébré, la naissance de leur enfant annoncée :

> *« Booz prit donc Ruth comme épouse, elle devint sa femme et il s'unit à elle. Le Seigneur lui accorda de concevoir et elle enfanta un fils. »* (Rt 4, 13)

Le fils s'appelle Obed, abréviation de *Obadyah*, « serviteur de Yah ». Et le livre de Ruth s'achève par ce verset de portée messianique : *« Obed engendra Jessé, et Jessé engendra David. »* (Rt 4, 22)

La tradition juive voit dans ce récit la mystérieuse préparation du Messie. Comme le proclame le chant de l'*Exultet* de la Vigile pascale : « Bienheureuse faute qui nous valut un tel Rédempteur ! »

Un axiome de la foi juive est que la main de Dieu est partout et que les graines de la délivrance peuvent souvent être plantées dans une serre de tragédie.

Dans son poème « Booz endormi », le poète **Victor Hugo** a su suggérer le climat de paix et de pureté régnant en cette nuit de Bethléem. En s'arrêtant sur le sommeil de Booz, il imagine un songe à teneur messianique, intuition de grande portée théologique.

« Comme dormait Jacob, comme dormait Judith,
Booz, les yeux fermés, gisait sous la feuillée ;
Or, la porte du ciel s'étant entrebâillée
Au-dessus de sa tête, un songe en descendit.
Et ce songe était tel, que Booz vit un chêne
Qui, sorti de son ventre, allait jusqu'au ciel bleu ;
Une race y montait comme une longue chaîne ;
Un roi chantait en bas, en haut mourait un Dieu
Et Booz murmurait avec la voix de l'âme :
"Comment se pourrait-il que de moi ceci vînt ?"
[...]
"Une race naîtrait de moi ! Comment le croire ?
Comment se pourrait-il que j'eusse des enfants ?
Quand on est jeune, on a des matins triomphants,
le jour sort de la nuit comme d'une victoire ;
Mais, vieux, on tremble ainsi qu'à l'hiver le bouleau ;
je suis veuf, je suis seul, et sur moi le soir tombe,
et je courbe, ô mon Dieu ! mon âme vers la tombe

Comme un bœuf ayant soif penche son front vers l'eau."
Ainsi parlait Booz dans le rêve et l'extase,
Tournant vers Dieu ses yeux par le sommeil noyés ;
Le cèdre ne sent pas une rose à sa base,
Et lui ne sentait pas une femme à ses pieds. »

II. Illustration : de Ruth à sainte Jeanne de Chantal

Le temps du deuil

Sa petite enfance est marquée par la mort, puisque sa mère décède lorsqu'elle a dix-huit mois ; elle sera élevée par son père. À l'âge de vingt ans, elle est mariée au baron de Chantal, un brillant officier. Au XVIe siècle, les mariages sont d'abord au service de la famille et de la société, plus qu'une question de sentiments. Mais ces jeunes mariés furent très amoureux et cela rayonnait autour d'eux. Dans le langage de l'époque, cela est exprimé ainsi : « Monsieur de Chantal, trouvant en sa femme de grands agréments de corps et d'esprit, s'y attacha fortement et elle l'ayma aussy avec des tendresses extraordinaires. »

Pendant huit années, le couple vécut un « rythme alterné ». Monsieur de Chantal, servant à la cour du roi Henri IV, était absent le printemps et l'été. Pendant cette période, son épouse se consacrait à la prière, à la gestion des domaines et au service des pauvres. L'automne et l'hiver, le couple se retrouvait avec bonheur et madame de Chantal accompagnait volontiers son époux aux fêtes, chasses et jeux se donnant dans les châteaux environnants. Ce qui fit dire à un biographe : « Quand il était à la cour, elle se donnait toute à Dieu ; quand il retournait près d'elle, elle se donnait toute à lui. » (De quoi faire rêver tous les maris...)

En 1600, M. de Chantal fut mortellement blessé dans un accident de chasse. Il vécut encore une semaine, se préparant saintement à la mort et pardonnant à celui qui était l'auteur involontaire de son décès. Son épouse était déjà à cette époque dans une très grande intimité avec Dieu, puisque, pendant six mois de grande famine, elle accomplit un miracle de multiplication de la farine pour nourrir les pauvres des environs. Mais son amour passionné pour son mari la rendait folle de désespoir et la faisait prier ainsi : « Seigneur, prenez tout ce que j'ai au monde, parents, biens et enfants, mais laissez-moi ce cher époux que vous m'avez donné. » Sa prière ne fut pas exaucée, le baron de Chantal mourut.

Le temps de l'amertume

Plus tard, des témoins déposèrent : « La douleur et la violence qu'elle se fit pour la réprimer la desséchèrent à un point qu'elle n'était pas **reconnaissable**. »

Comme Noémi, la souffrance la rendait méconnaissable... Jeanne de Chantal se consacra à ses quatre enfants, à la prière, aux pauvres, mais son âme était désolée. Mal dirigée spirituellement, elle connut une période de malaise moral, de dépression, avec des angoisses et des crises de scrupules... Cela dura quatre années.

La rencontre de saint François de Sales

Comme Booz, l'évêque de Genève va intervenir dans la vie de sainte Jeanne de Chantal pour lui apporter paix et réconfort. Elle pourra dire comme Ruth : *« Oui, tu m'as consolée ; oui, tu as parlé au cœur de ta servante. »* Durant le Carême de 1604 à Dijon, ils se rencontrent à quelques reprises ; il naît entre eux une estime réciproque. Sainte Jeanne de Chantal est émerveillée par le témoignage de vie du saint évêque et par sa doctrine apaisante : « Il faut tout faire par amour, et rien par force. » François de Sales, en confessant sa pénitente, est dans l'admiration pour cette âme exceptionnelle. Comme Booz et Ruth, ils vont se reconnaître et exprimer librement leurs sentiments – spirituels – l'un pour l'autre. Leurs correspondances sont remplies de « déclarations » d'affection – sans aucune ambiguïté –, mais en termes surprenants :

> « Madame, Dieu me force de vous parler en confiance ; Sa bonté m'a fait cette grâce que, dès que j'ai le visage tourné du côté de l'autel pour célébrer la Sainte Messe, je n'ai plus de pensées de distraction ; mais depuis quelques temps, vous me venez toujours autour de l'esprit, non pas pour me distraire, mais pour me plus attacher à Dieu… »

L'union des cœurs et la fécondité spirituelle

Au fil des années (dix-huit ans) va grandir une très belle amitié spirituelle entre François de Sales et Jeanne de Chantal. Cette union des cœurs dans le Seigneur va être féconde, non seulement pour leur avancement spirituel respectif (« Mon âme est collée à la vostre et je vous chéris comme mon âme »), mais pour l'Église, puisque, ensemble, ils vont susciter une nouvelle famille religieuse, la Visitation. Si l'union de Booz et de Ruth a donné Obed, ancêtre du roi David et du Messie, l'union spirituelle des deux saints va être à l'origine d'un courant de grâces à partir du XVIIe siècle. À la mort de saint François de Sales, Jeanne de Chantal prendra soin des treize couvents existants et en fondera encore soixante-quatorze ! Elle aussi est passée du deuil amer à la consolation, de la consolation personnelle à la bénédiction pour le peuple de Dieu.

III. Appropriation personnelle

1. Nommer mes deuils

Quels sont les deuils que je dois vivre aujourd'hui ?

– Ce peut être la mort d'êtres chers : parents, conjoint, enfant, amis ;

– Ce peut être la perte de la santé : maladie, handicap, vieillissement ;

– Ce peut être la perte d'un emploi, d'une responsabilité, d'un ministère dans l'Église ;

– Ce peut être l'effondrement des valeurs religieuses et morales dans l'existence de mes parents ou enfants, petits-enfants ;

– Ce peut être l'écroulement de projets humains, de perspectives d'avenir, qui me laissent aujourd'hui complètement désorienté.

2. Exprimer mon amertume à Dieu dans la prière

Et à des proches qui peuvent m'écouter et essayer de me comprendre sans me juger.

3. Retourner à l'église

Comme Noémi, revenir vers le peuple de Dieu. Là, le Seigneur viendra prendre soin de moi. Tant de personnes brisées par la vie sont revenues doucement vers l'Église après un temps plus ou moins long d'éloignement. Pour certains, le retour consiste dans le fait de renouer avec la pratique religieuse de la messe du dimanche. Pour d'autres, le chemin se fait progressivement : se recueillir seul dans une chapelle, écouter une radio chrétienne sans aller encore à l'église, lire des livres et revues qui parlent de Dieu…

Qu'importent les moyens que le Saint-Esprit m'inspire, l'essentiel est de rejoindre la communauté chrétienne tel que je suis et d'y plonger mes racines.

4. Accueillir les rencontres providentielles

Les découvertes ou redécouvertes de la foi se font par des témoins, des personnes qui se trouvent à un moment donné sur ma route. Peu à peu, des liens se tissent, des amitiés se forment. Les amis sont des soutiens, des aides dans mon cheminement humain et spirituel. Comme Noémi a pu s'appuyer sur Ruth, je peux moi aussi compter sur des proches qui m'accompagnent dans mon retour vers Dieu (compagnons de la terre et du Ciel).

Aujourd'hui, qui sont-ils ?

5. Bénéficier des bienfaits de Dieu dans l'Église

Comme Ruth et Noémi ont pu être relevées par des lois, institutions, coutumes du peuple de Dieu : le glanage, le rachat, le lévirat, moi aussi je peux bénéficier des dons de Dieu dans l'Église : les sacrements, la liturgie, la Parole de Dieu, la vie fraternelle, l'accompagnement spirituel, etc.

Les témoignages abondent d'hommes et de femmes remis debout par les trésors de l'Église mis à leur disposition. Il faut les utiliser sans modération ! C'est trop bête de mourir de soif à proximité d'une source…

Aujourd'hui, quels sont les bienfaits de l'Église qui me font du bien ?

6. Ne pas hésiter à « oser », à faire preuve d'audace

L'acte de rejoindre Booz sur l'aire, la nuit, était pour Ruth très audacieux. Elle prenait des risques (l'humiliation d'être éconduite, la perte de sa réputation si elle était reconnue…). Jésus aime ces comportements qui ne craignent pas de bousculer les conventions sociales pour manifester sa foi ou son amour :

– La femme qui s'invite à un repas et qui, devant tout le monde, répand du parfum sur les pieds de Jésus ;

– L'aveugle qui pousse des cris pour attirer l'attention de Jésus à Jéricho ;

– Les gens qui défont la toiture de la maison pour faire descendre près du maître leur ami paralysé ;

– Le soldat romain de l'armée d'occupation qui brave les interdits et le regard des autres pour supplier Jésus de guérir à distance son esclave.

N'est-ce pas l'audace d'une petite jeune fille de quatorze ans, multipliant les démarches pour entrer au carmel de Lisieux ? N'hésitons pas, comme le patriarche Jacob qui dit à Dieu : « *Je ne te lâcherai pas que tu ne m'aies béni.* » (Gn 32, 27)

Ces comportements font même l'admiration de Jésus !

« Chez personne je n'ai trouvé une telle foi en Israël ! » (Mt 8, 10.)
« Ô femme, grande est ta foi ! Qu'il t'advienne selon ton désir ! » (Mt 15, 28.)

7. Dieu donne à ma vie une fécondité qui me dépasse

En se laissant conduire par les événements – ou par Dieu à travers les événements –, Ruth et Booz n'imaginaient pas qu'ils étaient choisis pour une si haute mission : être les ancêtres du roi David et du Messie. Leurs noms sont inscrits dans la table généalogique de Jésus au début de l'évangile selon saint Matthieu.

Il en est de même pour François de Sales et Jeanne de Chantal : ils ne soupçonnaient pas le projet de Dieu de faire advenir la Visitation, courant de grâces pour toute l'Église.

N'en est-il pas de même pour nous ? Nous savons que le Seigneur veut nous donner de porter du fruit : *« Ce qui fait la gloire de mon Père, c'est que vous portiez beaucoup de fruit. »* (Jn 15, 8) Mais nous ignorons comment. Nous avons à nous laisser guider jour après jour pour entrer peu à peu dans la volonté du Père. Si nous voulons faire sourire le Bon Dieu, il suffit de lui présenter nos projets humains ! Il en a souvent d'autres pour nous, plus grands, plus beaux… Déposons nos constructions, nos « plans de carrière »… Et laissons-le faire. Nous ne serons pas déçus !

Deux témoignages

Dans ce premier témoignage, une femme veuve va vivre la pâque de Noémi, passage de l'amertume à la joie, du découragement à l'espérance.

Témoignage de A.M.S. (veuve) : Cela avait si bien commencé

Après six ans de fiançailles, nous atteignions, Paul et moi, notre Terre Promise où coulaient le lait et le miel et ce furent des années de bonheur.

Un jour, à Taizé, j'eus brusquement conscience que le Dieu que je priais mollement était Quelqu'un. À partir de ce moment, il devint impératif que je Le rencontre, Lui parle, Le prie vraiment. Je tentais d'entraîner mon époux au groupe de prière. Devant sa réticence, je partis allègrement dans ce que je croyais être la suite du Christ, laissant spirituellement mon époux sur la rive, m'enfonçant inconsciemment dans les déserts de Moab. Et ce qui devait arriver, arriva : se percevant « en rade », Paul devint jaloux du Seigneur, Le rejetant totalement et s'acharnant à m'enfermer dans des cercles de plus en plus étroits : plus de groupe de prière, puis plus de chorale, plus de messe ou alors en cachette, le tout assorti de moqueries, brimades, humiliations… L'homme de ma vie devenait mon pire ennemi.

Pour ne pas être détruite psychologiquement, je me réfugiais dans la lecture quotidienne de la Bible. Le Seigneur m'y offrit cette perle : *« Si ton ennemi a faim, donne-lui à manger. S'il a soif, donne-lui à boire : c'est amasser des charbons sur sa tête et le Seigneur te le revaudra »* (Pr 25, 21-22) repris dans l'épître aux Romains où saint Paul explicite : *« Ne te laisse pas vaincre par le mal, sois vainqueur du mal par le bien. »* (Rm 12, 20)

La Parole de Dieu est vivante et agissante. Je mis ces versets en pratique et au rythme parcimonieux d'une perfusion goutte à goutte, après huit ans de tristesse insondable, très lentement, nous pûmes à nouveau nous parler sans ironie ni invectives, puis, tout aussi lentement, précautionneusement, car les plaies psychologiques étaient à vif, la tendresse revint et Paul revint au Seigneur. Nous reprîmes notre chemin, ensemble, vers notre Terre Promise. Mais en cours de route, le chômage, puis la maladie aboutirent au décès de Paul.

Me voilà seule, seule même si nous avons quatre enfants aimants et un cinquième déjà près du Père. Seule, c'est déjà

terrible, mais seule avec au cœur des sentiments bien étranges, difficiles à gérer, difficiles à comprendre…
Qui peut comprendre les culpabilités tous azimuts : je n'ai pas fait assez pour l'assister dans ses derniers mois, je n'ai pas compris ceci et cela, j'aurais dû… je n'aurais pas dû… Notre grande crise, c'était pourtant pour le Seigneur, où, quand, pourquoi cela a tourné en désastre ? Je culpabilise de culpabiliser. Le remords ronge, abîme tout. Bien que l'aimant, je lui garde rancune pour les épisodes les plus douloureux de notre parcours, comment avait-il pu changer à ce point ? Je m'en veux aussi de ce sentiment de pouvoir enfin « souffler » après huit ans de malheur et dix ans de maladie. Trop de paroles, d'attitudes, de gestes n'ont pas reçu la grâce apaisante du pardon, de sa part comme de la mienne. Et le voilà parti, je l'ai perdu comme l'on dit parfois. Je suis donc condamnée à vivre avec tous ces poids dans mon cœur.

Comme Mara, l'amère

Un an après, je commençai une année sabbatique dans « une communauté nouvelle ». Au programme, entre autres, une heure d'adoration chaque jour. Terrible face à face avec un bout de pain qui est Dieu ! Terrible, car chaque jour, tout le tohu-bohu de mon cœur remonte et je ressasse à l'infini mon histoire, le mal, les peines, l'amertume dus à mon époux.
Au bout de quelques semaines, quand même, je réalise que je tourne en rond, que le Seigneur connaît tout cela et au fond, je me raconte, je ne parle pas vraiment au Seigneur. J'ai le choix, comme Orpa, de ruminer indéfiniment cette triste histoire, donc de rester en Moab ; ou, comme Ruth et Noémi, de franchir le Jourdain, la frontière, d'avancer vers autre chose. Et je décide (mais je soupçonne fort l'Esprit Saint d'y être pour quelque chose !) avec l'aide du Seigneur d'arrêter ce carrousel mortifère.
Voici que je fais une chose nouvelle (Is 43, 19) : en fait, dans un premier temps, le Seigneur a fait que je renverse ma perspective : certes, apparemment c'est moi l'offensée, mais… mais j'ai abandonné Paul sur la rive, j'ai voulu ignorer la patience donnée

comme une grâce de notre sacrement de mariage, j'ai fait la fière pour ne pas dire l'orgueilleuse face à une proposition de réconciliation, etc. Parvenue à ce point, je ne rabâche plus *mon* histoire, mais je relis *la nôtre* et reconnais, ma foi, que les torts sont partagés : je peux comprendre certaines de ses réactions.
À ce stade de compréhension, il ne me reste plus qu'à demander le pardon du Seigneur dans le sacrement de réconciliation. Revenu à ma place, je réalise que, le Seigneur m'ayant pardonné, Paul, dont l'âme est proche du Seigneur, me pardonne alors, lui aussi ! C'est une découverte, un éblouissement : avec et grâce au Seigneur, rien n'est figé, rien n'est perdu. Tous les pardons qui n'ont pas été donnés, reçus, sont encore possibles en Dieu. Là où je croyais ma vie cadenassée, verrouillée, enchaînée par mes remords, le Seigneur libère, ouvre, élargit l'espace de ma tente.
Le Seigneur, lors de chaque adoration, en bon chirurgien attentif, pénètre doucement dans les profondeurs des replis de l'âme pour en extirper les mauvaises séquelles de ces mauvaises années. Toute mon année sabbatique va se passer à glaner les pardons de Dieu, de Paul et à accorder mes pardons à mon époux. Une ample moisson qui nettoie, rétablit, affermit, chasse l'amertume, rend la vie.
Et voici qu'à la fin de ces mois, Dieu me propose un projet, une nouvelle vie, comme Noémi recevant son petit-fils sur ses genoux. Cette nouvelle vie se résume en une phrase : « Maintenant que Paul est tout au Seigneur, moi aussi. » Ce qui n'est pas sans rappeler la si belle profession de foi de Ruth : *« Où tu iras, j'irai, où tu demeureras, je demeurerai et ton Dieu sera mon Dieu. »* Concrètement, cela va se traduire pour moi par la consécration du veuvage : « assomption de l'amour conjugal dans l'amour divin où il est élevé et transformé en amour éternel », selon les termes de l'Église.
Une nouvelle vie avec Dieu est commencée en attendant la Rencontre (avec le Seigneur) et la rencontre (avec Paul). Oui, *« le Seigneur a ôté mon vêtement de deuil pour me revêtir d'allégresse. »* (Ps 29, 12).

Dans ce second témoignage, une personne « assommée » par les deuils autour d'elle se sent envahie intérieurement par des forces de mort. Mais **Celui qui est la Vie aura le dernier mot**.

Témoignage de sœur Claire-Elie

L'année de mes dix-neuf ans a été l'une des plus éprouvantes de ma vie. Cette année-là, j'ai perdu douze personnes de mon entourage, proches parents ou amis. Une moyenne d'un décès par mois, c'était beaucoup, c'était trop pour moi !
Certains sont morts des suites d'une maladie, notamment le cancer, mais il y a eu aussi une succession de morts violentes : suicides, accidents de parapente, de moto, de ski et même un crash d'avion. C'était un peu hallucinant et je suis arrivée à la fin de cette année complètement anéantie, avec **un poids de mort qui pesait sur moi**. Je me réveillais le matin avec l'angoisse d'un nouveau coup de téléphone qui allait m'annoncer le décès de quelqu'un d'autre…
Ayant été élevée dans une famille catholique pratiquante, j'étais croyante et même très engagée au niveau de ma foi. Je fréquentais un groupe de prière de jeunes, je croyais en la vie éternelle et je savais que la mort n'est « qu'un passage ». Il n'empêche ! Ces deuils les uns à la suite des autres m'ont plongée dans **la désespérance**. J'en suis venue à me poser la question du sens de la vie : « À quoi bon vivre ? Pourquoi se stresser à faire des études, à travailler, alors qu'on peut mourir si "facilement", si brutalement ? » Je passais chaque jour sur un pont en allant à l'université et bien souvent, je m'arrêtais au milieu de ce pont en me disant que ce serait peut-être une solution pour moi d'enjamber la rambarde et de sauter…
Je ne l'ai jamais fait, car je gardais au fond de moi cette pensée que ma vie était un don de Dieu et que ce n'était pas à moi de décider de l'interrompre. Le fait d'avoir éprouvé le poids énorme de la culpabilité suite au suicide de trois de mes amis m'a aussi retenue, car je ne voulais pas faire vivre ce poids à mes proches.

J'ai été beaucoup aidée, à cette période-là, par l'amitié et la prière de mes amis du groupe de prière. À travers eux, j'ai pu expérimenter la grâce que nous avons, nous chrétiens, de ne pas vivre les événements de notre vie seuls, mais en Église, portés par la prière et le soutien de ceux qui partagent notre foi. Et, peu à peu – ça a quand même pris deux ans – je suis sortie du tunnel de la désespérance et **j'ai retrouvé un certain goût de vivre**. Mais le Seigneur voulait me rétablir complètement et il me fallait pour cela vivre encore une étape !
Nous voici en 2001, six ans après tous ces événements. Je commence une année sabbatique dans une communauté nouvelle, issue du Renouveau charismatique. Je suis très heureuse d'être là, tout me plaît dans ce que la Communauté propose, mais je suis parfois submergée par des vagues d'angoisse et, surtout, je n'arrive plus à prier ! Dès que je suis en silence quelques instants, le cinéma commence dans ma tête : je me vois dans des scènes toutes plus violentes les unes que les autres (bagarres, accidents, etc.). J'essaye de chasser ces pensées, mais je n'y parviens pas. J'en parle alors avec mon accompagnatrice spirituelle et nous décidons ensemble de prier particulièrement pour cela.
Elle invoque le Nom de Jésus, qui signifie « Dieu sauve », et Lui demande de venir me libérer de ces images de mort. Je ne sais pas si vous croyez en la puissance de la prière, mais moi, depuis ce jour-là, je suis bien obligée d'y croire ! Il y a vraiment eu un avant et un après cette prière de foi.
Cette traversée dans les ténèbres de la mort m'a permis de réaliser concrètement que Jésus est la Résurrection et la Vie et qu'Il veut pour nous, non pas une survie, mais **une vie en abondance** !
Cette épreuve m'a aussi donné de pouvoir être proche et de comprendre de l'intérieur ce que pouvaient ressentir des personnes que je rencontrais et qui traversaient des deuils.
J'ai retrouvé ma joie de vivre et je dirais même qu'elle est plus profonde et plus forte qu'avant. « Ô ma joie, Christ est ressuscité ! » Ce cri du matin de Pâques est devenu mon cri de

victoire et la plus belle des nouvelles dont j'espère rayonner tout autour de moi !
Je suis aujourd'hui sœur consacrée dans la communauté du Verbe de Vie et je suis heureuse de pouvoir ainsi rendre témoignage à Jésus, le Verbe qui m'a redonné VIE ! »

Moïse

Quand le leader craque « C'est trop lourd pour moi »

I. Histoire biblique

Moïse est certainement l'une des plus grandes figures de toute la Bible. Il fut choisi par Dieu pour être, avec Élie, présent à la transfiguration de Jésus (Mt 17, 3). Quel honneur ! La tradition juive lui rend un hommage appuyé. Jugez plutôt :

> *« Dieu fit sortir un homme de miséricorde, qui trouva grâce aux yeux de tous et fut aimé de Dieu et des hommes : Moïse dont la mémoire est en bénédiction. Dieu lui a donné une gloire pareille à celle des anges, il l'a rendu grand, redouté de ses ennemis. Par la parole de Moïse, il fit s'abattre des fléaux…*
> *Il lui a donné des commandements pour son peuple et lui a montré quelque chose de sa gloire. Il l'a consacré pour sa fidélité et sa douceur et l'a choisi entre tous les vivants. Il lui a fait entendre sa voix et l'a introduit dans la nuée obscure ; face à face, Il lui a donné ses commandements, loi de vie et de savoir. »* (Ben Sirac 44, 23 à 45, 5)

Savez-vous que ce grand homme de Dieu est passé par un moment de découragement tel qu'il aspirait à la mort ? Vous avez du mal à me croire ? Alors, lisez cette curieuse prière de Moïse :

> *« Pourquoi traiter si mal ton serviteur ? Pourquoi n'ai-je pas trouvé grâce à tes yeux, que tu m'aies imposé le fardeau de tout ce peuple ? Je ne puis, à moi seul, porter tout ce peuple : c'est trop lourd pour moi. Si c'est ainsi que tu me traites, tue-moi donc ; oui, tue-moi, si j'ai trouvé grâce à tes yeux. Que je ne voie pas mon malheur. »* (Nb 11, 11-15)

Que s'est-il donc passé, pour que Moïse, le grand Moïse, considère sa vie comme un « *malheur* » et demande à Dieu de mettre fin à ses jours ? Pour comprendre cela, il nous faut jeter un coup d'œil sur son parcours personnel. Nous pouvons distinguer quatre phases :

1. Moïse, un leader malgré lui

Il y a une expression que les jeunes utilisent et qui est très suggestive : « ça s'est fait à l'arrache ! ». C'est le cas de la vocation de Moïse. Lui n'a pas voulu être un guide pour le peuple de Dieu ; c'est Dieu qui est venu le chercher. Dans le récit de son appel, en Exode 3 et 4, on le voit résister de tout son être. Pourtant, le Seigneur utilise les grands moyens : le miracle du buisson ardent qui brûle sans se consumer, la révélation du Nom divin (le tétragramme YAHVE), le dévoilement de son dessein d'amour pour son peuple (libération de l'esclavage, sortie d'Égypte, don de la Terre promise…), le pouvoir des signes prodigieux (la main devenant lépreuse puis saine, le bâton se transformant en serpent et reprenant sa forme initiale). Si nous étions dans le registre de la séduction amoureuse, on dirait que le Seigneur « sort le grand jeu ». Mais Moïse multiplie les arguments pour prouver à Dieu qu'il n'a pas le profil du poste. *« Qui suis-je pour aller trouver Pharaon et pour faire sortir d'Égypte les fils d'Israël ? »* (Ex 3, 11.) Et Dieu, patiemment, insiste. Mais Moïse est persuadé qu'il y a une erreur de casting : *« Pardon, mon Seigneur, mais moi je n'ai jamais été doué pour la parole, ni d'hier, ni d'avant-hier, ni même depuis que tu parles à ton serviteur ; j'ai la bouche lourde et la langue pesante, moi ! »*

Dans un sens, cela se comprend : il est malvenu d'envisager une carrière politique dans laquelle il faut être un bon communiquant quand on est bègue ou quand on a une élocution difficile. Mais Dieu insiste encore et toujours. Et Moïse veut se « défiler » : *« Je t'en prie, mon Seigneur, envoie n'importe quel autre émissaire »* (Ex 4, 13), ce qui signifie : « Envoie qui tu veux, mais pas moi ! » Alors, le Seigneur finit par se fâcher. Il hausse le ton… et Moïse, de guerre lasse, après avoir utilisé tous les moyens possibles pour éviter cette mission, finit par l'accepter. Voilà de quoi rassurer ceux qui ont reçu une mission de Dieu (par l'Église, les autres, la vie) sans grand enthousiasme.

2. Des débuts difficiles

Moïse se lance ; il va rencontrer les « anciens d'Israël » c'est-à-dire les chefs de la communauté, soumis au pouvoir des Égyptiens. (Cela fait penser aux « conseils juifs » mis en place par les nazis pour donner l'impression d'une reconnaissance de la communauté juive dans les pays occupés, alors qu'ils n'étaient que des rouages pour organiser efficacement la servitude.) Les notables reconnaissent la mission de Moïse et de son frère Aaron. Une entrevue est sollicitée avec Pharaon pour demander que la parole du Dieu des Hébreux soit entendue : la liberté pour les Israélites. Comme le chante le gospel : « *Let my people go.* » Fiasco complet ! Pharaon déclare : « *Qui est le Seigneur pour que j'écoute sa voix et laisse partir Israël ? Retournez à vos corvées !* » (Ex 5, 2-4.)

Non seulement la démarche de Moïse n'obtient aucun résultat, mais, pire encore, Pharaon se durcit et impose des contraintes supplémentaires pour écraser les Israélites. Les chefs des travaux, constatant l'aggravation de leur sort après l'initiative de Moïse et d'Aaron, se retournent contre eux : « *À cause de vous, Pharaon et ses serviteurs nous détestent ; vous leur avez mis en main l'épée pour nous tuer.* » (Ex 5, 21) Et Moïse, après cet échec retentissant, de se tourner vers le Seigneur pour lui dire son désarroi et même lui reprocher sa passivité.

3. La période glorieuse de la libération (Ex 7 à 14)

Et Dieu intervient enfin par une succession de prodiges. C'est l'épisode fameux des dix plaies d'Égypte : « plaies » vu du côté des oppresseurs ; « signes miraculeux et bienfaits de Dieu » vu du côté des opprimés. Le Seigneur ne va pas lésiner sur les miracles. À chaque intervention (les eaux changées en sang, l'invasion de grenouilles, les ulcères, etc.), Moïse apparaît en public et, au nom de Dieu, annonce le prodige qui va se produire. Les Égyptiens comme les Israélites sont témoins des merveilles de Dieu, mais aussi de l'extraordinaire autorité spirituelle conférée à Moïse : « *En Égypte, Moïse lui-même était un très grand personnage aux yeux des serviteurs de Pharaon comme aux yeux du peuple.* » (Ex 11, 3)

Enfin, pour clôturer ce cycle de la libération d'Égypte, il y a le fameux passage de la mer Rouge. Le récit est tellement important que la liturgie de l'Église en fait mémoire chaque année, durant la vigile pascale. Là encore, l'œuvre du Dieu Sauveur se réalise par la médiation de Moïse. C'est quand il étend son bâton vers la mer que les eaux refluent et qu'un chemin nouveau ouvre un passage aux Israélites, coincés entre la mort (les eaux devant eux comme un mur infranchissable) et la mort (les armées de Pharaon lancées à leur poursuite). On connaît l'histoire : le peuple de Dieu peut traverser, mais quand les Égyptiens s'engagent dans ce passage, les eaux se referment sur eux. Moïse est donc, aux yeux de tous, l'homme choisi par Dieu pour accomplir son dessein de Salut. Cette victoire de Dieu et de son serviteur est célébrée par les chants et les danses. « *La prophétesse Miryam, sœur d'Aaron, saisit un tambourin et toutes les femmes la suivirent, dansant et jouant du tambourin. Et Miryam leur entonna : "Chantez pour le Seigneur ! Éclatante est sa gloire : il a jeté dans la mer cheval et cavalier".* » (Ex 15, 20-21)

4. Le temps des murmures

Après la phase euphorique, le peuple s'engage dans une nouvelle période : la traversée du désert pour atteindre la terre de Canaan, promise par Dieu. La Bible nous en donne deux récits (Exode 15 à 40 et Nombres 11 à 21). C'est le temps des « murmures » du peuple. Il paraît que les Français ont la réputation d'être un peuple de râleurs. Je ne me prononcerai pas sur ce sujet délicat. Mais le récit biblique va relater, avec force détails, toutes les variations possibles de la râlerie d'Israël à partir d'un schéma en cinq temps.

Acte 1 : la privation

Dieu, en entraînant le peuple au désert, lui apprend à marcher dans la foi. Il attend, Lui le Père qui pourvoit aux besoins de ses enfants, une attitude de confiance, un effort de dépassement. La foi d'Israël va être mise à l'épreuve par des événements : absence d'eau (Ex 15), de viande (Ex 16), menace d'un ennemi (Ex 17)… L'insécurité de la situation est difficile à vivre et entraîne l'étape suivante.

Acte 2 : la déception

« Ils marchèrent trois jours à travers le désert sans trouver d'eau. Ils arrivèrent à Mara, mais ne purent boire l'eau de Mara car elle était amère ; d'ou son nom de Mara. » (Ex 15, 22-23)

Le peuple a soif. Quand il arrive à une oasis, il s'attend à y trouver de l'eau pure pour satisfaire tous ses besoins. Fausse joie car l'eau est imbuvable. Plus le désir est intense, plus la déception est grande ! Et va monter dans les cœurs un sentiment d'insécurité : « Moïse connaît-il bien la route ? Cet itinéraire est-il raisonnable ? » La déception est normale ; ce besoin d'eau est légitime pour pourvoir aux nécessités de leurs familles. Mais la situation dramatique va révéler autre chose, des zones d'ombre dans les cœurs.

Acte 3 : le murmure

« Le peuple récrimina contre Moïse. » (Ex 15, 24)

Le peuple a oublié les bienfaits du passé, les miracles accomplis par Dieu. C'est l'amnésie spirituelle ; il ne voit à présent que l'amertume de la situation. Désillusion, privation, peur de manquer, insatisfaction. La peur s'exprime : « On va mourir de soif » et engendre le doute. Quelle variété dans les murmures de l'Exode et des Nombres ! Il y a :

– le murmure inquiétude : *« Que boirons-nous ? »* (Ex 15, 24) ;

– le murmure réclamation : « *Donne-nous de l'eau à boire* » (Ex 17, 2) ;

– le murmure lamentation : « *Moïse entendit le peuple pleurer* » (Nb 11, 10) ;

– le murmure soupçon : « *Pourquoi nous as-tu fait monter d'Égypte, était-ce pour nous faire mourir de soif ?* » (Ex 17, 3.)

L'épreuve joue un rôle de révélateur ; le résultat du test est catastrophique : le peuple manifeste qu'il ne se sent pas vraiment partie prenante de cette aventure spirituelle, comme s'il disait : « Non, tout cela c'est l'affaire de Moïse, mais pas la nôtre. Nous n'avons fait que suivre, sans doute à tort. » Bien plus, la vision des enjeux est pervertie par une interprétation mensongère : Dieu entraîne son peuple vers la vie, le bonheur, la liberté. Et les Israélites reprochent à Moïse de les entraîner vers la mort. Au murmure révolte (évocation d'une possible lapidation, Ex 17, 4) s'ajoutent le murmure « révisionniste » idéalisant le passé : « *Nous nous rappelons encore le poisson que nous mangions pour rien en Égypte et les concombres, les melons, les poireaux, les oignons et l'ail* » (Nb 11, 4-5) et le murmure discréditant les dons de Dieu. C'est le comble de l'aveuglement et de la mauvaise foi : le temps douloureux de l'esclavage devient un temps merveilleux ! Le camp de détention a maintenant des allures de club de vacances ! Le bienfait que constitue la manne est méprisé : « *Nous ne voyons jamais rien que de la manne !* » (Nb 11, 6.) Comme un enfant capricieux, les cadeaux de Dieu sont critiqués, rejetés. Vous vous rendez compte ? Dieu fait un miracle quotidien en donnant chaque matin une nourriture gratuite, abondante, délicieuse et facile à obtenir. Mais Israël n'en est pas satisfait. Et ce sera la tentation ultime de retourner en arrière, vers l'esclavage d'Égypte.

Acte 4 : le temps de la prière

« Pourquoi traiter si mal ton serviteur ? Pourquoi n'ai-je pas trouvé grâce à tes yeux, que tu m'aies imposé le fardeau de tout ce peuple ? Est-ce moi qui ai conçu tout ce peuple, est-ce moi qui l'ai enfanté pour que tu me dises : Comme on porte un nourrisson, porte ce peuple dans tes bras jusqu'au pays que j'ai juré de donner à tes pères. Où puis-je trouver de la viande pour donner à tout ce peuple quand ils viennent pleurer près de moi en disant : "Donne-nous de la viande à manger." Je ne puis à moi seul porter tout ce peuple ; **c'est trop lourd pour moi**. *Si c'est ainsi que tu me traites, tue-moi donc ; oui tue-moi si j'ai trouvé grâce à tes yeux. Que je ne voie pas mon malheur ! »* (Nb 11, 11-15.)

Le comportement de Moïse a beaucoup à nous apprendre dans les périodes de découragement. Recevons de lui quelques leçons de vie spirituelle :

– Dans la détresse dans laquelle il se trouve, il n'essaie pas de se justifier auprès des hommes, de séduire, de manipuler ou de recourir à son pouvoir, pour apaiser le conflit. Il se tourne vers Dieu dans la prière. C'est son attitude constante à chaque fois qu'il est confronté à l'incompréhension ou la révolte durant la marche au désert.

– Moïse est « vrai », authentique, dans sa prière. Celle-ci est un cri jaillissant du cœur. Contrairement aux usages, Moïse ne commence pas par une bénédiction, mais dit sa détresse en toute vérité. C'est la prière de l'homme qui souffre dans les Psaumes, non pas une oraison avec des formules « pieuses », mais un appel du plus profond du cœur.

– Moïse exprime toutes les questions qui le préoccupent, les « pourquoi ? » et présente à Dieu tout ce qu'il ne comprend pas.

– Dans la supplication, il expose sa pauvreté, sa vulnérabilité : *« Où puis-je trouver de la viande pour en donner à tout ce peuple ?* » et reconnaît ainsi son incapacité car il n'a aucune solution humaine à proposer.

– Dans son dialogue avec Dieu, Moïse va plus loin. Comme dans une scène de ménage, il remet en cause la répartition des tâches. Si Israël est comparé à un enfant fragile dont il faut prendre soin, c'est à Toi Dieu de t'en occuper ! *« Est-ce moi qui ai conçu tout ce peuple, est-ce moi qui l'ai enfanté, pour que tu me dises : Comme on porte un nourrisson, porte ce peuple dans tes bras ? »*

– La prière est le lieu où Moïse peut se plaindre et épancher son cœur. Il va jusqu'à remettre en cause la mission que Dieu lui a confiée, ce fardeau imposé.

– Au fond de l'âme, il y a une souffrance plus grande encore qui peut enfin apparaître : « Si tu me traites ainsi, c'est que tu ne m'aimes pas. » Comme si Moïse disait : « Je me suis trompé sur ton compte et sur notre relation. Moi j'avais cru que tu m'aimais. »

– L'épreuve est interprétée comme un manque d'amour de Dieu à son égard. Le raisonnement implicite est le suivant : « S'il m'aimait vraiment, il ne m'imposerait pas cela ! »

– Moïse reconnaît qu'il n'en peut plus : *« C'est trop lourd pour moi »* et avoue son impuissance à faire face à la situation.

– La prière s'achève par une demande, deux fois répétée : *« Tue-moi plutôt. »* Le découragement engendre le désir que tout s'arrête, et surtout la souffrance. C'est la tentation ultime de la démission, de la désertion. Le croyant ne se permet pas de poser un geste contre sa vie car il sait que c'est un péché, mais il aspire à « partir » discrètement, à tout quitter. Que Dieu le lui permette afin de ne scandaliser personne…

Acte 5 : La réponse de Dieu

Dieu répond toujours à la prière. Mais comment va-t-il le faire, cette fois-ci ?

> *« Le Seigneur dit alors à Moïse : "Rassemble-moi soixante-dix hommes parmi* **les anciens d'Israël**, *connus par toi comme des anciens et des scribes du peuple. Tu les amèneras à la tente de la Rencontre où ils se présenteront avec toi. Là, je descendrai pour te parler et je prendrai une part de* **l'Esprit** *qui est sur toi pour le mettre sur eux. Ainsi, ils porteront avec toi le fardeau de ce peuple et tu ne seras plus seul à le porter. »* (Nb 11, 16-17)

Dieu va certes pourvoir directement aux besoins du peuple en lui donnant de la viande. Ce sera l'épisode des cailles, mais le Seigneur veut trouver une solution pour la question de fond soulevée par Moïse : la charge est trop lourde pour un homme seul. Il va donc trouver deux remèdes **différents** et **complémentaires** :

– Parce que la tâche est écrasante pour un seul homme, il faut susciter des **aides**, des **collaborateurs** qui soient associés à cette mission : les soixante-dix hommes parmi les Anciens. C'est un remède humain, raisonnable, qui tient compte de la nature sociale de l'homme : l'union fait la force ;

– Parce que la mission est objectivement très difficile pour les seules forces humaines, Dieu va donner **une autre force, surnaturelle, divine, par l'effusion du Saint-Esprit**. Quelle sagesse dans la réponse de Dieu ! Parfois, on ne cherche la solution que dans l'humain (« il faudrait être plus nombreux, plus compétents », etc.). Parfois, on ne voit d'issue que dans le spirituel : « Seigneur, fais toi-même ce que je ne peux pas faire. » Dans cet épisode, Dieu nous donne une réponse équilibrée : pour accomplir sa mission, l'homme de Dieu a besoin de l'aide de ses frères, mais aussi du don de l'Esprit Saint, jamais l'un sans l'autre.

II. Illustration : de Moïse à Paul VI

Le rapprochement entre les deux hommes peut surprendre. D'abord dans leur apparence extérieure. On ne dispose pas dans la Bible de description physique de Moïse, mais l'art chrétien garde en mémoire la fameuse sculpture de Moïse par Michel-Ange, personnage monumental dégageant la puissance et l'autorité d'un héros de la mythologie antique. Tout le contraire de la silhouette frêle du pape Paul VI, irradiant l'humilité, la discrétion, la fragilité.

Alors, la ressemblance se situe ailleurs :

– Tous les deux ont été préparés longtemps à l'avance pour leur mission de chef. L'un « *fut éduqué dans toute la sagesse des Égyptiens* » (Ac 7, 22) puisqu'il fut adopté par la propre fille de Pharaon. L'autre travaillera longtemps au Vatican, à la secrétairerie d'État. Trente années de service sous les pontificats de Pie XI et Pie XII dont il sera un proche collaborateur. Connaissant bien l'administration centrale, engagé activement dans les travaux du concile Vatican II, il présentait un bon profil pour succéder au saint Jean XXIII ;

– Tous les deux ont été clairement appelés par Dieu pour accomplir une mission de guide du peuple de Dieu. Nous avons évoqué les réticences de Moïse. Paul VI aussi sera un pasteur « malgré lui ». Le soir de son élection (21 juin 1963), il rédige une note intime étonnante : « Je me demande : pourquoi m'as-tu appelé ? Pourquoi m'as-tu choisi, moi qui suis si inapte, si réticent, si pauvre d'esprit et de cœur ? » ;

– Tous les deux ont aimé le peuple de Dieu et l'ont servi courageusement dans une période de transition féconde et douloureuse (sortie d'Égypte et cheminement vers la Terre promise, passage d'une Église préconciliaire à une Église conciliaire) ;

– Tous les deux ont souffert non seulement « pour » le peuple de Dieu, mais « par » le peuple de Dieu. Les biographes de Paul VI utilisent des termes très forts pour parler de sa difficile mission : « chemin de croix », « passion », « Gethsémani ». Le cardinal Ratzinger dira, dans une homélie prononcée le 10 août 1978, soit quatre jours après sa mort : « Paul VI s'est laissé conduire toujours davantage là où, humainement, seul, il ne voulait pas aller. Toujours davantage, le pontificat a signifié pour lui se faire ceindre les vêtements par un autre et être cloué à la Croix » (publié le 20 juin 2013 dans l'*Osservatore Romano*) ;

– Tous les deux ont connu la tentation de se retirer. Le pape Paul VI est décrit par ses proches comme un homme d'une « grande sensibilité », cherchant à maîtriser par une ascèse rigoureuse son émotivité. Les mots « inquiet », « anxieux » et même, à la fin de son pontificat, « angoissé » apparaissent sous la plume de ses biographes. Il est réservé, mais, parfois, on voit poindre une confidence personnelle :

> « Le Pape, lui aussi, a besoin de réconfort. Celui qui ne voit que l'extérieur de sa personne et son activité pourrait s'imaginer qu'il vit dans une atmosphère de sérénité supérieure où tout est beau, facile et admiré… Mais malgré les réconforts spirituels que Dieu lui donne, le Pape a ses peines qui viennent avant tout de son insuffisance humaine, laquelle, à chaque instant, se trouve confrontée et presque en conflit avec le poids énorme et démesuré de ses devoirs, de ses problèmes, de ses responsabilités. Cela va parfois jusqu'à **l'agonie**. »
>
> « Et puis, il y a les peines qui proviennent de son ministère… Parmi les plus aiguës, il y a l'infidélité de certains bons qui oublient la beauté et la gravité des engagements qui les unissent au Christ et à l'Église. Que de faiblesses, d'opportunismes, de conformismes et de lâchetés ! »
>
> « Et que dire de la peine que nous éprouvons chaque jour en voyant la pensée de l'Église incomprise et son amour rejeté ?

L'efficacité du travail apostolique et la perversité avec laquelle, parfois, on déforme ses intentions et rejette ses offres sont des épines profondes et quotidiennes pour le cœur des pasteurs de l'Église et aussi pour Nous. » (*Dialogues avec Paul VI*, Jean Guitton, Fayard, p. 132)

Les deux aides que Dieu donne à Moïse, des frères qui le soutiennent et le don du Saint-Esprit, seront aussi accordées au bienheureux Paul VI. Voyons comment.

1. L'aide des frères

Paul VI est un homme seul. Il en a conscience : « Ma position est unique. Ceci veut dire qu'elle me place dans une extrême solitude. Elle était déjà grande auparavant, à présent elle est totale et terrible, elle donne le vertige. » Il recevra peu de réconfort de ses frères dans l'épiscopat ou dans le collège des cardinaux car les divisions dans l'Église et les luttes ouvertes entre « progressistes » et « traditionalistes » se retrouvent en haut lieu. Des prélats, très influencés par le socialisme révolutionnaire et la théologie de la libération, le jugent conservateur et réactionnaire. D'autres évêques lui reprochent durement le « dialogue » diplomatique avec les responsables des pays communistes et ses compromis. La conférence des évêques des Pays-Bas sera en conflit théologique ouvert avec le Saint-Siège, à l'occasion de la publication du « catéchisme hollandais » (1966) contenant de nombreuses erreurs doctrinales. Mgr Lefebvre l'accuse d'être infidèle à la tradition de l'Église et d'entraîner celle-ci dans une dérive moderniste et néo-protestante. Durant cette période, la Vierge Marie déclare (dans une apparition mariale reconnue par l'Église) : « L'action du démon a pénétré jusque dans l'Église. Les cardinaux se dresseront contre les cardinaux, et les évêques contre les évêques. Par l'action du démon, beaucoup de prêtres et de religieux abandonneront leur vocation. » (Akita, Japon, 13 octobre 1973)

Pourtant, le Pape sera humainement soutenu par quelques amitiés, peu nombreuses, mais fidèles. Certaines datent de l'époque où il a travaillé à la secrétairerie d'État (à partir de 1937), d'autres du temps où il fut archevêque de Milan (1954). Comme Paul VI fut un grand intellectuel et un grand spirituel, ces amis furent aussi… des intellectuels et des spirituels ! Parmi eux, il y a **Jean Guitton**, philosophe français, laïc, à qui il demandera de lire le Message aux intellectuels catholiques, à la clôture du concile Vatican II (8 décembre 1965). Il est l'auteur d'un beau livre : *Dialogues avec Paul VI* (1967) rédigé à partir de rencontres et d'entretiens personnels avec le Pape. Mais, parmi les quelques proches de Paul VI, je voudrais retenir ici la belle amitié avec **Jacques Maritain** et surtout avec **l'abbé Charles Journet**. Le prêtre suisse et le philosophe français se connaissent depuis 1922 et participent activement au renouveau de la pensée de saint Thomas d'Aquin en philosophie et en théologie. Les publications de Jacques Maritain ont un grand retentissement en France et au niveau international. Ces œuvres préparent en profondeur le renouveau de la pensée catholique qui se manifestera plus tard au concile Vatican II. Mgr Montini a lu les livres de Maritain et les apprécie beaucoup ; il les fera traduire en italien. En 1952, l'archevêque de Milan invite l'abbé Journet à prendre la parole au congrès de Florence. Tous deux ont bien des points communs ; ils ont éprouvé, jeunes, un attrait pour la vie religieuse contemplative.

Les deux hommes ont aussi une passion, le mystère de l'Église, et partagent une même affinité spirituelle, un thomisme « ouvert ». Tous deux ont enfin lutté, chacun à sa manière, contre les totalitarismes, fascisme et nazisme. Leur amitié aura de grandes répercussions, non seulement en privé, mais pour la vie de l'Église. En voici une illustration :

> En janvier 1967, Jacques Maritain, au soir de sa vie, apprend que Charles Journet doit avoir une entrevue avec Paul VI. Il lui écrit pour lui faire part d'un projet qui lui est venu « comme un trait de lumière » pendant qu'il priait pour le Pape. Devant la remise en cause systématique et généralisée des vérités de la foi catholique semant le trouble dans le peuple de Dieu, « il faudrait que le Pape pose un acte dogmatique en tant que vicaire du Christ : une profession de la foi catholique réaffirmant certaines vérités de foi ». Un tel acte officiel « serait une lumière dans le ciel et tirerait de leur angoisse croissante l'immense multitude d'âmes qui ne savent plus ce qu'il faut croire ».
>
> Le 18 janvier, Paul VI reçoit le cardinal Journet et se montre tout de suite très intéressé par cette initiative qui rejoint ses propres préoccupations de pasteur. Peu après, il demande à ce qu'un texte lui soit proposé. Jacques Maritain rédige une profession de foi catholique qui est transmise par Journet au Saint-Père. Elle est jugée « admirablement conçue » et sera adoptée intégralement.
>
> Proclamée solennellement par le Saint-Père le 30 juin 1968, à la clôture de l'Année de la Foi, elle sera appelée « **profession de foi de Paul VI** » et contribuera à dissiper bien des doutes et des troubles dans le peuple chrétien. Quel beau fruit pour l'Église ! Et cela a commencé par une amitié humaine « dans le Seigneur ».

Les notes personnelles du cardinal Journet laisse apparaître l'affection entre les deux amis, le théologien suisse et le pape.

> « 19 novembre 1970. Le Pape a douze audiences dans la matinée avec des ambassadeurs. Je n'ai rien demandé. Don Macchi a arrangé une visite de quelques minutes. Je ne ferai que me

> mettre à genoux et demander une bénédiction et dire que je prierai pour son voyage.
> Entrevue bouleversante, le Pape veut que je m'assoie. Il me dit combien l'envoi du tiré à part sur l'Espérance l'a ému. Il est déchiré par les contrecoups de l'abandon de la foi en Amérique, Afrique, partout. Il veut m'embrasser, il me dit "frère", je réponds "Père". Je dis : "*Haec est victoria...*" » Dieu est plus fort que tout le monde. Il me regarde dans les yeux, ses beaux yeux verts et dorés. Une des grandes heures de ma pauvre vie. »

Leur dernière rencontre se déroulera le 9 février 1974 en présence de Mgr Mamie (évêque de Fribourg). Celui-ci est témoin de leur amitié réciproque.

> « À la fin de ce qui fut leur dernière rencontre, le Pape lui offrit un très beau livre (une copie du manuscrit dit le Sinaïticus, une bible en grec du IIIe siècle. Le Cardinal sortit. Le Pape me retint seul, m'offrit un autre livre et, regardant le Cardinal qui partait seul dans l'enfilade des salles, il me dit : "**Votre cardinal, c'est un saint** !" Le Pape me bénit aussi et, très rapidement, je rejoignis le Cardinal qui s'engageait dans une mauvaise direction. Je lui pris le beau et lourd livre qu'il portait. Je lui repris le bras, il s'arrêta et se retourna vers la porte qu'on venait de fermer. Nous étions seuls dans une des antichambres. Il me dit alors : "Vous savez, **notre Pape est un saint** !" » (*Charles Journet*, Guy Boissard, Salvator, p. 526-527)

Belle estime réciproque, source de réconfort pour l'un et l'autre !

2. L'aide du Saint-Esprit

Dans une confidence à son ami Jean Guitton, Paul VI partage sa conscience d'être faible et en même temps soutenu par la force de Dieu :

> « Si je regarde ma vie passée, elle m'apparaît comme un mystère. Tout ce qui m'est arrivé dans la vie s'est expliqué par ce qui devait m'être demandé à la fin : ma faiblesse est demeurée entière, le sentiment de mes limites s'est accru ; mais **une force, qui ne vient pas de moi, me soutient**, de moment en moment. Je comprends ce que dit saint Paul sur cette misère de son être dont il ne voulait pas être déchargé. C'est un fardeau accablant et délicieux que cette charge universelle, et qui varie chaque jour comme la douleur ou la lumière qui se renouvelle ainsi chaque jour. Et le secours aussi se renouvelle. » (*Dialogues avec Paul VI*, p. 40)

Parce que lui-même vit intensément dans l'Esprit Saint, il a la conviction que l'Esprit Saint est Celui qui pourra répondre aux besoins du peuple de Dieu en cette période de crise spirituelle et doctrinale. Il l'affirme avec enthousiasme dans ce discours de 1972 :

> « Nous nous sommes demandé à plusieurs reprises quels sont les besoins majeurs de l'Église… Pour nous donc, quel est le besoin primordial et ultime de notre chère et sainte Église ? Nous devons le dire avec une sainte crainte parce que, vous le savez, il s'agit de son mystère, de sa vie : ce besoin, c'est l'Esprit, l'Esprit Saint qui anime et sanctifie l'Église, le souffle divin enflant ses voiles, son principe d'unité, sa source intérieure de lumière et de force, son soutien et son Consolateur, la source de ses charismes et de ses chants, sa paix et son guide, son gage et prélude de vie bienheureuse et éternelle. L'Église a besoin de son éternelle Pentecôte ; elle a besoin de feu dans son cœur, de paroles sur sa bouche, de prophéties dans son regard, ce qui veut dire qu'elle a besoin de pureté totale et de vie intérieure… Voilà de quoi l'Église a besoin. Elle a besoin de l'Esprit Saint en nous, en chacun de nous, en nous tous ensemble, en nous qui constituons l'Église. Et c'est de l'Esprit Saint surtout dont l'Église a besoin aujourd'hui. Tous, dites-lui donc toujours : Viens ! » (Pape Paul VI, Audience générale, le 29 novembre 1972.)

Ce message n'est pas seulement une magnifique exhortation pour l'Église, c'est le témoignage de la vie intérieure de Paul VI, vivant d'une grande intimité avec la Personne du Saint-Esprit.

Une des grandes consolations de son pontificat fut d'assister à la venue inattendue du Renouveau charismatique. Ce mouvement, né en 1967 dans l'Église catholique, organise un rassemblement à Rome pour la Pentecôte 1975. Certains milieux romains influents sont très critiques vis-à-vis de ce nouveau mouvement qui dérange. Le cardinal Ottaviani, personnalité éminente (il fut l'ancien préfet du Saint-Office) craint le risque d'une fracture provoquée par le « spiritualisme agressif des néo-pentecôtistes » qui divisera l'Église entre catholiques ordinaires et catholiques charismatiques. Dom Giovanni Franzoni, ex-abbé bénédictin de Saint-Paul-hors-les-Murs, accuse les charismatiques de « faire faire à l'Église un très dangereux saut en arrière » et de se « réfugier dans un spiritualisme vide », désertant l'engagement chrétien dans la vie sociale et politique.

Heureusement, le cardinal Suenens, l'un des animateurs du concile Vatican II, se montre encourageant pour ce nouveau mouvement. Tout le monde attend ce que va dire le Pape. Paul VI va surprendre la plupart des observateurs et les dix mille participants au IIIe congrès international du Renouveau charismatique catholique en déclarant avec conviction que ce renouveau spirituel était « une chance pour l'Église et pour le monde ». Il y voit une réponse de Dieu pour les besoins de notre temps : « Rien n'est plus nécessaire à un tel monde, de plus en plus sécularisé, que le témoignage de ce renouveau spirituel que nous voyons le Saint-Esprit susciter aujourd'hui dans les régions et les milieux les plus divers. » Et le Saint-Père de conclure son discours : « Oui, c'est un jour de joie, mais aussi un jour de résolution et de détermination : ouvrons-nous à l'Esprit Saint, écartons ce qui s'oppose à son action et, dans l'authenticité chrétienne de nos vies de tous les jours, proclamons que Jésus est Seigneur. » (19 mai 1975 à Rome). Quelque mois plus tard, en décembre 1975, le Pape publie l'exhortation apostolique « Annoncer l'Évangile » (*Evangelii nuntiandi*) qui célèbre en paroles de feu l'action du Saint-Esprit : « C'est grâce à l'appui du Saint-Esprit que l'Église s'accroît. Il est l'âme de cette Église. Nous vivons dans l'Église un moment privilégié de l'Esprit. » (n° VII)

Comme Moïse, le bienheureux pape Paul VI a eu à porter une lourde charge et a beaucoup souffert pour et par l'Église. Le Seigneur lui a apporté aide, réconfort et sanctification à travers ces deux dons : l'amitié de personnes qui sont des soutiens et le don renouvelé du Saint-Esprit pour lui-même et pour toute l'Église.

III. Appropriation personnelle

Je ne suis pas Moïse ni le bienheureux Paul VI, mais la Parole de Dieu parle de ma vie. Le seul fait d'être responsable d'autres personnes qui me sont confiées m'établit « berger ». Parents, responsables politiques et syndicaux, dirigeants associatifs, décideurs dans le monde de l'entreprise, personnes exerçant une charge dans l'Église, tous sont confrontés tôt ou tard à la même épreuve que Moïse : les contrariétés et l'adversité engendrent le découragement. Trois moyens, humains et spirituels, nous sont donnés, à nous aussi. Ne les négligeons pas.

1. Crier vers le Seigneur

Dans les périodes de crise personnelle, faisons comme Moïse et le psalmiste : « Crions vers le Seigneur », « Devant Lui, épanchons notre cœur ». N'ayons pas peur de tout lui dire : nos peurs, nos doutes, nos « ras-le-bol », nos colères intérieures… Dieu accueille ce « déballage » comme un signe de confiance. Il nous aime et nous pouvons tout lui dire. Dans les moments difficiles, quand nous sommes déstabilisés par les critiques, prenons le temps de prier, de demeurer longuement devant le Seigneur, de déposer en Lui tous nos soucis.

2. Entretenons l'amitié et sachons travailler en équipe

Le grand Moïse a eu besoin de proches collaborateurs comme un autre épisode de la Bible le révèle. Les Amalécites attaquent le peuple d'Israël. Moïse reçoit de Dieu une curieuse stratégie militaire pour riposter : pendant que Josué combattra à la tête des armées, Moïse montera prier sur la montagne. L'issue du combat dépend de la prière : *« Quand Moïse tenait la main levée, Israël était le plus fort. Quand il la laisse retomber, Amalec était le plus fort. »* (Ex 17, 12)

Comment durer dans le combat de la prière alors que les mains de Moïse s'alourdissent ? La solution est trouvée : *« Aaron et Hour lui soutenaient les mains, l'un d'un côté, l'autre de l'autre. Ainsi les mains de Moïse restèrent fermes. Et Josué triompha des Amalécites. »* (Ex 17, 12-13)

Demandons à Dieu la grâce de trouver des amis, des proches, des collaborateurs et de repousser la tentation de travailler « en solo ». Si le Seigneur nous a fait le cadeau d'avoir de vrais amis, sachons prendre le temps et les moyens pour entretenir cette amitié. Celle-ci est toujours un don de Dieu et une œuvre humaine à construire. « *Un ami aime en tout temps, un frère est engendré en vue de l'adversité.* » (Pr 17, 17) Aelred de Rievaulx, père abbé d'un monastère cistercien, fut l'ami de saint Bernard au XIIe siècle. L'expérience personnelle de l'amitié va lui inspirer de magnifiques écrits sur l'amitié spirituelle ».

– L'amitié est « gardienne de l'âme »

« Un ami, c'est en quelque sorte le gardien de l'amour ou, selon d'autres, le gardien de l'âme elle-même : mon ami sera le gardien de mon amour ou de mon âme elle-même, il en gardera en un silence fidèle tous les secrets, il corrigera dans la mesure de ses forces les défauts qu'il apercevra ou en supportera les imperfections ; il partagera ses joies et ses peines. » (*Amitiés* 663 c)

– L'amitié est consolation dans les épreuves de la vie

« Ce n'est pas une mince consolation en cette vie d'avoir quelqu'un à qui tu puisses t'unir par un sentiment d'attirance tout intime et un lien d'amour très saint, quelqu'un en qui ton esprit puisse se reposer et ton âme s'épancher ; quelqu'un dont les bienfaisants entretiens – tels des chants de consolation – te servent de refuge au milieu des tristesses ; au milieu des si nombreuses difficultés de ce monde, tu peux aller en toute sécurité vers le précieux giron de son amitié ; à son cœur très aimant, tu peux confier sans hésitation, comme à toi-même, le plus profond de tes pensées ; il pleure avec toi dans l'anxiété, il se réjouit avec toi dans la prospérité, il cherche avec toi dans le doute. » (*Miroir* 109)

– L'amitié est source de joie et porte l'âme vers Dieu

« Quelle joie pour des amis de s'entretenir l'un l'autre, de se découvrir mutuellement leurs aspirations, d'examiner ensemble toutes les difficultés et de tomber pleinement d'accord sur toutes choses ! À cela s'ajoute la prière faite l'un pour l'autre : prière d'autant plus efficace dans le souvenir donné à un ami, qu'elle s'adresse à Dieu avec plus d'affection. » (*Amitié* 701)

Des remèdes au « burn out »

On parle beaucoup aujourd'hui de surmenage au travail, de « burn out », phénomène qui touche beaucoup de personnes surinvesties dans leur profession et « craquant » sous le poids du fardeau. Cela concerne aussi des hommes d'Église, évêques et prêtres, surtout dans les pays où les vocations sont peu nombreuses.

En contemplant Jésus dans l'Évangile, nous le voyons complètement donné, « mangé » dans son ministère public, mais nous le voyons aussi se ressourcer dans les temps de prière solitaire et dans les lieux d'amitié comme à Béthanie, où Il aime à se reposer en compagnie de Lazare, Marthe et Marie.

« Le disciple n'est pas plus grand que son maître. » Sachons nous aussi nous réserver des temps de repos dans la prière personnelle, les jours de retraite, le cœur à cœur avec Dieu et dans les moments d'amitié où l'on peut être « soi-même » (amitié conjugale, familiale, fraternelle). Ces moments sont des récréations nécessaires en nous souvenant que ce mot vient de « re-création ». N'est-ce pas pour cela que, parmi les dix commandements, le Seigneur donne aux hommes le respect du jour du Seigneur ?

Sans doute avons-nous aujourd'hui à en redécouvrir le sens profond.

Nous savons bien qu'une machine qui ne s'arrête jamais – que ce soit une voiture ou une machine à laver – finit par « surchauffer » et « planter »... Mais, dans notre présomption, nous oublions parfois de respecter le mode d'emploi du rythme physique ou psychique de la personne humaine. Le jour du Seigneur nous est présenté dans le Catéchisme de l'Église catholique comme un jour libérateur nous protégeant de l'activisme et de la fébrilité, même au nom des meilleures causes.

> « Comme Dieu *"se reposa le septième jour après tout le travail qu'il avait fait"*, la vie humaine est rythmée par le travail et le repos. L'institution du jour du Seigneur contribue à ce que tous jouissent du temps de repos et de loisir suffisant qui leur permette de cultiver leur vie familiale, culturelle, sociale et religieuse. » (CEC § 2184)

Le travail peut devenir une idole aliénant la personne humaine et exigeant son lot de sacrifices humains, dont le « burn out ».

Notre culture imprégnée d'ultra-libéralisme ne respecte pas la gratuité, la vie intérieure, les liens sociaux... C'est la raison pour laquelle le « remède » que Dieu donne, particulièrement en honorant le jour du dimanche, doit être pris au sérieux. Ce commandement de Dieu et de l'Église n'est pas un fardeau pour nous assujettir, mais une « loi de liberté » pour nous protéger.

Que l'Esprit Saint nous aide, au-delà de ce jour saint, à nous ressourcer tout au long de notre vie, dans la prière et dans les amitiés humaines.

3. Demandons l'effusion de l'Esprit

Dans la prière personnelle ou en Église, demandons souvent le don de l'Esprit Saint, la *« force d'en haut »*. C'est le désir de Dieu de nous l'accorder.

> *« Moi, je vous dis : demandez, on vous donnera, cherchez, vous trouverez, frappez on vous ouvrira. En effet, quiconque demande reçoit, qui cherche trouve, à qui frappe, on ouvrira… Si donc vous, qui êtes mauvais, vous savez donner de bonnes choses à vos enfants, combien plus* **le Père du ciel donnera-t-il l'Esprit Saint à ceux qui le lui demandent**. » (Lc 11, 9)

Prière pour demander l'effusion du Saint-Esprit

Esprit d'Amour et de Miséricorde,
manifeste-moi Ta tendresse
dans le fond de mon cœur.
Esprit de Lumière et de Vérité,
verse en moi Ta lumière
dans le fond de mon cœur.
Esprit de Joie et d'Allégresse,
fais resplendir Ta joie
dans le fond de mon cœur.
Esprit de Paix et de Douceur,
comble-moi de Ta paix
dans le fond de mon cœur.
Esprit de Vie,
fais jaillir Ta vie
dans le fond de mon cœur.
Esprit de Force, Puissance d'en haut,
revêts-moi de Ta force
dans le fond de mon cœur.
Esprit d'Audace,
viens chasser mes peurs
dans le fond de mon cœur.
Esprit de Pureté,

viens me purifier
dans le fond de mon cœur.
Esprit de Liberté,
libère-moi de mes liens
dans le fond de mon cœur.
Esprit de Sagesse,
enseigne-moi Tes voies
dans le fond de mon cœur.
Esprit de Conseil,
sois mon Conseiller
dans le fond de mon cœur.
Esprit Consolateur,
sois mon réconfort
dans le fond de mon cœur.
Esprit Paraclet, contre l'Accusateur,
sois mon défenseur
dans le fond de mon cœur.
Esprit d'Unité,
viens m'unifier
dans le fond de mon cœur.
Esprit de Communion,
relie-moi à Dieu, aux autres et à moi-même
dans le fond de mon cœur.
Esprit de Nouveauté,
viens me renouveler
dans le fond de mon cœur.
Esprit de Fidélité,
rends-moi persévérant
dans le fond de mon cœur.
Esprit de Splendeur et de Beauté,
fais rayonner ta beauté
dans le fond de mon cœur.
Esprit de Sainteté,
viens me sanctifier
dans le fond de mon cœur.

Esprit Saint, tu es Vent, souffle sur moi.
Esprit Saint, tu es Nuée, recouvre-moi.
Esprit Saint, tu es Guide, conduis-moi.
Esprit Saint, tu es Feu, réchauffe-moi.
Esprit Saint, tu es Source, étanche ma soif.

Esprit Saint, tu es Onction, mon âme, mon corps, guéris-moi.
Esprit Saint, tu es Don, donne-Toi à moi.
Esprit Saint, tu es Père des pauvres, aie pitié de moi.
Esprit Saint, tu es Seigneur, sois mon Maître et mon Roi.

Et moi, librement, par amour, je me donne à Toi pour Toujours.
Je Te consacre tout mon être, corps et âme.
Je Te livre toute ma vie, passée, présente, future.
Esprit du Père, fais de moi Son enfant bien-aimé.
Esprit de Jésus, fais de moi Son ami et Son témoin.
Esprit Saint, fais de moi Ton sanctuaire.
Esprit Saint, Âme de l'Église, donne moi d'aimer et de servir l'Église du Christ avec zèle, et de travailler à son unité.
Esprit Saint, Toi mon Dieu, avec la Vierge Marie, je m'abandonne à Toi
aujourd'hui et pour toujours. Amen. Alléluia.

Témoignage de sœur Marie-Laure, responsable d'une communauté chrétienne.

Je suis une sœur engagée au service du Seigneur depuis le Jubilé de l'an 2000. De mon pays natal, la Guadeloupe, le Seigneur m'a déplacée pour vivre la plus merveilleuse des aventures : celle de la vie donnée au Christ.
Mon parcours communautaire, un peu atypique, m'a fait me retrouver au Brésil où le Seigneur, à travers mes supérieurs, me confia la responsabilité de notre maison à Salvador de Bahia. Cela faisait dix-huit mois que je vivais une expérience personnelle très forte en Afrique. Étant originaire des Antilles, je

vivais une sorte de retour aux sources. Je me sentais chez moi. Les personnes, leur culture, leur manière de vivre, leur langue, rien ne me choquait ou dérangeait, rien ne m'était étranger, j'avais un sentiment intérieur que tout était en moi. Une expérience réellement unique : enrichissante humainement et spirituellement.

Le jour du Sacré Cœur de Jésus, le responsable général me demanda si j'acceptais d'aller aider les frères et sœurs d'une maison au Brésil qui vivaient une situation difficile. Ce fut pour moi un choc, car je ne me sentais pas capable d'une telle mission. C'était une mission « pour les grands », je me sentais si démunie, si petite. J'ai supplié mon responsable de maison d'expliquer combien je me sentais bien en Afrique, puis moi-même j'ai présenté mes objections : « Je ne sais pas parler portugais, j'ai toujours été nulle en langue, parler une autre langue ne fait pas partie des dons que le Seigneur m'a donnés ! » Mais mon responsable trouvait une réfutation à toutes mes objections. Vu l'insistance de mes responsables, après avoir prié, tremblante, mais avec la Vierge Marie, j'ai dit oui : « Voici la servante du Seigneur, qu'Il me soit fait selon ta Parole. Me voici, car je sais que ta Parole est porteuse de vie. » J'ai alors embrassé la mission de toutes mes forces. Le Seigneur me confiait son petit troupeau et moi, avec la force qui m'animait, chaque jour, je renouvelais ma confiance dans Celui qui m'a appelée, c'est Lui qui allait rendre possible l'accomplissement de ce mandat.

Je reprenais la maison dans une période difficile après le départ de plusieurs frères et sœurs. Ceux qui sont restés étaient très affectés par la situation de la maison et aussi par tout ce qu'ils avaient vécu.

Je ne parlais pas un mot de portugais, mais il fallait plonger. Une des sœurs m'a encouragée à apprendre le portugais. Pour moi, l'apprentissage de la langue était prioritaire, car, me semblait-il, je devais être au milieu du peuple qui m'a été confié et comprendre ses doutes et ses espérances. Et comment les comprendre si je ne pouvais pas les écouter ?

Tous les jours, je suppliais le Seigneur : « Tu es le Dieu fidèle, Tu donnes ce que Tu ordonnes. » Et je plongeais dans l'apprentissage du portugais. Chaque soir dans ma prière, je mettais le Seigneur au pied du mur, **je suppliais l'Esprit Saint**… et trois mois plus tard, je prêchais une retraite pour une cinquantaine de personnes. Je ne peux que voir l'œuvre du Saint-Esprit agissant en moi et qui me donnait le don de la langue portugaise ! Mais nous étions en période ardue et ce que j'entendais n'était pas de tout repos. Il fallait une présence forte et je ne me sentais qu'une enfant. Tous les jours que le Bon Dieu a faits, des plaintes arrivaient à mes oreilles et un jour, j'ai explosé intérieurement, dans la prière : « J'en ai marre d'entendre des réclamations, il n'y a pas un jour sans réclamations, pas un ! Si ce n'est pas l'un, c'est l'autre ! J'en ai marre des états d'âmes des uns et des autres. J'en ai marre d'écouter les problèmes des uns et des autres. Où est-il, le bonheur de vivre tous ensemble en frères ? Où est-elle, la joie d'appartenir au Seigneur ? Je comprends maintenant pourquoi beaucoup sont appelés, mais peu demeurent. J'en ai marre ! » Je priais et je reprenais courage, puis la même situation revenait. J'avais l'impression d'être un yoyo. Un beau jour, c'en était trop, la seule chose que je voulais, c'était prendre mon baluchon et m'éclipser. Dans mon angoisse, j'ai crié vers le Père des pauvres, l'Esprit Saint de Dieu. Est alors montée dans mon cœur cette affirmation : « Tu as déjà vu un chameau passer par le trou d'une aiguille avec souplesse et agilité ? Pourtant, il est plus facile que cela arrive qu'à un riche d'entrer dans le Royaume des cieux. »

Le Seigneur m'a sauvée ! J'ai pu percevoir que si je trouvais tout si compliqué, si difficile, c'est parce que j'étais riche de moi-même, de mes incapacités. Je me rendais compte que mes pauvretés me rendaient riches, elles remplissaient ma vie et devenaient une entrave à la grâce de Dieu.

Combien de fois, j'ai pu vivre cette situation. Avec la grâce de Dieu, la mission avançait, les frères et sœurs se fortifiaient. Moi-même je me fortifiais dans le service confié et je me suis même surprise à dire : « J'aime ce service que le Seigneur me

confie, j'aime mes frères et sœurs, j'aime la mission. »
Je voyais la grâce de Dieu se manifester au milieu de nous, le bras fort du Seigneur qui agissait avec puissance. Mais, après sept ans de responsabilité, à la fin de l'année 2011, une grande vague de doute vint me submerger. Après avoir remporté tant de batailles, la maison était relevée, la mission continuait, mais, fin 2011, les murmures ont recommencé.
Autre situation, plus difficile encore à vivre, car je pensais que le temps des grandes batailles était révolu, même si je sais que dans la vie spirituelle nous devons demeurer vigilants. Réclamation sur la manière dont je conduisais la maison... de certains comportements... contestation de certaines décisions... Beaucoup de paroles dures à entendre. J'avais l'impression que quelqu'un avait pris une massue et démolissait tout ce qui avait été construit. J'avais l'impression que je n'étais plus écoutée et que, finalement, j'avais tout faux.
À ce moment-là, je me suis sentie désemparée, démunie. Mon cri vers le Seigneur était un cri de désespoir. « Pourquoi, Seigneur ? Pourquoi as-Tu permis que j'arrive jusque-là ? Tu as permis ce relèvement pour mieux nous voir sombrer ? » Ma présence dans la maison n'avait plus de sens. Je ne désirais qu'une chose, disparaître.
D'un côté, mes responsables me confirmaient dans ma mission et de l'autre, j'entendais les plaintes de mes frères et sœurs. Un jour, j'ai décidé de donner ma démission, par amour de la mission, car je voyais que je n'étais plus capable de gouverner, je n'avais plus de force ni humaine ni spirituelle. « Prends, Seigneur, car la charge est trop lourde, je ne suis pas capable, au lieu d'être un instrument d'unité, je suis une pierre d'achoppement ! »
Et le Seigneur a répondu... en m'envoyant des aides. Dans mon découragement, un homme de Dieu, dans une écoute attentive, me redonna les armes nécessaires pour le combat : « Prie les psaumes, choisis un psaume qui correspond à ton état d'âme du moment et prie ! » Un évêque qui connaissait bien la situation, en visite dans ma maison, me confirma

discrètement, mais fermement. Mon accompagnateur, un prêtre religieux, m'indiqua le chemin de la fidélité jusqu'au bout : « Suis l'exemple de ton Seigneur et Époux : Il les aima jusqu'à la fin. »
Tous m'indiquaient le chemin de la confiance qui se cultive dans la prière. Dans cette période, la Croix est devenue mon lit nuptial, lieu de mes rencontres les plus profondes avec le Seigneur. De cette union a jailli à nouveau la joie du don, la joie de la fidélité, la joie du oui.
Vraiment, un pauvre a crié et le Seigneur a entendu, du fond de l'abîme, Il m'a sauvée. Confie-toi, ô mon âme, dans le Seigneur, Il t'a appelée, Lui-même sera fidèle et te donnera tout le nécessaire. L'aide constante du Saint-Esprit et des hommes et des femmes de Dieu que le Seigneur a placés sur ma route m'a fortifiée sur ce chemin qui nous conduit au ciel.
J'ai terminé mon mandat le 6 janvier 2014 dans la joie de voir la maison relevée et les frères et sœurs mûrs et donc prêts pour continuer la mission. Que le Nom du Seigneur soit béni maintenant et à jamais !
Amen. Alléluia.

Jérémie

Dur, dur d'être prophète

I. Histoire biblique

1. Un homme séduit par Dieu

« Seigneur, tu m'as séduit et j'ai été séduit ; tu m'as saisi et tu as réussi. » (Jr 20, 7)

Pour parler de son expérience spirituelle, Jérémie utilise le langage amoureux de la séduction. Celui-ci revêt des sens différents, puisqu'il est, à la fois, l'aveu de celui qui dit : « Je suis sous ton charme » et, en même temps, la plainte de celui qui avoue : « Je me suis fait avoir ! » Dieu est l'Aimant dans les deux sens du terme, le sujet qui aime et la force irrésistible qui attire à lui, qui « aimante ». Le mot « séduction », dans la Bible, n'évoque pas seulement la douceur de la tendresse partagée, mais aussi la violence du rapt ! Dans la loi de Moïse, c'est le même terme qui qualifie une relation sexuelle forcée, un viol : *« Si un homme séduit une jeune fille vierge et qu'il couche avec elle »* (Ex 22, 15) et *« Tu m'as saisi. »* Plusieurs siècles plus tard, saint Paul utilisera ce terme pour parler de sa rencontre bouleversante avec le Christ : *« J'ai moi-même été saisi par le Christ Jésus »* (Ph 3, 12), que certains traduisent littéralement par « empoigné », *« et tu as réussi »* ou encore *« tu as été le plus fort »*. Le langage religieux, comme le langage amoureux, utilise volontiers des images évoquant la lutte, voire la guerre : comme le patriarche Jacob, l'homme rencontré par Dieu est à la fois vaincu et vainqueur, terrassé et relevé. Paradoxe de la relation de l'homme aimé, choisi par Dieu. Jérémie a conscience que ce choix de Dieu, à son égard, est premier : *« Ce n'est pas vous qui m'avez choisi, c'est Moi qui vous ai choisis. »* (Jn 15, 16)

Ce choix ou cette élection ne dépend pas des qualités, vertus, aptitudes de l'homme, mais manifeste la gratuité de l'Amour de Dieu : *« Avant même de te façonner dans le sein de ta mère, Je te connaissais ; Avant que tu viennes au jour, Je t'ai consacré. »* (Jr 1, 5) Jérémie est donc « ravi » par Dieu comme le « ravi » de la crèche, ébloui par la beauté du Seigneur ; comme la femme désirée est « ravie », enlevée par son amant. Ce ravissement n'est pas d'abord le frémissement des émotions, mais la sortie de soi de la vocation. L'être séduit, ravi, ne s'appartient plus ; il appartient à un Autre : *« Quand tu étais jeune, tu mettais ta ceinture toi-même pour aller là où tu voulais ; quand tu seras vieux, tu étendras les mains, et c'est un autre qui te mettra ta ceinture, pour t'emmener là où tu ne voudrais pas aller. »* (Jn 21, 18)

2. Un prophète, destinataire amoureux de la Parole de Dieu

Il existe deux étapes distinctes dans la vocation du prophète : l'accueil, puis l'annonce de la Parole. Pour le dire avec les mots de la philosophie du langage, le prophète est, d'abord, le destinataire du message divin, avant d'en être l'émetteur.

Comment Jérémie reçoit-il la Parole de Dieu ? « *Quand je rencontrais tes paroles, je les dévorais ; elles faisaient ma joie, les délices de mon cœur.* » (Jr 15, 16) C'est aussi l'expérience du prophète Ézéchiel ; la Parole est comparée à une nourriture délicieuse : « *Le Seigneur me dit : "Fils d'homme, remplis ton ventre, rassasie tes entrailles avec ce rouleau que je te donne." Je le mangeai et dans ma bouche, il fut doux comme le miel.* » (Ez 3, 3) Jérémie aime le Seigneur et sa Parole ; il peut s'exclamer comme la bien-aimée du Cantique des Cantiques : « *La voix de mon bien-aimé ! C'est lui, il vient !* » (Ct 2, 8.) Le recueil des oracles du prophète montre l'amour de la Parole de Dieu, de ses lois et commandements. Jérémie peut faire siennes les déclarations du psalmiste faisant l'éloge de la Parole de Dieu dans le Psaume 118 : « *Toi, Seigneur, tu es béni : apprends-moi tes commandements... Je trouve, dans la voie de tes exigences, plus de joie que dans toutes les richesses... Je trouve, en tes commandements, mon plaisir... Je trouve mon plaisir en tes volontés, oui, vraiment, je les aime... Mon bonheur, c'est la loi de ta bouche plus qu'un monceau d'or ou d'argent. De quel amour, j'aime ta loi...* »

3. Le fardeau de la Parole à annoncer

Tout le livre de Jérémie est émaillé de ses plaintes ; à plusieurs reprises, il manifeste que le message à annoncer au peuple d'Israël est un poids très lourd à porter. Pourquoi ce décalage entre la joie de la Parole reçue et la souffrance de la Parole proclamée ?

Parce que Jérémie doit délivrer un message très dur à entendre ; si le peuple de Dieu ne change pas de conduite (appel à la conversion), il va voir s'abattre sur lui de nombreux malheurs : défaite militaire, occupation de sa terre, destruction du Temple et de la Ville Sainte, déportation à Babylone. Les menaces, très sérieuses, sont conditionnelles, car si Israël revient vers Dieu, il sera protégé. Toutes les prophéties de Jérémie remettent en cause la manière de penser et de vivre de ses contemporains :

Sur le plan religieux

Le prophète condamne avec vigueur l'abandon de Dieu et de son Alliance, l'idolâtrie des divinités cananéennes (les Baals) et la suffisance du peuple qui se croit à l'abri de tout malheur en pratiquant de façon formelle les prescriptions du culte au Temple. Dieu se plaint par son prophète : *« Oui, mon peuple a commis un double méfait : ils m'ont abandonné, moi, la source d'eau vive, et ils se sont creusé des citernes, des citernes fissurées qui ne retiennent pas l'eau ! »* (Jr 2, 13.)

Et Jérémie reçoit une mission risquée, provocatrice : se tenir à l'entrée du Temple de Jérusalem, pour critiquer l'hypocrisie d'un culte extérieur et prédire la destruction de la Demeure de Dieu (Jr 7, 2).

Sur le plan politique

Le royaume de Juda se trouve au milieu d'un couloir reliant les deux grandes puissances de l'époque, l'Égypte et l'Empire assyro-babylonien. Juda, comme les petits États voisins (Moab, Ammon, Damas), est soumis tantôt à l'un, tantôt à l'autre. Parfois, il cherche à se libérer de son statut de vassal en faisant des alliances politiques et militaires avec tel pays contre tel autre. Au temps de Jérémie, l'Empire assyro-babylonien dominait toute la région. Une tendance pro-égyptienne à la cour des rois de Juda cherchait à faire alliance avec l'Égypte pour s'opposer à Babylone. Or, Jérémie dénonce cette attitude illusoire, à courte vue. Ce ne sont pour lui que des calculs politiciens et des gesticulations diplomatiques voués à l'échec (Jr 46). Cette prise de position très politique, incitant le peuple et ses chefs à se soumettre à Babylone, est très mal supportée par tous ceux qui rêvent d'un avenir national meilleur…

Sur le plan social

Le prophète rappelle le message de Dieu en faveur des pauvres (immigrés, veuves, orphelins), alors que ces personnes vulnérables sont exploitées au profit des riches et des puissants. La fidélité à Dieu passe par le respect de tous, surtout des laissés pour compte de la société : « *Si vous n'opprimez pas l'immigré, l'orphelin ou la veuve, si vous ne versez pas, dans ce lieu, le sang de l'innocent… alors, je vous ferai demeurer dans ce lieu, dans le pays que j'ai donné à vos pères.* » (Jr 7, 6-7) En rappelant ce droit des pauvres, Jérémie s'expose à la haine de tous ceux qui tirent profit de leur exploitation. Jérémie, au nom de Dieu, s'attaque aux trois fonctions importantes dans le peuple d'Israël : les prêtres, les prophètes, les rois ou pasteurs (et leur entourage). Tous sont coupables d'être infidèles au Seigneur : « *Vous avez profané ma terre, changé mon héritage en abomination. Les* **prêtres** *n'ont pas dit : "Où est-il le Seigneur ?" Les dépositaires de la loi ne m'ont pas connu, les* **pasteurs** *se sont révoltés contre moi ; les* **prophètes** *ont prophétisé au nom du dieu Baal.* » (Jr 2, 7-8)

Au-delà des responsables religieux et politiques, c'est le peuple dans son ensemble qui est critiqué : « *Oui, mon peuple est fou : ils ne me connaissent pas. Ce sont des enfants stupides.* » (Jr 4, 22) Le drame de Jérémie est d'annoncer à temps et à contretemps un message qui n'est pas reçu. Un siècle et demi plus tôt, des prophètes comme Amos et Osée avaient tenu le même langage dans le royaume du Nord, appelant à la conversion avant qu'un malheur ne s'abatte sur les Israélites. Les envoyés de Dieu ne furent pas entendus ; les Assyriens s'emparèrent de la capitale Samarie et déportèrent les dix tribus du Nord en 721 avant J.-C. Les mêmes causes, l'abandon de l'Alliance, risquent de produire les mêmes effets… Mais cette leçon de l'histoire, loin d'être perçue comme un avertissement, est interprétée de façon illusoire comme une protection quasi magique du royaume de Juda et de sa capitale Jérusalem, Dieu résidant dans son Temple et, par là même, garantissant sa sécurité.

4. Les réactions hostiles

Imaginons un bus rempli de passagers et dévalant à toute allure une route de montagne. Les gens rient, chantent, regardent un film, s'interpellent. Seul un homme crie au chauffeur et à tout le monde qu'il y a danger de continuer ainsi, que l'on va droit vers l'accident. Toutes les personnes s'offusquent : « Le véhicule est en bon état, le chauffeur est un bon chauffeur, la route est bien entretenue, etc. » L'homme seul, qui alerte les autres, se retrouve vilipendé, rejeté.

C'est la situation de Jérémie. *« Homme de querelle et de dispute pour tout le pays. Je ne suis le créancier ni le débiteur de personne, et pourtant tout le monde me maudit ! »* (Jr 15, 10.) Effectivement, l'opposition au prophète est générale et se manifeste de plusieurs manières :

– Les gens de sa famille et de son village

« Seigneur, tu m'as fait voir leurs manœuvres… Et je ne savais pas qu'ils montaient un complot contre moi. Ils disaient : "Coupons

l'arbre à la racine, retranchons-le de la terre des vivants." Oui, ainsi parle le Seigneur contre les gens d'Anatoth qui en veulent à ta vie et qui disent : "Ne prophétise pas au nom du Seigneur, sinon tu mourras de notre main !" » (Jr 11, 18-21.)

– Les rois

Après la mort du roi Josias, qui s'efforça de mener une réforme religieuse selon la loi de Moïse, les successeurs sur le trône sont décevants. Pris à partie par le prophète (Jr 13, 18), ils refusent d'entendre le message de Dieu et persécutent Jérémie. Une scène illustre l'obstination du pouvoir royal : un proche du roi Joakim lit le rouleau contenant toutes les prophéties de Jérémie depuis le début de son ministère :

« *Le roi était assis dans la maison d'hiver. On était au neuvième mois et un braséro était allumé devant lui. Chaque fois que Yehoudi avait lu trois ou quatre colonnes, le roi, avec le canif du scribe, les déchirait et les jetait dans le feu du braséro, jusqu'à ce que le rouleau eût entièrement disparu dans le feu du braséro.* » (Jr 36, 22-23)

– Les prophètes

Jérémie critique les prophètes de son temps. Deux reproches reviennent souvent dans ses exhortations :

a. Les prophètes professent une foi syncrétique mélangeant des éléments de la religion d'Israël avec le culte des divinités cananéennes, les Baals. En agissant ainsi, ils égarent le peuple de Dieu.

b. Quand leur religion n'est pas mélangée avec les cultes païens, la plupart des membres de la confrérie des prophètes se contentent de flatter le pouvoir du souverain et de répondre aux aspirations du peuple en donnant à bon compte, des oracles de paix et de prospérité. Jérémie les accuse d'être des « faux prophètes », entretenant le déni de la réalité et les illusions sur l'avenir : *« Ainsi parle le Seigneur de l'univers : N'écoutez pas les paroles de ces prophètes. Ils ne cesseront de dire à ceux qui me méprisent : "Le Seigneur a parlé, vous aurez la paix !" Je ne leur ai pas parlé et pourtant, ils prophétisent !... contre les prophètes Me voici contre ceux qui prophétisent des rêves mensongers... En les racontant, ils égarent mon peuple. »* (Jr 23, 16 et s.)

La confrontation avec les prophètes est symboliquement illustrée par la scène de l'altercation avec le prophète Ananie, au Temple. Jérémie ne se contente pas de prêcher, il porte son message par des signes concrets destinés à interpeller ses compatriotes. Pendant plusieurs mois, il traverse les rues de Jérusalem avec un joug de bois sur la nuque, image saisissante pour dire le sort qui attend les habitants : s'ils ne se convertissent pas, ils seront asservis au roi de Babylone. Ananie riposte en enlevant le joug et en le brisant « au nom du Seigneur », annonçant ainsi, par ce geste symbolique, la délivrance que Dieu va opérer. Et Jérémie de rétorquer : *« Ainsi parle le Seigneur : tu as brisé un joug de bois, mais à sa place tu feras un joug de fer. Car, c'est un joug de fer que je mets sur la nuque de toutes ces nations, pour qu'elles servent Nabuchodonosor, roi de Babylone. »* (Jr 28, 13)

– Les prêtres

Les prêtres qui officient au Temple sont furieux d'entendre l'annonce que la Demeure de Dieu, devenue une « caverne de bandits », sera détruite comme le fut autrefois le sanctuaire de Silo. La riposte ne se fait pas attendre :

> *« Le prêtre Pashehour, fils d'Immer, responsable de l'ordre dans la maison du Seigneur, entendit ce que prophétisait Jérémie.*

Alors, Pashehour frappa le prophète Jérémie et le fit attacher au pilori qui est à la porte Haute de Benjamin, celle de la maison du Seigneur. » (Jr 20, 12)

Le lendemain, une fois libéré, Jérémie persiste et signe en prophétisant à Pashehour une mort imminente et à son entourage, qu'il sera bientôt emmené en captivité à Babylone...

Plus tard, Jérémie sera arrêté et emprisonné. Pendant le siège de Jérusalem par les Babyloniens (accomplissement de sa prophétie), il sera descendu dans une citerne dans laquelle *« il n'y avait pas d'eau, mais de la boue, et Jérémie s'enfonça dans la boue »* (Jr 38, 6). Le prophète, figure du Serviteur souffrant, sera libéré, puis, après la prise de Jérusalem, partira avec des réfugiés juifs, en Égypte. Une tradition juive affirme qu'il mourra lapidé par les Israélites.

5. Les plaintes de Jérémie

Le livre de Jérémie contient des passages autobiographiques dans lesquels l'homme de Dieu exprime ses sentiments :

– L'accablement devant une situation sans issue : *« Pas de remède pour mon chagrin, mon cœur gémit sur moi »* (Jr 8, 18) ;

– La compassion : *« Par la blessure de la fille de mon peuple, je suis blessé »* (Jr 8, 21) ;

– L'incompréhension : *« Pourquoi donc n'est-elle pas guérie, la fille de mon peuple ? »* (Jr 8, 22.) *« Tu es trop juste, Seigneur, pour que je te fasse un procès ; pourtant, je parlerai contre toi de jugement : pourquoi le chemin des méchants est-il prospère ? »* (Jr 12, 1) ;

– La déception vis-à-vis de Dieu : « *Pourquoi ma souffrance est-elle sans fin, ma blessure, incurable, refusant la guérison ? Serais-tu pour moi un mirage, comme une eau incertaine ?* » (Jr 15, 18) ;

– Les souffrances occasionnées par son ministère : « *Chaque fois que j'ai à dire la Parole, je dois crier, je dois proclamer : violence et dévastation ! À longueur de journée, la parole du Seigneur attire sur moi l'insulte et la moquerie.* » (Jr 20, 8) Dans une confidence émouvante, le prophète révèle qu'il n'aime pas porter ce message de châtiment. La mission qu'il accomplit fidèlement lui répugne car elle est en complète contradiction avec son caractère sensible, paisible, compatissant : « *Moi pourtant, je ne me suis pas hâté derrière toi pour annoncer le malheur ; je n'ai pas désiré le jour fatal, tu le sais bien : ce qui sort de mes lèvres est à découvert devant toi* » (Jr 17, 16) ;

– La tentation de renoncer : « *Je me disais : je ne penserai plus à lui, je ne parlerai plus en son nom.* » (Jr 20, 9) Le poids de la solitude, le sentiment d'échec (« ça ne sert à rien, personne n'entend le message ») amènent le prophète à douter de sa mission et à vouloir l'interrompre ;

– La puissance de la Parole de Dieu : « *Mais elle était comme un feu brûlant dans mon cœur, elle était enfermée dans mes os. Je m'épuisais à la maîtriser, sans y réussir.* » (Jr 20, 9) Le feu brûlant qui éclaire, réchauffe, consume, transforme, est une image utilisée dans la Bible à la fois pour Dieu : « *Car le Seigneur ton Dieu est un feu dévorant* » (Dt 4, 24) et pour sa Parole : « *La voix de Dieu parlant au milieu du feu.* » (Dt 4, 33) Le feu de Dieu n'est pas perçu par Jérémie comme une action d'un élément extérieur, « sur lui », mais comme une présence intérieure : « dans mon cœur, dans mes os ». La Parole de Dieu (ou Dieu présent dans sa Parole) est expérimentée comme étant mystérieusement transcendante, distincte de Jérémie : c'est la Parole d'un Autre qui ne lui appartient pas, qu'il ne peut contrôler, manipuler, et c'est en même temps une présence immanente, au plus intime de la personne, elle fait partie de lui-même. Comme l'image de l'enfant porté par la femme enceinte qui est distinct de la mère, et fait partie d'elle : *« Je m'épuisais à la maîtriser sans y réussir. »* L'homme se débat, mais Dieu est le plus fort. Et Jérémie continuera sa mission. Dans les versets qui suivent l'évocation de ce combat, le prophète exprime tour à tour et sans transition :

* La confiance en Dieu : *« Mais le Seigneur est avec moi, tel un guerrier redoutable »* (Jr 20, 11), car Celui qui est plus fort que Jérémie est aussi plus fort que ses ennemis : *« Mes persécuteurs trébucheront, ils ne réussiront pas »* ;

* L'abandon : *« C'est à toi que j'ai remis ma cause »* ;

* L'action de grâce : *« Chantez le Seigneur, louez le Seigneur : il a délivré le malheureux de la main des méchants »* ;

* Le désespoir : *« Maudit soit le jour où je suis né ! »*

Et, dans l'alternance de ces sentiments, l'homme de Dieu continue fidèlement, courageusement, à accomplir sa mission. La tradition juive et chrétienne verra, dans la figure de Jérémie, le prophète authentique qui a raison, les faits le prouveront, mais n'est pas entendu. Il sera reconnu plus tard car son message, rejeté tout d'abord, va être médité par les exilés à Babylone, intériorisé pour devenir une des sources principales de la renaissance du peuple de Dieu pendant et après l'exil.

II. Illustration : de Jérémie à Soljenitsyne

L'inspiration prophétique ne s'est pas tarie dans le temps de l'Église ; le peuple de Dieu sait que l'Esprit Saint en suscite à toutes les époques, tout simplement parce que le monde en a besoin. En notre temps, plus que jamais, Dieu envoie des personnes porteuses d'une parole de Dieu, dans le souffle de l'Esprit Saint. Mais le discernement est délicat. Comment reconnaître les « vrais » ? Quelques critères reviennent dans la Bible et la Tradition de l'Église :

– la fidélité absolue à la Parole de Dieu ;

– l'action puissante de l'Esprit à travers des signes ;

– un message approprié au monde de son époque ;

– une Parole donnée par un témoin crédible et portée par toute une existence, souvent au prix de bien des sacrifices ;

– une Parole présentant toujours indissociablement un double aspect : elle annonce et elle dénonce ;

– un message incarné, parfois même inscrit dans « la chair » ;

– une Parole de Dieu qui détonne par rapport aux attentes du monde ;

– une Parole qui suscite une opposition, parfois des persécutions ;

– un message toujours fécond, porteur de vie, d'espérance, d'amour, qui finit par être reconnu même s'il fut rejeté dans un premier temps.

Je vous propose de suivre l'itinéraire d'un prophète pour notre temps.

1974 – Un événement littéraire et politique en Europe occidentale : la publication du premier tome de *L'Archipel du Goulag* d'**Alexandre Soljenitsyne**, prix Nobel de littérature et opposant au régime communiste en URSS, par les éditions du Seuil. Ce livre provoque un véritable séisme au niveau international puisqu'il sera rapidement traduit en une trentaine de langues. Quel est le contexte géopolitique de l'époque ? À partir de la révolution de 1917 en Russie, le communisme s'est implanté sur une grande partie de la planète : Asie, Europe de l'Est, Amérique latine, Afrique. Sur les cartes du monde, la couleur rouge couvre plus du tiers des pays. On parle à juste titre de « bloc communiste ».

En France (et en Europe occidentale), toute une partie des intellectuels, depuis la fin de la Seconde Guerre mondiale, estime que socialisme et communisme représentent les forces du progrès, l'avenir de l'humanité. Tout le monde a dans l'esprit la formule fameuse de Jean-Paul Sartre : « Le marxisme est la philosophie indépassable de notre temps. »

On entendait bien parfois des témoignages de victimes des régimes communistes ici ou là, mais il n'était pas question de faire preuve « d'anticommunisme primaire », « de donner un quelconque appui aux forces réactionnaires », de remettre en question ces régimes allant « dans le sens de l'histoire ». Les penseurs ne partageant pas ces analyses étaient marginalisés, discrédités, suspectés. Dans les sphères culturelles et médiatiques des années 1970, l'idéologie dominante étant « anticapitaliste », « progressiste », il était de bon ton de garder le silence sur le non-respect des droits de l'homme dans les régimes communistes. La fascination pour le marxisme et les révolutions socialo-communistes engendra une « cécité intellectuelle », « un silence complice », « un sommeil dogmatique » dans les milieux universitaires et les courants dominants de la pensée... Dans l'Église catholique, à la même époque, proliféraient les « chrétiens marxistes », les théologiens partisans de la révolution socialiste, les prêtres et les évêques « progressistes ». En cette même année 1974, le premier secrétaire du parti communiste français, Georges Marchais, était accueilli avec enthousiasme par 35 000 jeunes militants de la JOC (jeunesse ouvrière catholique) entonnant l'Internationale en présence de plusieurs évêques lors de leur rassemblement annuel au Parc des Princes…

André Frossard, converti au catholicisme et sorti d'un milieu athée et anticlérical, n'en revenait pas. Il interpellait vivement les pasteurs en se demandant si la volute de leurs crosses épiscopales n'était pas le symbole de leur perplexité doctrinale !

L'Archipel du Goulag, au-delà du témoignage précis sur la vie dans les camps, constitue une charge sans précédent contre le pouvoir communiste en URSS, et plus généralement contre l'idéologie marxiste. Le message est clair et sans appel : l'univers concentrationnaire du Goulag n'est pas un « accident », mais est inscrit dans le code génétique du marxisme. L'accusation reprend avec une force inégalée le jugement constant du magistère de l'Église sur le « communisme intrinsèquement pervers » (encyclique *Divini Redemptoris* de Pie XI en 1937).

Ce message percutant est porté par un homme étonnant : Alexandre Soljenitsyne. Né en 1918 en Russie, au moment même où les communistes prennent le pouvoir, il adhère aux organisations de jeunesse communiste et poursuit de brillantes études supérieures scientifiques comme ingénieur. En 1941, au moment où les Allemands envahissent la Russie, il est enrôlé dans l'Armée rouge. Il y combattra jusqu'en 1945 et prendra part aux succès militaires en Russie, Roumanie, Pologne. Il est promu lieutenant et décoré de la médaille militaire.

Son itinéraire modèle va être brisé par un événement apparemment anodin. Dans une correspondance privée, il émet des propos critiques sur la façon dont Staline dirige les opérations militaires. Bien que les termes soient codés (Staline n'est pas explicitement nommé), la censure de la police politique donne l'ordre de son arrestation. Sans jugement, il est condamné à huit ans de détention (prison pour ingénieurs, puis camp de travaux forcés) et ensuite à la relégation à perpétuité au Kazakhstan.

Staline meurt en 1953 et en 1956, Soljenitsyne est libéré après huit ans de prison et de camp et onze années d'assignation à résidence. Réhabilité en 1957, son témoignage de prisonnier : *Une journée d'Ivan Denissovitch*, est publié en 1962 car il s'inscrit dans la critique de Staline par le nouveau dirigeant Khrouchtchev. Le succès est immédiat, au niveau national et international, et lui vaut d'être promu membre de l'Union des écrivains russes.

De 1962 à 1974, l'écrivain rédige plusieurs livres, mais la censure politique ne lui permet pas de les publier. Ses idées remettant en cause le régime, il est exclu de l'Union des écrivains russes (1969). Isolé, incompris dans son propre pays, il est reconnu à l'étranger par l'obtention du prix Nobel de littérature (1970). Pendant cette décennie, il participe activement au mouvement de contestation des dissidents en Union soviétique dont il va devenir la figure emblématique. Comme tant d'autres, il subit la persécution : écoutes téléphoniques, cambriolages, vol de ses manuscrits pour qu'ils ne soient pas envoyés en Occident, campagne médiatique de calomnies, disparitions de certains de ses collaborateurs par « accidents », tentative d'assassinat (empoisonnement à la ricine injectée subrepticement dans la rue le 9 août 1971). Avec d'autres personnalités comme le savant André Sakharov, il diffuse clandestinement des textes en URSS, dont certains parviennent en Occident (*Samizdat*). Comme le prophète Jérémie, il est attaqué dans son message et dans sa personne. La presse soviétique se déchaîne contre lui, déversant un flot de mensonges écœurant. Pourtant, il va réussir à déjouer la surveillance très serrée du KGB et faire passer son manuscrit *L'Archipel du Goulag* en France où il sera publié. Il a conscience de l'importance historique de l'événement, de ce « cri qui peut déclencher une avalanche ».

Et le réquisitoire accomplira sa mission : dénoncer les mensonges de la désinformation, annoncer la vérité sur le communisme. Les yeux des aveugles vont s'ouvrir sans tarder, un peu partout dans le monde.

Trop connu sur le plan international, le pouvoir russe ne peut l'assassiner ni l'emprisonner sans se discréditer et donner raison à son accusateur. Il est déchu de ses droits civiques et expulsé de son pays (1974). Le Métropolite orthodoxe, asservi au régime, publiera dans *La Pravda* un article approuvant la décision des autorités civiles à l'encontre de cet homme « ennemi de sa patrie ». Comme au temps de Jérémie, des responsables religieux s'opposent au prophète !

– un témoignage vécu comme une mission

Pour Soljenitsyne, le changement intérieur s'est produit en prison et dans les camps, ainsi que dans l'expérience de la maladie (cancer). Comme son devancier, le romancier Dostoïevski, il vit une conversion profonde, un retournement intérieur en étant interné. C'est là que ses yeux s'ouvrent et qu'il se réconcilie avec lui-même, la vie, les autres (le peuple russe), Dieu. Comme l'un de ses personnages du *Premier Cercle*, Nerjine, il remercie la prison qui fut pour lui un lieu de « travail moral », « d'élévation », de « régénération ». L'écrivain, très sensible aux rencontres humaines, constate que, dans cet univers concentrationnaire, les « esprits proprement religieux » demeurent fermes dans leurs convictions et se maintiennent en vie en échappant à la dépravation. Sa conversion est indissociablement morale et religieuse car trouver Dieu, c'est se trouver soi-même. « Longtemps, j'ai pris comme un bien ce qui causait ma perte et sans cesse, j'allais à l'encontre de ce qui m'était réellement utile. Je fus souvent cruel. Abusant du pouvoir (de soldat), j'ai tué et violé (sans doute des femmes allemandes victimes de viols systématiques de la part des soldats russes). Dans mes pires actions, armé des meilleurs arguments, j'étais persuadé de bien agir… Sur la paille pourrie de la prison, j'ai ressenti pour la première fois le bien remuer en moi. Peu à peu, j'ai découvert que la ligne de partage entre le bien et le mal ne sépare ni les États, ni les classes, ni les partis, mais qu'elle traverse le cœur de chaque homme et de toute l'humanité. » (*Archipel du Goulag*, tome 1, ch. 14, p. 149). Dans un entretien, Soljenitsyne déclare : « Le camp décape le communisme d'une manière radicale. L'idéologie disparaît totalement là-bas. Il reste d'abord la lutte pour la survie, puis la découverte de la vie, puis Dieu. » (Journal *Le Point*, 25 décembre 1975)

Un poème de 1952 manifeste son retour à Dieu :

« J'ai connu les confins de l'être et du néant,
Au bord de l'abîme je me suis maintenu…
Je contemple aujourd'hui avec tremblement
Et reconnaissance la vie que j'ai parcourue.

Ce ne sont pas mes désirs, ce n'est pas ma raison
Qui éclairent chacun de ses méandres,
Mais du Sens suprême les paisibles rayons
Que j'ai eu tant de mal à comprendre. »
(cité dans *Soljenitsyne, sept vies en un siècle*, B. Le Meignen, Solin)

Dans la captivité, il devient peu à peu un autre homme, expérimentant la liberté intérieure, l'éveil de la conscience, la force de la vérité contre le pouvoir du mensonge, le courage de lutter contre le mal, la résistance spirituelle... Tous ces thèmes sont d'abord des expériences intérieures vécues au prix de grandes souffrances avant de devenir des idées exprimées dans son œuvre littéraire. Cette mort et cette résurrection personnelles vont permettre à l'écrivain de devenir un Témoin. Il a conscience, en relisant sa vie, d'être conduit par la providence de Dieu, une « main invisible », « cette main qui vous dirige, ce sens parfaitement clair et qui ne dépend pas de vous ».

Peu avant la publication de *L'Archipel*, il a la conviction d'être un instrument dans la main de Dieu, « un glaive bien affûté, brandi contre la force impure, un glaive magique, capable de la tailler en pièces et de la disperser ». Dans ce combat spirituel, il demande à Dieu la grâce de « ne pas me briser en frappant, ne pas choir de ta main ».

Nul doute que la prière sera exaucée car le témoin accomplira sa mission sans faiblir. Quelques années plus tard, en 1980, l'opinion publique internationale aura entendu le message et commencera enfin à considérer l'URSS comme une dictature totalitaire, ennemie de l'homme. Même en France, l'élite intellectuelle, politique et médiatique suivra cette évolution (sans s'excuser toutefois pour ses aveuglements passés !).

– la critique de l'Occident

Soljenitsyne va vivre de longues années dans le monde « libre », en Suisse tout d'abord, puis aux États-Unis. Vingt années précédant son retour en Russie en 1994. Il est d'abord accueilli avec enthousiasme par les Occidentaux qui reconnaissent en lui le grand écrivain, le témoin courageux, le critique sans concession du totalitarisme. Mais le vent va rapidement tourner quand le prix Nobel va donner sa vision sur l'Occident. Plusieurs discours aux États-Unis dès 1975 et surtout le fameux discours de Harvard (1978) exposent sa pensée, entraînant une levée de boucliers contre lui !

Les démocraties occidentales s'attendaient à être flattées, encensées : elles seront choquées par la force de ses critiques. Le paradoxe est que l'écrivain banni va se révéler tout aussi dérangeant à l'Ouest qu'à l'Est ; les démocrates et les libéraux seront vite blessés de constater qu'il n'est pas un admirateur inconditionnel des valeurs de l'Occident.

Quel regard porte-t-il donc sur les démocraties occidentales ?

– il s'étonne tout d'abord de « l'insignifiance étonnante » et de la superficialité des questions de bien des journalistes européens. Il trouve souvent les médias bavards et creux, et le leur dit en face !

– il refuse à plusieurs reprises des rendez-vous sollicités par Amnesty International et reproche à l'organisation très renommée de ne se préoccuper que des victimes de certains pays, en négligeant les autres, de se soucier des « tombés seulement à l'aplomb du réverbère ; là où on les voit bien (c'est-à-dire dans les pays occidentaux) et pas de ceux qui ont roulé dans les coins sombres du totalitarisme ». C'est une façon de s'étonner des sélections opérées dans les causes humanitaires.

– il critique aussi « le manque du désir de savoir » de l'Occident qui dispose pourtant de tous les moyens lui permettant d'être bien informé, « la préférence émotionnelle donnée à l'agréable pour le pénible… l'esprit de Munich, esprit de complaisance et de concession, l'illusion froussarde des sociétés et des hommes qui vivent dans le bien-être, qui ont perdu la volonté de se priver, de se sacrifier et de montrer de la fermeté ».

– il fustige un Occident « à genoux » à cause de la crise de la culture issue des philosophies des Lumières (XVIIIe siècle), remise en cause perçue comme intolérable par les milieux culturels dominants.

– il conteste la vision politique et économique de la croissance, anticipant les thèses écologistes, et ose critiquer la notion de progrès à tout prix, qui est, dit-il, « une mythologie délirante ».

– il s'attaque avec vigueur à la collaboration économique et financière des milieux d'affaires occidentaux avec les régimes communistes et toutes les dictatures. « Cette soif dévorante de profit, cette cupidité qui fait perdre toute raison, toute retenue, toute conscience, voilà des choses qui dépassent l'entendement. » Les tenants du libéralisme économique sur le modèle du capitalisme américain n'apprécieront pas ce réquisitoire jugé « moralisateur ». Mais Soljenitsyne aime à répéter : « La morale prime le droit. » Il s'insurge contre la tentation de l'égoïsme et du repli sur soi des nations riches et démocratiques : « On ne peut pas aimer la liberté uniquement pour soi et s'accommoder en même temps de la violence et de l'oppression dans lesquelles est plongée la majorité de l'humanité. »

– il alerte sans cesse les Occidentaux, qu'il trouve inconscients, qu'un moment important se déroule sous leurs yeux : la crise spirituelle de la civilisation, liée à leur notion étriquée de la liberté. « Une liberté sans obligation et sans responsabilité, qui débouche tout au plus sur la jouissance des biens. »

– il reproche le manque de volonté des citoyens et de leurs responsables. « La volonté intérieure est plus importante que la volonté politique » et insiste sur l'importance de dire la vérité, de lutter contre le mensonge, de « mettre la volonté et l'intelligence au service de la liberté ». Pour remporter la victoire, l'Occident doit faire preuve de résolution et de courage, non de lâcheté et de compromis. La bataille contre les totalitarismes « ne se déroule pas entre eux et vous, mais entre vous et vous-mêmes ». L'écrivain juge sévèrement le monde occidental qu'il découvre, « une société où se conjuguent et se manifestent simultanément ces deux pertes, celle du courage et celle de la raison » car « quand le courage est perdu, tout est perdu ». Soljenitsyne sait qu'il répète toujours la même chose sur tous les tons et que son message passe de plus en plus mal.

Inlassablement, il dénonce le matérialisme ambiant et appelle à secouer le joug du « culte servile des choses et des produits matériels » et à « redéployer les ailes de l'Esprit ».

Le célèbre discours de Harvard prononcé le 8 juin 1978 devant 25 000 auditeurs résume sa pensée. Il commence son discours en faisant allusion à la devise de l'université : « *veritas* », et prévient que « la vérité est d'un goût amer ». Il s'en prend tout d'abord à la prétention d'amener tous les pays du monde à adopter le mode de vie occidental et sa conception de la démocratie. En agissant ainsi, l'Occident fait preuve d'un aveuglement persistant, d'un « sentiment d'une supériorité illusoire », d'une « incompréhension de l'essence des autres mondes ». Il diagnostique six maladies qui affectent l'Occident :

– le déclin du courage ;
– la prédominance du bien-être ;
– un juridisme étouffant ;
– la liberté, mais pour quoi faire ;
– des médias libres, mais souvent superficiels ;
– une censure des idées selon qu'elles sont à la mode ou pas.

Et le conférencier de conclure par une provocation : « Je ne puis recommander votre société comme idéal pour la transformation de la nôtre car elle est en état d'épuisement spirituel et ne présente donc aucun attrait. » Pour lui, l'humanisme qui a perdu la spiritualité devient matérialisme.

La conclusion, renvoyant dos à dos communisme et humanisme occidental, oriente vers une vision nettement spirituelle de la civilisation : « Nous avions placé trop d'espoirs dans les transformations politico-sociales et il se révèle qu'on nous enlève ce que nous avons de plus précieux : notre voie intérieure. » Il nous faut aller « vers une nouvelle hauteur de vues, vers un nouveau mode de vie où ne sera plus foulée aux pieds, comme dans l'ère moderne, notre nature spirituelle. »

Ce discours passe mal et l'écrivain en a conscience. « Tant que j'avais appelé à ne pas vivre dans le mensonge en URSS, tout s'est bien passé, mais ne pas vivre dans le mensonge aux États-Unis ? Dehors ! »

Les médias, d'abord étonnés par ces prises de positions, finissent par se lasser. Mais le prophète continue, par son œuvre littéraire et ses articles, à prêcher dans le désert. On ne peut que remarquer une parenté de pensée avec un autre géant spirituel, saint Jean-Paul II. Lui aussi a connu l'oppression des régimes totalitaires nazi et communiste, a contribué à l'effondrement théorique et pratique du marxisme (chute du mur de Berlin en 1989) et a interpellé, souvent en vain, l'Occident à se libérer de ses idoles pour retrouver ses racines spirituelles.

Plus le temps passe et plus il est frappant de relever la pertinence de leur propos, « prophétique » bien avant la généralisation de la mondialisation.

Incompris par les autorités religieuses qu'il n'hésite pas à interpeller, Soljenitsyne approfondit sa foi chrétienne au fil des années. Il aura de nombreux amis et soutiens parmi les prêtres orthodoxes de la dissidence, mais sera critiqué par la hiérarchie orthodoxe russe, complètement asservie au pouvoir en place.

Dans sa Lettre ouverte au patriarche Pimène de 1972, il dénonce publiquement les persécutions dont sont victimes les chrétiens et qui sont niées par les autorités ecclésiastiques russes ! Il n'hésite pas à condamner le manque de courage et de fermeté des pasteurs de l'Église, à les accuser d'aveuglement, de « se convaincre que la destruction planifiée de l'âme et du corps de l'Église sous la direction des athées est le meilleur moyen de la conserver ». Les premiers chrétiens sont donnés en exemple, même s'il faut souffrir pour confesser la foi et rejeter l'oppression du mensonge. « Celui qui est dépouillé de toute puissance matérielle dans le sacrifice remporte toujours la victoire. Quel autre but peut bien avoir votre ministère au sein de ce peuple qui a perdu, et l'esprit du christianisme, et jusqu'à son visage chrétien ? »

Un peu plus tard, en 1974, il adressera une lettre au troisième concile de l'Église russe hors frontières qui se tient aux États-Unis. Il ajoutera aux thèses – déjà exprimées plus haut – l'invitation au repentir, au pardon (comme Jean-Paul II le fera à l'approche du troisième millénaire) et appellera de ses vœux une Église indépendante du pouvoir, retrouvant la fraîcheur, la pureté, l'audace du témoignage des premiers chrétiens, sûr que c'est ainsi qu'elle sera porteuse de lumière pour le monde actuel.

Dans la confrontation du prophète face aux détenteurs du pouvoir religieux, l'histoire retiendra que c'est le premier qui avait raison. Peu après la chute du communisme en URSS, l'Église orthodoxe sera amenée à se purifier en écartant un nombre important de personnalités très compromises avec le pouvoir ; bien plus, on découvrira que certains ecclésiastiques hauts placés étaient des membres du parti communiste, infiltrés pour espionner et piloter le gouvernement de l'Église ! Des représentants orthodoxes au Conseil Œcuménique des églises seront même « démissionnés » pour espionnage en Europe...

III. Appropriation personnelle en six points

1. Raviver l'amour de Dieu en faisant mémoire des commencements

« Seigneur, tu m'as séduit et j'ai été séduit, tu m'as saisi et tu as réussi. »

Parfois, le feu de la ferveur diminue, la source jaillissante des débuts de la vie dans l'Esprit s'ensable, l'âme devient tiède. Pour remédier à cette maladie, il faut prendre les bons moyens, revenir à la source. N'est-ce pas l'exhortation du Christ à l'Église d'Éphèse : *« J'ai contre toi que tu as perdu ton amour d'antan. Allons, reprends ta conduite première »* (Ap 2, 5) et celle de saint Paul à son disciple Timothée » : *« Je t'invite à raviver le don spirituel que Dieu a déposé en toi »* (2 Tm 1, 6).

Je veux faire mémoire de ces moments dans ma vie où j'ai expérimenté l'Amour du Seigneur. Les mots pour nommer cette expérience inaugurale peuvent changer : « conversion », « rencontre personnelle de Jésus », « redécouverte de la foi », « réveil spirituel ». Les manières de faire peuvent varier : « chemin de Damas » à la saint Paul ou lent cheminement religieux, qu'importe. Ce qui compte, c'est que j'ai été séduit par le Seigneur.

Il m'a saisi. Il m'a enlacé comme dans une étreinte amoureuse. Il m'a aussi « pris en main » comme un cavalier le fait de sa monture. *« Tu as réussi, oui, tu as été le plus fort. »* Tu es parvenu à tes fins ! J'ai bien cherché à résister, mais j'ai fini par céder. Je me suis bagarré contre toi et tu as été victorieux. Je me suis laissé faire… librement. Quel enfer j'ai vécu durant cette période où je me refusais à toi. Quelle joie de m'être livré à l'Amour. Il a tout pour séduire mon âme, « le plus beau des enfants des hommes. » Il est splendeur de la Vérité, Amour miséricordieux… Comme la bien-aimée du Cantique, je suis sous son charme : *« Je suis à mon bien-aimé, mon bien-aimé est à moi. »* (Ct 6, 3) Saint Jean se souvient de sa première rencontre avec le Christ, et même de détails comme celui de l'heure. *« C'était vers la dixième heure »* : environ quatre heures de l'après-midi (Jn 1, 39). Prendre le temps de me souvenir de moments importants vécus avec Jésus. Laisser le Saint-Esprit me montrer les épisodes sur lesquels Il souhaite que je revienne… Cet exercice spirituel est très profitable car il « ravive » l'amour.

2. Nommer les railleries

> *« À longueur de journée, je suis exposé à la raillerie, tout le monde se moque de moi. Chaque fois que j'ai à dire la parole, je dois crier, je dois proclamer : "Violence et dévastation !" À longueur de journée, la Parole du Seigneur attire sur moi l'insulte et la moquerie. »*

L'Église et chacun de ses membres participent au ministère du Christ, prêtre, prophète et roi. En tant que baptisé, je suis prêtre dans ma vie de prière, d'offrande de mon existence, de sacrifice, de bénédiction des autres… Je suis roi dans tous les services de mes frères car, pour le chrétien, « régner c'est servir » : vie conjugale, familiale, professionnelle, ecclésiale, sociale et politique comme service de Dieu et des hommes. Je suis prophète en étant porteur de la Parole de Dieu dans le souffle de l'Esprit. Message d'amour, de joie et de vérité donné par mon témoignage de vie, mes paroles et mes actes. Parfois, je ressens qu'il est difficile d'être disciple et témoin de ce Maître. Les railleries peuvent être vécues à deux niveaux : social et culturel d'une part, personnel d'autre part.

– social et culturel

Tant d'émissions de télé et de radio, de films et de revues ridiculisent la religion chrétienne, hier et aujourd'hui, surtout en Europe occidentale. Je n'évoque pas ici l'anti-christianisme d'auteurs à succès comme Dan Brown dans ses romans comme *Da Vinci Code* ou *Anges et Démons*, remplis d'erreurs et de contre-vérités historiques, ni les procès médiatiques contre le pape Pie XII dans son prétendu silence au moment de la politique d'extermination des juifs, mais d'une autre forme plus subtile d'antichristianisme : la dérision, le mépris souriant, la raillerie si prisée dans certains milieux intellectuels, déjà très appréciée dans les cours royales. Voltaire l'avait bien compris : un bon mot, une blague cruelle sont plus efficaces pour nuire qu'une analyse philosophique. Les accusateurs n'endossent même pas leurs responsabilités puisqu'ils peuvent s'en tirer avec la pirouette convenue : « C'était pour rire. Si on ne peut plus s'amuser. Vous n'avez vraiment pas d'humour », omettant le fait que les catégories qui sont la cible de ses moqueries sont sélectionnées. Voici une petite illustration de ce comportement apparemment inoffensif, racontée par une personne connaissant bien de l'intérieur certains milieux de la télévision en France.

Frigide Barjot est embauchée dans l'équipe de Laurent Ruquier, animateur très présent à la télévision et à la radio. En 2003, l'émission « On a tout essayé » voudrait traiter « à la rigolade » le fait divers de lycéennes musulmanes refusant d'enlever leur voile à l'école. Comment dénigrer les attitudes religieuses sans provoquer la colère des musulmans ou s'exposer à la critique d'islamophobie ? La parade est toute trouvée… en utilisant la moquerie contre les catholiques. Même si le sujet traité – l'intégration des musulmans dans la société française – n'a rien à voir avec le christianisme… Le responsable de l'émission imagine une scène où Frigide Barjot, déguisée en bonne sœur, rechercherait un emploi de type vendeuse de lingerie fine dans une rue « chaude » à Paris. En refusant de jouer ce rôle, Frigide Barjot constate qu'elle est tout simplement mise à l'écart, qu'on ne lui propose plus rien du tout.
On exclut, sans aucune explication et sans avoir à se justifier, la personne qui n'accepte pas d'entrer dans ce « jeu ».

– au niveau personnel

Sans développer un réflexe de « délire de persécution », bien des chrétiens dans leur vie personnelle évoquent des situations dans lesquelles ils sont la cible de railleries. Des jeunes gens qui ne veulent pas vivre n'importe quoi dans le domaine affectif et sexuel sont vite catalogués dans la classe des « coincés » et des « rétros », d'autres qui défendent avec ardeur certaines valeurs sont jugés « fanatiques » et « intégristes »… Comme au temps de Jérémie, la Parole de Dieu est perçue comme « violence et dévastation » par ceux qui la méprisent alors qu'elle est Bonne Nouvelle. Mais ne nous alarmons pas. Les premiers chrétiens dans l'Empire romain étaient déjà perçus comme des naïfs, crédules, gens bizarres. Mais ce n'est pas agréable d'être ridiculisé, « ringardisé. »

Il est vrai que le message de l'Évangile s'oppose aux valeurs du monde. Comment parler de pardon et de miséricorde quand, sous couvert de justice, on exalte la vengeance et la répression ? Comment parler de vérités quand on prône le relativisme du « chacun sa vérité » ? Comment parler de justice et de respect des autres dans une culture de compétition, de loi de la jungle où l'on dit que l'on n'a pas d'autre choix que de « manger ou être mangé » ? Comment parler d'engagement et de durée pour construire l'amour dans un couple sans que cela paraisse aliénant, contrainte à la liberté individuelle ? La confrontation peut être fréquente dans les repas de famille, les discussions au travail, sauf si le disciple reste discret, voire caché.

3. Les tentations de se taire

« Je me disais : je ne penserai plus à lui, je ne parlerai plus en son nom. »

Je suis découragé. J'ai du mal à témoigner. Je me sens incapable de rendre compte de ma foi. Quand je le fais, je ne suis pas convaincant. Souvent, mes arguments sont détruits. Si cela ne « passe pas », à quoi bon continuer ? Cela ne sert pas à grand-chose. Et puis, je ne suis pas un témoin crédible. Autant essayer « d'être comme tout le monde », de mettre mes convictions en veilleuse, de m'organiser un espace de tranquillité, sans agressions, moqueries, remises en cause… Et si j'arrêtais de mettre le bon Dieu partout, de m'épuiser à être à contre-courant comme les saumons ? C'est la tentation du peuple d'Israël d'être une nation comme toutes les autres, de ne plus avoir à porter le poids de cette différence… Maintenant, c'est décidé, j'arrête de m'afficher catho, je garde tout cela en moi. Si on dit quelque chose, je laisse couler ; je veux avoir la paix, être comme les autres.

4. Le feu sous la braise

« Mais elle était comme un feu brûlant dans mon cœur, elle était enfermée dans mes os. Je m'épuisais à la maîtriser, sans y réussir. »

Dans les comédies sentimentales au cinéma, il y a toujours un moment où l'homme ou la femme touché par l'amour essaie de résister, voyant son existence perturbée par l'autre, et voudrait y échapper en retrouvant sa vie d'avant. Alors, il prend du recul, change de travail ou de domicile, voyage au loin, mais l'être aimé est toujours présent dans le cœur et un rien (photo, souvenir) fait ressurgir la présence de celui ou celle que l'on s'efforce d'oublier. Et bien sûr, le sentiment amoureux est plus fort que tout : réussite professionnelle, conventions sociales, histoire familiale.

Tout se termine par les retrouvailles du couple et les transports amoureux… Il en est de même, nous disent les saints et les mystiques, avec Dieu. Quand on a été vraiment saisi par l'Amour de Jésus, il est impossible de ne plus y penser. Tout, dans la vie, évoque sa Présence. C'est un feu dévorant que rien ne peut éteindre. Il couve toujours sous la braise et il faut peu de chose pour le ranimer : un livre, un témoignage, une rencontre… Le bien-aimé est un amant qui a de la suite dans les idées. Il ne lâche jamais sa proie. Une partie de mon être, la plus profonde, a l'intuition qu'il arrivera à ses fins quoi que je fasse. Sa présence ne m'est pas extérieure, elle est en moi, « dans mes os », « dans mon cœur ». Oui, Il est devenu une partie de moi-même et renoncer à Lui serait m'amputer d'une partie de mon être.

5. Consentir

Il est doux de capituler, de consentir à l'Amour de Dieu, de se livrer à Lui. Librement, amoureusement, je redis mon « oui », je le rechoisis et je reviens à ma vocation, à la mission qu'il me confie. Sa Présence m'envahit, je goûte sa paix et sa joie. Mon âme retrouve le repos. Bienheureuse défaite ! Comme il est bon de savoir que son Amour est le plus fort.

6. Croire que la victoire est donnée en son temps

La mission du prophète Jérémie a fini par être reconnue. Finalement, le peuple d'Israël a compris qu'il disait la vérité, qu'il était bien l'envoyé de Dieu. En exil à Babylone, les Israélites méditent ses oracles et y puisent force et courage pour porter les épreuves et croire en l'avenir ; ils y découvrent des *« pensées de paix et non de malheur pour vous donner un avenir et une espérance »* (Jn 29, 11).

Le prophète Jérémie, bien après sa mort, sera un élément important du renouveau spirituel du peuple de Dieu au retour d'exil. Il en est de même de Soljenitsyne. Son témoignage et sa pensée constituent une source pour édifier la « civilisation de l'amour » chère au pape Jean-Paul II.

À mon petit niveau, il en est de même. En étant fidèle à ma mission, à mon devoir d'état, à la Parole de Dieu dont je suis porteur, le Seigneur me donne l'assurance que la semence jetée en terre grandira en son temps et portera du fruit. C'est l'Esprit Saint, celui dont le Credo affirme « qu'Il a parlé par les prophètes », qui me donnera la force d'être fidèle à mon devoir, jusqu'au bout.

Achevons ce chapitre en demandant au Seigneur la grâce d'être renouvelés dans notre témoignage de foi, d'espérance, de charité. Prions avec saint François d'Assise.

> « Seigneur, fais de moi un instrument de ta paix,
> là où il y a la haine, que je mette l'amour,
> là où il y a l'offense, que je mette le pardon,
> là où il y a la discorde, que je mette l'union,
> là où il y a l'erreur, que je mette la vérité,
> là où il y a le doute, que je mette la foi,
> là où il y a le désespoir, que je mette l'espérance,
> là où il y a les ténèbres, que je mette la lumière,
> là où il y a la tristesse, que je mette la joie.
> Seigneur, que je ne cherche pas tant
> à être consolé qu'à consoler,
> à être compris qu'à comprendre,
> à être aimé qu'à aimer.
> Car c'est en se donnant qu'on reçoit,
> C'est en s'oubliant qu'on se retrouve
> C'est en pardonnant qu'on est pardonné
> C'est en mourant à soi-même qu'on ressuscite à la vie éternelle. »

Job

Quand tout s'acharne contre nous

I. Histoire biblique

1. Job ; quand tout va mal

Qui donc est Job ?

> *« Il était une fois, au pays de Ouç, un homme appelé Job. Cet homme, intègre et droit, craignait Dieu et s'écartait du mal. »* (Jb 1, 1)

La tradition juive s'est interrogée : à quelle époque vécut-il ? Le Talmud imagine un débat entre rabbins, émettant diverses opinions : « au temps de Moïse, des Juges, d'Assuérus… » Et la discussion s'achève par l'affirmation d'un docteur : « Job n'a jamais existé et n'a jamais été créé. Ce n'est qu'une parabole. » (*Talmud Babli*, Traité Baba Bathra, 15) Si Job n'a pas existé à un moment de l'histoire, c'est parce qu'il vit à toutes les époques. S'il est du pays de

Ouç qui correspond à Edom, cela signifie qu'il est païen et explique pourquoi ce livre de la Bible n'évoque pas l'histoire du salut, l'alliance, la Terre promise, le Temple, la royauté davidique. Job vit dans tous les temps et dans tous les pays où se trouvent des personnes dotées des quatre qualités citées dans les textes : intégrité, droiture, esprit religieux, homme de bien (« s'écartant du mal »).

Job est présent en toute personne confrontée à l'absurdité de la souffrance humaine ; il est en vous, en moi… Comme il existe « un soldat inconnu » à qui la nation rend honneur, Job est le « souffrant inconnu » à qui la Parole de Dieu rend hommage.

L'inventaire des malheurs

Au commencement était la bénédiction puisque Job est riche, prospère et considéré : *« Cet homme était le plus riche de tous les fils de l'Orient. »* (Jb 1, 3)

À la fin de l'histoire, nous trouvons une bénédiction divine plus grande encore : *« Le Seigneur bénit la nouvelle situation de Job plus encore que l'ancienne. »* (Jb 42, 12) Il importe de poser « ce cadre » pour comprendre l'histoire car, du début à la fin, Dieu veut le bonheur de l'homme. Et pourtant, Job est victime de différents malheurs. Le récit des deux premiers chapitres révèle que cet homme n'est aucunement responsable des catastrophes qui l'atteignent ; « ce n'est pas de sa faute ».

Voici l'inventaire des malheurs sous forme de septénaire :

– **La privation des richesses**, la perte des troupeaux et des serviteurs : *« Un messager arriva auprès de Job et lui dit : "Les bœufs étaient en train de labourer et les ânesses étaient au pâturage non loin de là. Les Bédouins se sont jetés sur eux et les ont enlevés, et ils ont passé les serviteurs au fil de l'épée". »* (Jb 1,

14-15) Quand l'homme perd ses biens matériels : maison, emploi, usine, exploitation, personnel… le voici privé de sa sécurité. Il est devenu pauvre, vulnérable.

– **La privation des enfants**, perte des biens affectifs : *« Tes fils et tes filles étaient en train de festoyer et de boire du vin dans la maison de leur frère aîné, lorsqu'un ouragan s'est levé du fond du désert et s'est rué contre la maison. Ébranlée aux quatre coins, elle s'est écroulée sur les jeunes gens et ils sont morts. »* (Jb 1, 18-19) La mort des dix enfants de Job constitue une double souffrance : la perte d'êtres chers et l'absence de descendance, donc d'avenir pour la famille. Il est devenu un homme sans fécondité, sans espérance, d'autant plus qu'à cette époque n'était pas encore révélée la croyance en une vie après la mort.

– **La privation de la santé**, bien corporel : *« L'Adversaire (le Satan) frappe Job d'un ulcère malin depuis la plante des pieds jusqu'au sommet de la tête. »* (Jb 2, 7) La TOB nomme « lèpre maligne » cette maladie qui présente trois caractères : elle touche *tout l'être* ; elle est *mortelle* ; elle est perçue comme une *malédiction* puisque c'est la sixième plaie d'Égypte envoyée par Dieu pour châtier Pharaon de son endurcissement. À la question habituelle : « C'est grave, docteur ? », le récit nous répond par l'affirmative. Il est devenu un homme dont la vie est menacée.

– **La privation de la vie sociale** : *« Job prit un tesson pour se gratter, assis parmi les cendres. »* (Jb 2, 8) La loi de Moïse exclut de la société les malades atteints de la lèpre ; « l'impur » doit résider hors du camp (Lv 13, 46). C'est la raison pour laquelle Job se retrouve sur le dépotoir à l'extérieur de la ville, là où l'on jette les cendres et les débris de poterie ; il se retrouve exclu socialement, comme un « rebut » de la société.

– **La perte de la dignité** : comme le contexte culturel de l'époque associe « châtiment divin » et « péché », Job perd sa réputation de « juste » pour être considéré comme frappé par Dieu car il a dû « faire le mal ». Puisqu'on ignore la faute commise, l'opinion publique pense que c'est sans doute un crime caché, secret, peu avouable. Celui qui passait pour un homme bien est devenu un hypocrite, un imposteur, « qui faisait semblant ». C'est la déchéance sociale, la perte de son honneur. Drame qui peut atteindre n'importe qui à travers des rumeurs, des calomnies, des accusations mensongères relayées par des médias. L'homme est atteint dans sa dignité.

– **La perte de la communion conjugale** : *« Sa femme lui dit : Tu persistes encore dans ton intégrité ! Maudis Dieu et meurs ! »* (Jb 2, 9.) Le commentaire de la Tob précise : « N'imaginant pas une guérison possible, la femme de Job lui suggère d'échapper à une lente agonie et d'attirer sur lui par la malédiction une mort soudaine. » Explication qui rejoint le Talmud voyant dans la proposition de la femme une sorte d'euthanasie de l'époque ; elle n'a pas conscience qu'elle se fait le porte-parole de Satan qui n'arrête pas de répéter à celui qui souffre ces trois adages :

« Tu persistes encore dans ton intégrité » : tes exigences éthiques, tes valeurs, tout cela ne sert à rien. Vois comme tu es mal récompensé de tous tes efforts ! Laisse tomber la vie morale ;

« Maudis Dieu » : révolte-toi contre Dieu, sa parole, ses commandements, la religion ;

« Meurs » : tu n'as aucune autre solution. Le désespoir entraîne le désir de mort.

On peut connaître des épreuves et les vivre en couple, en trouvant dans le conjoint une aide, un soutien, un réconfort. Les difficultés sont là, mais on les affronte ensemble et c'est une grande consolation. Pour Job, les malheurs sont renforcés par sa solitude dans le couple. Il est devenu un homme isolé, abandonné par ses proches.

– Le sentiment de perdre l'amitié de Dieu : Job, présenté comme un homme « religieux » (en latin, *religere* signifie « relier »), peut considérer que le lien avec Dieu est rompu ou du moins distendu. Si Dieu permet tout cela, n'est-il pas rejeté par lui ? Ce sentiment constitue l'une des plus grandes souffrances qu'un homme de Dieu puisse éprouver et correspond à ce que les maîtres spirituels nomment « la nuit de l'âme ». L'homme se croit repoussé par Dieu.

Le mal est privation d'un bien

L'auteur du livre de Job n'a pas l'intention de faire œuvre de philosophe pour élaborer des spéculations intellectuelles sur le mal et la souffrance. Pourtant, il nous apporte une lumière, car les sept maux décrits précédemment sont tous présentés comme le dépouillement ou la privation d'un bien :

– Des biens matériels qu'assurent prospérité et sécurité ;

– Des biens affectifs de la famille, lien d'amour et de fécondité ;

– Du bien de la santé qui donne le dynamisme vital ;

– Du bien de la vie sociale qui épanouit l'individu dans les relations ;

– Du bien de la reconnaissance qui procure l'estime de soi par la médiation du regard des autres ;

– Du bien de la communion conjugale ;

– Du bien de l'amitié avec Dieu.

Saint Jean-Paul II résume cet enseignement :

> « Le christianisme proclame que l'existence est fondamentalement un bien, que ce qui existe est un bien ; il professe la

bonté du Créateur et proclame que les créatures sont bonnes. L'homme souffre à cause du mal qui est un certain manque, une limitation ou une altération du bien. L'homme souffre, pourrait-on dire, en raison d'un bien auquel il ne participe pas, dont il est, en un sens, dépossédé ou dont il s'est privé lui-même. Il souffre en particulier quand il "devrait" avoir part – dans l'ordre normal des choses – à ce bien et qu'il n'y a pas part. » (*Le sens chrétien de la souffrance humaine*, Cerf)

2. Le sens de l'épreuve : quand Dieu est mis au défi

Nous avons vu ce qui se passe « sur la terre », mais le narrateur nous invite à un déplacement pour voir les choses « d'en haut » ; il faut aller « au ciel » pour comprendre les enjeux de l'histoire car la destinée de l'être humain ne se joue pas seulement selon ce qui est apparent.

« Le jour où les fils de Dieu se rendaient à l'audience du Seigneur, le Satan, l'Adversaire, lui aussi, vint parmi eux. » (Jb 1, 6)

Voici donc la Cour céleste : Dieu le Roi, comme tous les monarques, se tient au milieu de son conseil constitué d'anges, les « fils de Dieu ». C'est le jour de l'audience durant laquelle se règlent les affaires du monde. Deux acteurs interviennent.

« Le Seigneur reprit (en s'adressant à Satan) : "As-tu remarqué mon serviteur Job ? Il n'a pas son pareil sur la terre : c'est un homme intègre et droit, qui craint Dieu et s'écarte du mal". » (Jb 1, 8)

Dieu n'est pas indifférent au monde des hommes et suit avec attention ce qui se passe sur la terre, posant un regard bienveillant sur Job à qui il donne le plus beau compliment en l'appelant « mon serviteur », titre donné aux grands amis de Dieu dans l'Ancien Testament (Abraham, Moïse). C'est un regard d'amour où perce l'admiration : *« Il n'a pas son pareil sur la terre. »*

> *« L'Adversaire riposte : "Est-ce pour rien que Job craint Dieu ? N'as-tu pas élevé une clôture pour le protéger, lui, sa maison et tout ce qu'il possède ? Tu as béni son travail et ses troupeaux se multiplient dans le pays. Mais étends seulement la main et touche à tout ce qu'il possède : je parie qu'il te maudira en face !" »* (Jb 1, 9-11.)

Satan ne remet pas en cause les vertus de Job, mais insinue que celui-ci sert le Seigneur non pour Dieu lui-même, mais dans son propre intérêt. Il est bien dans son rôle de Satan, d'accusateur de l'homme ! Pour lui, les motivations de l'homme ne sont pas pures, mais toujours intéressées. Dans des conditions de bénédiction, c'est facile de servir Dieu.

Tout l'enjeu du Livre de Job se situe dans ce dialogue entre Dieu et Satan. Si Satan a raison, il n'y a pas de culte possible, d'adoration véritable, de vie religieuse authentique car toute démarche humaine est infectée par l'intérêt. Satan, bien avant les philosophes du soupçon du XIXe siècle, s'attaque aux fondations de la vie spirituelle et se révèle *diabolos*, « diviseur » entre Dieu et l'homme. Parce qu'il ne croit pas en l'homme, il affirme que celui-ci ne peut aimer gratuitement. Si la religion existe, elle n'a qu'une fonction utilitaire, au service de l'homme. Tout culte n'est finalement que le culte de l'homme lui-même, Dieu n'étant qu'un moyen pour arriver à cette fin. Cette critique de la religion n'a-t-elle pas une apparence de pertinence quand on voit toutes les récupérations du sentiment religieux pour des objectifs très humains (cohésion sociale, résignation dans les injustices, instrumentalisation politique) ?

« Je relève le défi ! » dit Dieu

Une lecture superficielle pourrait donner l'impression d'un odieux marché entre Dieu et Satan sur le dos de Job, mais il ne s'agit pas de cela. Un défi est lancé et il en va de l'honneur de l'homme. Il n'est pas possible de laisser s'exprimer cette insinuation diabolique sans y répondre. Parce que Dieu croit en l'homme, il relève le défi et permet l'épreuve. Comme dans les romans de chevalerie, Dieu fait de Job son champion, son héros pour défendre la cause de la religion, c'est-à-dire d'une relation authentique d'amour entre l'homme et Dieu.

Dieu fait confiance à l'homme car il s'y connaît en amour et sait qu'Il est aimé et servi pour lui-même, et non pas d'abord pour ses dons. Saint Basile affirme qu'il y a trois façons de servir Dieu :

– L'esclave qui a peur de son maître et veut éviter d'être puni ;

– Le mercenaire – nous dirions aujourd'hui l'employé – qui travaille par calcul, en vue d'une rémunération. En contrepartie de son service, il attend un salaire « mérité » : paix, prospérité, santé ;

– L'Ami qui agit gratuitement pour Celui qu'il aime.

L'épreuve – ou la succession d'épreuves – va constituer un test pour l'homme. Où en est-il vraiment vis-à-vis de Dieu ? Job, c'est chacun de nous dans les difficultés de la vie : les maux vont constituer un révélateur du cœur et de sa capacité à aimer Dieu pour Dieu.

Les théologiens préciseront que les malheurs ne sont pas voulus par Dieu, mais permis par Lui. Si Satan a un réel pouvoir de nuisance sur l'être humain, son action est limitée par Dieu. Le diable ne dispose pas de pleins pouvoirs, il est « en liberté surveillée. »

3. Les réactions de Job dans l'épreuve

Job révèle la complexité du cœur de l'homme confronté à la souffrance, toutes les attitudes étant dévoilées et exprimées. La Parole de Dieu donne la parole à l'homme et celui-ci la prend pour tout dire. Signalons que les sentiments s'expriment non pas de façon chronologique, distincte, mais de manière le plus souvent simultanée.

L'acceptation et l'adoration

> *« Alors Job se leva, il déchira son manteau et se rasa la tête, il se jeta à terre et se prosterna. Puis il dit : "Nu je suis sorti du ventre de ma mère, nu j'y retournerai. Le Seigneur a donné, le Seigneur a repris. Que le nom du Seigneur soit béni". »* (Jb 1, 20-21)

Il dira aussi à sa femme : « *Si nous accueillons le bonheur comme venant de Dieu, comment ne pas accueillir de même le malheur ?* » (Jb 2, 10.)

Job réagit aux événements par le geste et la parole :

– Le geste de la dignité de l'homme : « *Job se leva* ». Dans la Bible, se tenir debout caractérise la position de l'homme par rapport aux animaux ; ceux-ci aussi peuvent souffrir, mais l'homme a une manière « à lui » d'affronter la souffrance. Debout, c'est l'attitude opposée à la prostration, à l'effondrement, comme la Vierge Marie dont l'Évangile dit qu'elle se tient « *debout au pied de la Croix* » (Jn 19, 25). Job affronte l'épreuve « comme un homme », avec dignité.

– Le geste de deuil : « déchirer son vêtement », « se raser la tête » sont des rites permettant à l'individu d'extérioriser ses sentiments, de ne pas enfouir la douleur, mais de l'exprimer de façon à ce que les autres la perçoivent. Dans la Bible, le vêtement prolonge le corps, il est signe de la dignité de la personne, de sa fonction sociale : déchirer ses habits devient l'expression de la déchirure du cœur. Les rites de deuil aident à éviter le repli sur soi, le refoulement de la douleur, l'enfermement dans la solitude et sont par là même signifiant et guérissant.

– Le geste de l'adoration : *« il se jeta à terre et se prosterna »*. La prosternation est le geste biblique de l'adoration. Job pose un acte religieux : soumission à Dieu et abandon en continuant à croire, à prier, à aimer quoi qu'il arrive.

– La parole de Job dit la condition de l'homme : il naît sans rien, « nu », et il meurt « sans rien »… Elle reconnaît aussi la providence de Dieu, présent derrière les événements (Bédouins, feu du ciel, Chaldéens, ouragan).

– La parole, acceptation et soumission à la volonté de Dieu, est plus encore bénédiction de Dieu. Au commencement, il n'y a ni révolte ni « pourquoi », mais l'amour de Dieu, *bénir* signifiant « dire du bien » (*bene dicere*). Cette disposition première va constituer le socle, la fondation de la vie spirituelle de Job, même si, par la suite, d'autres sentiments vont se dévoiler.

La réalité de la douleur

Job décrit **sa souffrance physique réelle, insupportable**. Ses plaintes traversent tous ses discours.

« Ma peau a noirci sur moi, mes os brûlent de fièvre. » (Jb 30, 30)

La souffrance est inséparablement physique et morale : insomnies, cauchemars, angoisses nocturnes.

> « *À peine couché, je me dis : quand pourrai-je me lever ? Le soir n'en finit pas : je suis envahi de cauchemars jusqu'à l'aube.* » (Jb 7, 4)

La souffrance n'est pas « maya », « illusion » comme dans les sagesses orientales. Elle est bien réelle et atteint l'homme dans tout son être, corps et âme.

La solitude

La douleur physique et la souffrance morale provoquent l'exclusion sociale, le rejet, la solitude.

> « *Mes frères, il les a éloignés de moi, ceux qui me connaissent prennent soin de m'éviter. Mes proches ont disparu, mes intimes m'ont oublié. Les hôtes de ma maison et mes servantes me considèrent comme un inconnu, à leurs yeux, je suis devenu étranger... Mon haleine répugne à ma femme, mon souffle à mes propres enfants. Même les garnements ont pour moi du mépris : si je me lève, ils parlent de moi. Tous mes confidents m'ont en horreur, ceux que j'aimais se sont tournés contre moi.* » (Jb 19, 13-19)

Bien des malades ont expérimenté cela : le vide autour de soi, l'écran invisible séparant les proches, les mécanismes de gêne, de fuite ou d'agressivité de l'entourage.

La nostalgie du passé : « souvenirs, souvenirs »

> « *Ah, qui me rendra tel que j'étais au temps jadis ?* » (Jb 29, 2.)

Tout le chapitre 29 repasse le film du : « Autrefois, c'était le bon temps », avec le déroulement des scènes de la vie familiale et sociale, quand Job était heureux, considéré ; présence des enfants, prospérité, reconnaissance sociale et religieuse... L'homme estimé comme père, sage, chef, juste, n'est maintenant plus rien aux yeux des autres. Il a disparu, il est tombé dans l'oubli.

Le sentiment d'injustice

Durant tout un chapitre (Jb 31), Job se livre à un examen de conscience, fait la relecture de sa vie passée, examine son comportement à l'égard des autres, de Dieu et de lui-même ; il en conclut qu'il n'a pas mal agi, bien au contraire. Il ne mérite donc pas son sort et affirme que ce qui lui arrive n'est pas juste. Que Dieu ou la vie sanctionnent ceux qui font le mal se comprend aisément, mais pourquoi lui ?

La proclamation de son innocence est liée au contexte culturel de l'époque établissant un lien de cause à effet entre péché et souffrance ; mais, de manière plus générale, Job ne craint pas de proclamer que ce qu'il subit « n'est pas normal ».

Le monde est « mal fait » ou le scandale d'une injustice universelle

À partir de sa situation individuelle, Job élargit son regard et constate que le monde entier est « à l'envers ». Contrairement à la thèse religieuse courante qui répète : « Le juste est béni et le méchant puni », Job constate que la réalité montre l'inverse. On dit que la prospérité des méchants est éphémère, mais alors *« pourquoi les méchants demeurent-ils en vie et même en vieillissant, accroissent-ils leur fortune ? »* (Jb 21, 7). On dit qu'ils vivent dans la mauvaise conscience, tourmentés par les angoisses. Alors que *« leurs maisons en paix ignorent la peur »* (Jb 21, 9). On dit que des châtiments du Ciel sont envoyés pour les punir, mais *« la férule de Dieu les épargne »* (Jb 21, 8). On dit qu'ils n'auront pas de descendance, mais *« ils laissent courir leurs gamins comme des brebis et danser leurs enfants »* (Jb 21, 11). On dit qu'à la fin de leur vie, ils connaissent les revers du sort, mais *« ils achèvent leurs jours dans le bonheur et descendent en paix au séjour des morts »* (Jb 21, 18).

Tableau toujours actuel d'un monde où l'innocent est écrasé et le méchant valorisé. La souffrance endurée par Job bouleverse tous ses cadres de pensée et met à mal ses repères antérieurs, la vision de son existence et du monde étant complètement « revue et corrigée ». Les certitudes d'hier s'écroulent…

Le silence de Dieu

Ce silence apparent de Dieu revient sans cesse dans les plaintes de Job et semble être l'une de ses plus grandes souffrances :

> « *Pourquoi caches-tu ta face ?* » (Jb 13, 24.)
> « *Si je crie à la violence, pas de réponse.* » (Jb 19, 7)
> « *Vers toi je crie et tu neréponds pas.* » (Jb 30,20)
> « *Ah ! Qui me donnera de savoir où le trouver, de parvenir jusqu'à sa demeure !* » (Jb 23, 3.)
> « *Mais si je vais à l'orient, il n'y est pas ; à l'occident, je ne l'aperçois pas.* » (Jb 23, 8)

Le Ciel vide, les appels sans réponse, l'homme est privé de la présence de Dieu.

L'humiliation de la déchéance sociale

> « *Et maintenant, je suis la risée de plus jeunes que moi.* » (Jb 30, 1)
> « *Je suis maintenant leur chanson, et ils parlent sur moi. Ils m'ont en horreur et prennent leur distance, à mon visage ils n'épargnent pas le crachat.* » (Jb 30, 10)
> « *Ma dignité est emportée par le vent.* » (Jb 30, 15)

L'expérience du mépris, des sarcasmes, de la négation de la dignité humaine… Dans cette « descente » de plus en plus bas, le pire n'est-il pas de voir la satisfaction de ceux qui se réjouissent du malheur des autres ?…

L'adversité de Dieu

Le plus grand combat de Job n'est pas celui qu'il livre contre ses trois amis dans les confrontations théologiques, mais bien celui qui l'oppose à Dieu perçu comme un ennemi. Les images pour le dire sont violentes, bien peu « religieusement correctes ».

Dieu est comme :

– un agresseur : *« Avec une grande violence, Dieu saisit mon vêtement, Il me serre au col de ma tunique. Il m'a jeté dans la fange »* (Jb 30, 18) ;

– un archer qui blesse : *« Les flèches du Puissant me transpercent »* (Jb 6, 4) ;

– un chef d'armée en guerre : *« Les terreurs de Dieu se rangent contre moi »* (Jb 6, 4) ; *« Ensemble arrivent ses troupes, elles remblayent leur route jusqu'à moi, elles campent autour de ma tente »* (Jb 19, 12) ;

– un guerrier ennemi : *« Il ouvre en moi brèche sur brèche, fonce sur moi tel un guerrier »* (Jb 16, 14) ;

– une bête sauvage : *« Tel un lion, Tu me pourchasses »* (Jb 10, 16) ;

– un bûcheron qui abat un arbre : *« Il déracine, comme un arbre, mon espérance »* (Jb 19, 10) ;

– un surveillant implacable : *« Tu postes une garde contre moi »* (Jb 7, 12) ; *« Ne peux-Tu cesser de me regarder le temps que j'avale ma salive ? »* (Jb 7, 19).

Ce n'est plus l'expérience du silence de Dieu, de son absence, mais la perception d'une présence divine hostile, oppressante, menaçante…

La révolte

Job utilise l'image du procès que les hommes se font pour régler un litige, mais ici, c'est lui qui instruit un procès contre Dieu. Cette façon de réagir, omniprésente dans les onze discours de Job, provoque le scandale de ses amis.

« Aujourd'hui encore, ma plainte se révolte. » (Jb 23, 2)

La plainte de tristesse revêt maintenant un autre sens en devenant une plainte judiciaire.

« J'organiserai devant lui un procès, et ma bouche serait remplie d'arguments. » (Jb 23, 4)
« Mais moi, c'est au Puissant que je veux parler, c'est contre Dieu que je veux récriminer. » (Jb 13, 3)

Mais Job constate qu'il est condamné à l'échec, la confrontation avec Dieu étant impossible, les armes trop inégales.

« Comment l'homme pourrait-il avoir raison contre Dieu ?
Si l'on s'avise de discuter avec Lui, on ne trouvera pas à Lui répondre une fois sur mille…
On ne Lui tient pas tête impunément…
S'il s'empare d'une proie, qui donc Lui fera lâcher prise, qui donc osera Lui demander : "Que fais-Tu là ?"
Même si j'ai raison, à quoi bon me défendre ?
Je ne puis que demander grâce à mon juge. » (Jb 9, 2-15)

Job conclut qu'il est perdant d'avance dans ce contentieux, son adversaire étant lui-même le juge du Tribunal ! En langage amoureux, c'est la remarque désabusée : « De toute façon, on ne peut pas parler avec toi, tu as toujours raison ! »

Le désespoir

« Ainsi l'espoir de l'homme, Tu l'anéantis. Tu terrasses l'homme pour toujours et il s'en va. » (Jb 14, 19-20)
« Mes jours ont passé, brisés sont mes plans, les désirs de mon cœur… où donc est mon espoir ? Mon espérance, qui l'entrevoit ?

> *Elle descendra jusqu'au fond du séjour des morts, quand ensemble nous enfoncerons dans la poussière.* » (Jb 17, 11-16)

Le désespoir fait maudire l'existence :

> « *Périssent le jour qui m'a vu naître et la nuit qui a déclaré : un homme vient d'être conçu.* » (Jb 3, 3)
> « *Pourquoi ne suis-je pas mort dès le sein de ma mère, n'ai-je pas expiré au sortir de son ventre ?* » (Jb 3, 11.)

La souffrance fait désirer la mort comme lieu de repos :

> « *Là, au séjour des morts, prend fin l'agitation des méchants, là reposent ceux qui sont exténués.* » (Jb 3, 17)

La mort est recherchée « *plus avidement qu'un trésor* » (Jb 3, 21).

Lueurs de foi et d'espérance

La nuit de la souffrance, de la révolte et du désespoir est parfois déchirée par des traits de lumière.

> « *Même maintenant, j'ai dans le ciel mon témoin, dans les hauteurs mon répondant.* » (Jb 16, 19)

Job a la conviction qu'il a, au ciel, un *goël* que l'on traduit par « défenseur », « rédempteur », « témoin ». Si Dieu est parfois perçu comme Celui qui fait souffrir, il est aussi – quel paradoxe ! – celui auprès de qui Job trouvera justice et consolation.

La violence de ses colères à l'encontre de Dieu est à la mesure de son amour pour Lui. Comme dans une scène de ménage sur fond d'amour blessé, Job combat Dieu et lui demeure attaché. Job est déroutant comme le serait un enfant fâché contre son père et se tournant vers lui pour être consolé. Les pères de l'Église verront dans ce témoin au ciel, défenseur de l'homme, interprète des pensées de l'homme auprès de Dieu, le Christ Jésus, Avocat et Médiateur entre Dieu et les hommes.

Une autre lueur constitue le sommet du Livre de Job :

> « *Ah ! si seulement on écrivait mes paroles, si on les gravait sur une stèle avec un ciseau de fer et du plomb.*
> *Si on les sculptait dans le roc pour toujours !*
>
> *Mais je sais bien, moi, que mon rédempteur est vivant, que le dernier, il se lèvera sur la poussière.*
> *… De ma chair je verrai Dieu.*
>
> *Je le verrai, moi en personne et si mes yeux le regardent, il ne sera plus un étranger.*
>
> *Mon cœur en défaille au-dedans de moi…*
>
> *Ainsi vous saurez qu'il y a une justice.* » (Jb 19, 23-27)

Dieu n'est plus vu comme opposé à l'homme, mais comme son défenseur (*goël*), se faisant proche de sa parenté. La prophétie s'accomplira en la personne de Jésus Christ, Emmanuel, Dieu avec nous.

Saint Thomas d'Aquin médite ce passage et y voit l'annonce de la résurrection de l'homme dans le Christ :

> « Et quels sont ces discours qu'il veut qu'on conserve avec tant de soin, il le montre en introduisant "Je sais en effet que mon rédempteur est vivant"… Il dit très bien : "En effet, je sais" par certitude de foi. Or, cet espoir est celui de la résurrection à venir dans la gloire dont il donne d'abord la cause en disant : "Mon rédempteur est vivant". » (*Commentaire sur Job*)

Job se débat en essayant de concilier deux affirmations apparemment contradictoires :

– Même si Dieu semble parfois s'opposer à moi, il est Juste et Tout-Puissant, allié de l'homme ;

– Ma souffrance est réelle et innocente.

Posé dans ces termes, il n'y a pas de solution intellectuelle à ce problème. L'expérience de l'homme souffrant n'est pas compréhensible, il cherche un sens et n'en trouve pas.

4. La réponse de Dieu (Job 38 à 42)

« Dans la tempête »

« Le Seigneur s'adresse à Job du milieu de la tempête. » (Jb 38, 1)

L'attente de l'homme n'est pas vaine. Le silence de Dieu n'a qu'un temps, il prépare sa venue dans ma vie. Dieu se manifeste dans une théophanie, « dans la tempête », comme il le fit au mont Sinaï au moment de parler à son peuple (le don de la Loi) (Ex 19, 16).

Celui qui intervient ainsi est le Seigneur de la Création et le Dieu de l'histoire sainte, un Dieu impressionnant dans sa manifestation.

Tu veux un procès… tu vas l'avoir !

« Quel est celui-là qui obscurcit mes plans par des propos dénués de sens ? Ceins donc tes reins comme un homme. Je vais t'interroger et tu m'instruiras. » (Jb 38, 2-3)

Job faisait valoir ses droits et voulait engager un procès contre Dieu. Celui-ci lui répond sur le même registre. Tu veux la confrontation, tu vas l'avoir… À l'interpellation de

Dieu par l'homme répond l'interpellation de l'homme par Dieu.

Une réponse déconcertante

Pour aider à la résolution de conflits relationnels en famille ou au travail, certains psychologues proposent une méthode de « déplacement » consistant à sortir de sa situation pour entrer dans celle de l'autre, répondant à une aspiration souvent exprimée par l'expression : « Mais mettez-vous donc à ma place ! » Symboliquement, le papa change de place et prend celle de la maman, l'enfant celle de l'un de ses parents. Il paraît que c'est très efficace pour comprendre l'autre.

Dieu, qui s'y connaît en psychologie, propose cette thérapie à Job : et si tu te mettais à ma place pour créer et gouverner le monde ? Suit une succession de descriptions poétiques introduite par des interrogations.

> *« Où étais-tu quand j'ai fondé la terre ? Indique-le, si tu possèdes la science !* [...] *Sur quoi ses bases furent-elles appuyées et qui posa sa pierre angulaire tandis que chantent ensemble les étoiles du matin ? »* (Jb 38, 4-7.)

Réponse de Dieu déconcertante !

Un festival du cinéma animalier

Dieu invite maintenant Job à s'installer au cinéma pour y regarder toute une série de films sur la vie des animaux. Les longs métrages se suivent sur l'ibis, le coq, la lionne et ses petits, le corbeau, les chamois et les biches, etc. etc. La séance se poursuit durant les chapitres 39, 40 et 41. En quoi est-ce un argument philosophique ou théologique pour donner des explications sur le problème du mal et de la souffrance ?

Dieu sait ce qu'il fait. Il veut amener l'homme à s'émerveiller devant le spectacle du cosmos car seule l'attitude contemplative donne la bonne posture pour aborder ce genre de questions compliquées. Job ressent comme un vertige devant la grandeur, la beauté, l'immensité de la Création et plus encore du Créateur. Sans doute est-ce une façon polie de dire à l'homme : « Chacun à sa place », « Respecte l'altérité de Dieu ».

Dieu se présente à Job le païen de telle façon qu'il puisse accueillir son message : la nature elle-même, si elle est bien considérée dit quelque chose de la puissance, sagesse, beauté et transcendance de Dieu. Si celui-ci est libre et souverain en tant que maître de la création, il suggère aussi que ces attributs sont valables dans le domaine de l'histoire du monde et des hommes.

Cette réponse de Dieu n'est pas la réponse ultime qui sera donnée plus tard dans la Révélation du Christ, mais elle est tout de même importante.

À l'image de Dieu, elle est déroutante et ne donne pas vraiment les solutions attendues. Mais l'être humain sait maintenant ce qu'il a à faire, sortir de lui-même pour s'ouvrir au monde et à Dieu. Là, il sera en face d'un mystère qui le dépasse.

> *« Car mes pensées ne sont pas vos pensées, et vos chemins ne sont pas mes chemins, oracle du Seigneur.*
>
> *Autant le ciel est élevé au-dessus de vos chemins et mes pensées, au-dessus de vos pensées ».* (Is 55, 8-9)

Aujourd'hui, Dieu demande à Job de se mettre à sa place – ce qui est impossible à l'homme – en attendant le jour où Dieu, en Jésus Christ, se mettra à la place de l'homme pour porter sa vie et sa souffrance car « ce qui est impossible à l'homme est possible à Dieu ».

5. La réponse de Job

Elle est donnée dans deux courtes interventions (Jb 40, 3-5 et Jb 42, 1-6) et tient en cinq attitudes :

Le silence

« Je mets la main sur ma bouche. J'ai parlé une fois, je ne répondrais plus ; deux fois, je n'y ajouterai plus rien. » (Jb 40, 4-5)

Dans ses épreuves, Job a beaucoup parlé (onze discours !), crié, interpellé, questionné ; il choisit maintenant le silence, non pas celui de l'écrasement, mais de l'émerveillement. Les musiciens ont coutume de dire que les silences font partie intégrante des compositions. Il en est de même dans les compositions spirituelles : le silence achève et couronne l'œuvre ou plutôt le chef-d'œuvre de Dieu. À l'image de son Créateur, l'homme se repose en Dieu comme dans un shabbat. Silence de contemplation, d'intériorité, d'adoration.

La reconnaissance de la majesté de Dieu

« Je sais que tu peux tout et que nul projet pour toi n'est impossible. » (Jb 42, 2)

Le Seigneur est le Tout-Puissant, le Saint, le Maître de l'impossible. « Sa grandeur est sans mesure. » La transcendance de Dieu est célébrée par Job.

Le désir de se laisser instruire

Job a souvent été dans le rôle de celui qui s'adresse à Dieu et aux hommes, il éprouve maintenant le désir de se laisser instruire par Dieu, attitude qui caractérise le disciple. *« Je vais t'interroger et tu m'instruiras. »* Les longs monologues de Job font place à un besoin d'entrer dans un véritable dialogue avec Dieu :

> *« Daigne écouter, et moi, je parlerai ; je vais t'interroger, et tu m'instruiras. »* (Jb 42, 5)

La relation est pleinement rétablie avec le Seigneur.

L'expression de la rencontre personnelle de Dieu

> *« C'est par ouï-dire que je te connaissais, mais maintenant mes yeux t'ont vu. »* (Jb 42, 5)

Cette déclaration fait penser à la remarque des habitants de Sychar à la Samaritaine : *« Ce n'est plus à cause de ce que tu nous a dit que nous croyons : nous-mêmes, nous l'avons entendu* (Jésus) *et nous savons que c'est vraiment lui, le Sauveur du monde. »* (Jn 4, 42)

Job, comme le patriarche Jacob, a vécu une lutte avec Dieu, confrontation qui a été le lieu privilégié de sa rencontre personnelle avec Dieu. Celui-ci n'était pas présent dans les exposés pseudo-théologiques de ses trois amis, enfermés dans leurs raisonnements bornés, les « réponses toutes faites » pour sauver la religion. Dieu se révèle dans l'homme qui se bat pour vivre et donner un sens à ce qu'il traverse. Dans son questionnement radical, Job est demeuré l'homme qui plaît à Dieu *« intègre et droit, craignant Dieu et s'écartant du mal »*.

Job a pris au sérieux ses interrogations d'homme et a refusé d'éluder les questions posées par son épreuve ; parce qu'il a une très haute idée de Dieu, il n'a pu tolérer les systèmes explicatifs insatisfaisants. Et Dieu lui rend hommage, en reprochant aux amis leurs discours creux :

« Vous n'avez pas parlé de moi avec justesse comme l'a fait mon serviteur Job. » (Jb 42, 7)

Cette authenticité de Job va lui permettre de faire une rencontre nouvelle et personnelle de Dieu.

L'Abandon à la volonté de Dieu

Il est plus facile de comprendre intellectuellement pour pouvoir adhérer au dessein de Dieu. Job, à la fin de son parcours, choisit de s'abandonner, de s'en remettre à Dieu, de se livrer sans comprendre. Si la foi est souvent un doute surmonté, l'assentiment de l'esprit est une révolte dépassée...

« C'est pourquoi je le rétracte et me repens sur la poussière et la cendre. » (Jb 42, 6)

Le oui de Job n'est pas la résignation de l'esclave, mais le consentement d'un homme libre et fier. Il dépose les armes comme seul peut le faire un soldat qui s'est révélé courageux et héroïque sur le champ de bataille. La Tradition chrétienne lui rendra hommage en parlant du « saint homme Job ».

II. Illustration : Etty Hillesum (1914-1943)

En 1981 furent publiés des extraits de son journal tenu pendant un an et demi (de mars 1942 à juin 1943). Ces écrits vont révéler l'extraordinaire itinéraire spirituel de cette jeune femme juive hollandaise, qui va mourir au camp d'extermination d'Auschwitz.

1. Les dépouillements successifs

Arrivés au pouvoir en 1933 en Allemagne, les nazis vont mettre en œuvre une politique inculquant la valeur « aryenne » et méprisant les juifs. Une série de mesures d'abord en Allemagne, puis dans les pays occupés comme les Pays-Bas, va aboutir à une privation progressive de tous les droits des juifs. Etty va connaître tous ces dépouillements successifs.

Privation de la citoyenneté

Les lois du Reich de 1935 sur la protection du sang allemand vont donner un revêtement légal à la discrimination raciale. Les juifs sont destitués de la nationalité allemande, alors que beaucoup d'entre eux étaient Allemands depuis des siècles. La mise en place de cette réglementation va constituer une norme partout où les armées du Reich s'implantent : les juifs sont citoyens de seconde zone ou exclus de toute citoyenneté.

Privation de la vie sociale

En novembre 1941, aux Pays-Bas, les juifs sont exclus de la vie sociale. L'espace public leur est interdit : écoles, théâtres, piscines, parcs publics…

Privation de la vie professionnelle

L'aryanisation de la vie économique en Allemagne (lois de 1938) s'étend progressivement dans l'Europe occupée.

Les juifs sont exclus de la fonction publique, des universités et les industriels sont obligés de céder leurs entreprises pour une bouchée de pain. Privation du travail, perte des biens économiques, spoliation à grande échelle qui profite à certains, comme on le voit dans le film de Steven Spielberg *La liste de Schindler*.

Privation de la liberté de circuler

En juillet 1943, les juifs ne peuvent plus se déplacer librement, l'usage des vélos leur est interdit à Amsterdam. Les expulsions de certains quartiers se font par la contrainte pour aboutir à la constitution de ghettos.

Privation de la vie

Les persécutions des juifs se sont réalisées par étapes successives. Dans les derniers mois de 1941, des exécutions de masse ont cours dans les territoires annexés à l'URSS (Pologne, Lituanie, Ukraine), prélude à la mise au point de la « solution finale » de génocide décidée le 20 janvier 1942 à Wannsee.

Comme Job et une grande partie des juifs d'Europe, Etty Hillesum va connaître cette succession dramatique de dépouillements. Comme Job, elle va vivre un itinéraire spirituel dans ce contexte angoissant.

La recherche du sens de la vie

Etty a vécu dans une famille juive peu pratiquante, mais a bénéficié d'une éducation valorisant la culture, les études, l'ouverture sur le monde. Très intelligente, elle obtient une maîtrise de droit, mais se passionne surtout pour la littérature et les langues. Sa curiosité intellectuelle et son ouverture aux enjeux de son époque l'amènent à fréquenter des milieux étudiants socialistes. Elle connaît des moments de dépression et estime parfois qu'il n'y a personne de plus malheureux qu'elle sur terre. Elle cherche un sens à sa vie dans la psychologie. Tempérament passionné, elle recherche aussi l'amour humain en multipliant les relations amoureuses qui la laisseront insatisfaite.

En février 1941, elle rencontre Julius Spier, juif berlinois exilé à Amsterdam, et commence une thérapie avec lui. La relation complexe des débuts, à la fois professionnelle et amoureuse, va se purifier au fil du temps et devenir une profonde amitié. Julius Spier, ancien élève du psychanalyste Jung, va devenir « l'accoucheur de son âme ». Elle découvre avec lui le poète Rainer Maria Rilke, Tolstoï, Dostoïevski et les grands auteurs de la littérature chrétienne : saint Augustin, *L'Imitation de Jésus-Christ* et aussi la Bible.

Rencontres régulières avec Julius, travail psychologique sur elle-même par la rédaction de son journal, lectures spirituelles… une transformation s'opère en elle.

La réponse que Dieu a donnée à Job le « païen » est passée par la contemplation de l'univers ; pour Etty, la férue de psychologie, la réponse lui sera apportée par la connaissance d'elle-même. Plus elle entre en elle-même, plus elle éprouve le besoin de « faire un grand ménage intérieur », d'aller à l'essentiel : « Ce qui importe en définitive, c'est l'âme ou l'être, comme on voudra, qui rayonne à travers la personne. » Elle découvre son être profond : « Ce qui est originel et premier en moi, ce sont les sentiments humains. Il y a en moi comme une source mystérieuse d'amour et compassion pour les êtres humains, pour tous les êtres. » Avec ses mots à elle, elle apprend à écouter et à suivre la voix de sa conscience :

« Cette voix intérieure doit être mon seul fil d'Ariane. Je veux dire simplement qu'une sorte de paix doit descendre en moi, avec la certitude de suivre ma voix personnelle, confirmée par une voix intérieure. C'est pourquoi tu dois prêter maintenant l'oreille la plus attentive au murmure de ta source intérieure, au lieu de te laisser toujours égarer par les propos de ton entourage et par ceux qui prétendent t'influencer. »

Comme Job a choisi de se démarquer des discours conformistes de ses trois amis pour aller jusqu'au bout de son propre chemin, ainsi Etty, avec l'aide de Julius, découvre peu à peu sa route, unique et personnelle, qui la conduit à Dieu.

2. La découverte de Dieu

Sans enracinement dans une tradition religieuse, Etty continue d'aller de découvertes en découvertes : importance d'être aidée humainement et spirituellement par un accompagnateur, nécessité d'une certaine ascèse pour apprendre la maîtrise de soi : « C'est ainsi que je traque ma sensualité jusqu'en ses recoins les mieux cachés, les moins apparents, et que je l'extirpe. » Cohérence entre la pensée et la vie : « C'est tout de même vrai : si l'on ne s'efforce pas jusque dans les plus petits détails de mettre sa vie quotidienne en harmonie avec les nobles idées que l'on professe, alors ces idées n'ont aucun sens. » Elle éprouve l'impérieux besoin de s'aménager des espaces intérieurs de recueillement : « Malgré toutes ces rencontres, toutes ces questions, toutes ces matières à étudier, il faut arriver à se ménager un grand espace de silence intérieur, où l'on se retire et se ressource, même au milieu d'une grande agitation ou d'un intense entretien. »

Et Etty va témoigner de sa découverte de Dieu en elle-même : « Il y a en moi un puits très profond. Et dans ce puits, il y a Dieu. Parfois, je parviens à l'atteindre, mais, plus souvent, des pierres et des gravats obstruent ce puits et Dieu est enseveli. Alors, il faut le remettre au jour. » La jeune femme va entrer dans un dialogue simple et constant avec cette Présence en elle-même, après avoir appris l'adoration. « Cet après-midi, je me suis retrouvée tout à coup agenouillée sur la carpette brune de la salle de bain, la tête ensevelie dans mon peignoir qui traînait sur la chaise de rotin. Je ne suis pas capable de bien m'agenouiller, j'en ressens une sorte de gêne. Et pourtant, il y a en moi de temps en temps une profonde aspiration à m'agenouiller. »

Un an après la rencontre de Julius, Etty ose écrire que cette « année s'est révélée pour moi la plus riche, sans doute, et aussi la plus heureuse de ma vie ».

3. Les lueurs dans la nuit

Quel contraste entre l'univers extérieur des années 1942-43 à Amsterdam, son climat de plus en plus oppressant, ténébreux, et l'univers intérieur de la femme qui renaît à une vie nouvelle, de plus en plus libre, paisible, aimante ! Confrontée à la souffrance de son peuple et des hommes de son temps, trois termes vont résumer sa manière d'être : l'amour de la vie, le consentement au réel, l'amour victorieux de la haine.

L'amour de la vie

Le jour de la mort de son ami, Julius Spier, Etty écrit : « Je ne suis pas triste ! Je voudrais joindre les mains et dire : "Mes enfants, je suis pleine de bonheur et de gratitude", je trouve la vie si belle et si riche de sens. »

Le consentement au réel

Etty ne vit pas dans une bulle spirituelle pour fuir une réalité insupportable. Elle porte sur le monde un regard lucide, réaliste, et refuse de se bercer d'illusions. Elle a conscience qu'une volonté d'extermination générale des juifs est en train de se réaliser sous ses yeux et pourtant, elle choisit d'accepter tous les moments de l'existence tels qu'ils se donnent à elle. Cette acceptation n'est pas résignation ou fatalisme, mais conviction qu'une mystérieuse alchimie peut s'opérer et qu'« en supportant les épreuves, on peut les tourner en bien… toujours, dès que je me montrais prête à les affronter, les épreuves se sont changées en beauté ».

Etty est frappée par l'enseignement de Jésus sur l'abandon à la Providence ; elle s'efforce de le mettre en pratique en choisissant de vivre dans la confiance au jour le jour et de ne pas s'inquiéter du lendemain car « l'inquiétude pour l'avenir nous ronge et nous empêche d'être disponible à la grâce et à la beauté contenue dans chaque instant de vie ».

L'amour plus fort que la haine

Job va vivre, dans sa relation à Dieu, un passage de la révolte à l'abandon, et cela au prix d'une longue lutte intérieure. Le combat d'Etty se situe ailleurs car elle comprend vite que Dieu est innocent du mal qui se répand autour d'elle. Elle prie de façon paradoxale : « Je vais t'aider, mon Dieu, à ne pas t'éteindre en moi, mais je ne puis rien garantir d'avance. Une chose cependant m'apparaît de plus en plus clairement : ce n'est pas toi qui peux nous aider, mais nous qui pouvons t'aider et, ce faisant, nous nous aidons nous-mêmes. »

Cette façon « d'aider Dieu », c'est d'abord de ne pas laisser envahir son cœur par la haine. Elle sait que la barbarie nazie qu'elle voit à l'œuvre chaque jour peut « éveiller en nous une autre barbarie ». « Et la saloperie des autres est aussi en nous. Et je ne vois pas d'autre solution, vraiment aucune autre solution que de rentrer en soi-même et d'extirper de son âme toute cette pourriture. Je ne crois pas que nous puissions corriger quoi que ce soit dans le monde extérieur, que nous n'ayons d'abord corrigé en nous. »

Dans une discussion avec son ami Klaas, militant trotskiste, la pressant d'entrer dans la clandestinité, elle l'invite à renoncer à la haine et au désir de vengeance, car « le moindre atome de haine que nous ajoutons à ce monde nous le rend plus inhospitalier qu'il n'est déjà ». Son copain stupéfait déclare : « Mais ce serait un retour au christianisme ! » Et elle de répondre : « Mais oui, le christianisme, pourquoi pas ? »

Et son amour la poussera à rejoindre librement les juifs cantonnés au camp de Westerbork pour partager leur sort et leur apporter, dans une sorte de soutien social, le baume de la consolation. Elle y sera une présence de paix, de réconfort et de consolation jusqu'à sa propre déportation à Auschwitz où elle mourra le 30 novembre 1943. Étonnant témoignage de vie que l'Esprit Saint forme dans une personne non baptisée !

Comme le livre de Job nous montrait la grandeur et la profondeur de la vie religieuse d'un païen, du pays d'Ouç, le journal d'Etty Hillesum met en lumière l'ascension spirituelle d'une femme ne pratiquant pas dans une tradition religieuse, mais si proche du Christ miséricordieux.

(Les citations sont extraites du livre *Etty Hillesum une vie bouleversée*, Points.)

III. Appropriation personnelle

Comment affronter ma souffrance ? Mode d'emploi.

1. Comme Job, nommer ma souffrance

Job a vécu des dépouillements matériels, affectifs, sociaux, spirituels. Et moi, **comment nommer ma souffrance actuelle** ? Ce premier stade exige du réalisme et permet d'éviter les fausses pistes aussi illusoires que dangereuses.

– Le déni de la réalité avec des attitudes stoïques : « Moi, je traite ma maladie par le mépris » ; cette version spirituelle du « Tout va très bien, madame la Marquise » esquive, de façon consciente ou inconsciente, la réalité telle qu'elle est ;

– L'intellectualisation superficielle, attitude des amis discoureurs de Job qui plaquent des « explications » inutiles ;

– La spiritualisation. Celle-ci n'est évidemment pas la bonne spiritualité formée par le Saint-Esprit dans l'âme, mais un vernis plus ou moins religieux peint hâtivement sur la souffrance humaine. Bien des « pieuseries » exprimées à la va-vite peuvent faire plus de mal que de bien ;

– La dramatisation excessive souvent orchestrée par nos peurs. La peur de souffrir peut amplifier les difficultés. Comme l'écrit Etty Hillesum : « Quand on projette d'avance son inquiétude sur toutes sortes de choses à venir, on empêche celles-ci de se développer organiquement. »

2. Comme Job, laisser monter en nous tous les sentiments

Sans les refouler ou les « juger », oser exprimer cris de douleur, solitude, révolte, colère, abattement, espoir, désir de mort… Le croyant ne se parle pas à lui-même, mais s'adresse à quelqu'un. Les « J'ai peur », « Je n'en peux plus », « C'est trop dur » peuvent s'exprimer librement en y ajoutant seulement l'invocation : « Seigneur » ou « Jésus » et cela change tout. Prier ainsi les psaumes avec tous les états d'âme du priant aide à vivre cette étape. C'est une parole d'homme dans laquelle je me retrouve et c'est une Parole de Dieu.

Oser être soi-même et ne pas craindre la révolte qui n'a rien à voir avec le blasphème. Cette histoire juive semble même donner raison à l'homme en conflit avec Dieu :

Une délibération

Une légende rapporte que l'Empereur, à Vienne, venait de signer un décret qui accablait de chaînes encore plus lourdes les juifs déjà si opprimés de Galicie. La Maison d'études de Rabbi Elimelekh comptait parmi ses membres, à cette époque, un homme du nom de Faïvel qui s'adonnait à l'étude avec autant de piété que de zèle.

Or, voilà qu'au beau milieu de la nuit, cet homme se lève, entre chez le Rabbi et lui dit tout à trac : « Maître, je suis en litige avec Dieu ! » tout effrayé lui-même de ses propres paroles. Mais Rabbi Elimelekh lui répond avec le plus grand calme : « Fort bien, mais le tribunal ne siège pas en pleine nuit. »

Le lendemain arrivèrent à Lisensk Israël de Kosnitz et Yaakov Yitzhak de Lublin, deux *Tsaddikim* (hommes sages) qui vinrent loger chez Rabbi Elimelekh. Au repas de midi, le Maître fit appeler le plaignant et lui dit : « Voilà, fais-nous connaître à présent l'objet de ta plainte. »

Et l'homme parla aussitôt : « De quel droit sommes-nous ainsi persécutés et asservis dans ce pays ? Dieu affirme pourtant dans la sainte Thora (Lv 25, 55) : *"C'est moi dont les enfants d'Israël sont les serviteurs."* Aussi, quels que soient les pays dans lesquels Il nous a dispersés, il Lui appartient néanmoins de

nous garantir partout et de nous assurer la liberté qui nous permette de Le servir. »
Rabbi Elimelekh prit alors la parole, disant : « Ce que Dieu oppose à cette accusation, nous le savons : Moïse et les Prophètes l'ont consigné tout au long de l'énoncé des Malédictions. Et maintenant, selon la coutume, le demandeur et le défendeur doivent tous deux quitter les lieux du tribunal et laisser les juges délibérer en toute indépendance. Toi donc, Rabbi Faïvel, tu vas sortir ; et Toi, Seigneur du monde, Toi que nous ne pouvons pas écarter puisque la terre est pleine de Ta Gloire et que, sans Ta Présence, nul ne subsisterait un seul instant, nous Te donnons à connaître que nous ne ferons pas acception de personne. »
Les trois membres du tribunal, sans un mot et les yeux clos, siégèrent alors. Au bout d'une heure, ils firent comparaître le demandeur devant eux et lui donnèrent connaissance du jugement, à savoir que sa plainte était fondée de droit.
Exactement à la même heure, là-bas, à Vienne, le décret était rapporté. »
(*Récits hassidiques*, Martin Buber, éd. du Rocher)

3. Accepter le temps de la lutte de Jacob avec l'ange ou le processus de l'épreuve vécue dans la durée

Même s'il y a une volonté d'acceptation au départ, comme Job, celle-ci sera mise à l'épreuve au fil des jours. Le Chemin de la Croix n'a pas une, mais quatorze ou quinze stations (si on ajoute celle du Tombeau vide nous orientant vers la Résurrection). La plupart des épreuves de la vie ne sont pas des courses de 100 mètres, mais plutôt des marathons ; c'est pourquoi il faut accepter de prendre le temps d'y demeurer.

4. « Se laisser faire » : dimension passive

Madeleine Delbrêl a cette formule percutante : « Il ne nous est pas demandé d'être forts aux moments de la souffrance. On ne demande pas au blé d'être fort quand on le broie, mais de laisser le moulin en faire de la farine. »

5. Acte de foi : la confiance en Toi malgré tout

L'acte de foi consiste à appliquer, sur la réalité de la plaie occasionnée par la souffrance, la Présence de Dieu. Deux affirmations coexistent :

– « J'ai mal, ma souffrance (physique, morale, affective, spirituelle) est là » ;

– « Seigneur, Tu es présent au cœur de cette situation. »

Je choisis de professer : « Je crois que Tu es là, Jésus, j'ai confiance en Toi. » Comme le dit si bien le poète Paul Claudel : « Dieu n'est pas venu supprimer la souffrance, il n'est pas venu l'expliquer, **il est venu la remplir de sa présence**. »

6. Acte d'espérance

Je n'ai pas à trouver des explications, mais à chercher le sens de ce que je vis, ce qui n'est pas pareil. Il importe de se poser les bonnes questions et de passer du « pourquoi ? » au « pour... quoi ? » !

La question du pourquoi en un seul mot est inévitable et porte sur la recherche des causes de l'événement. Qu'est-ce qui a pu provoquer la mort de ce bébé, cet accident de voiture, cette maladie, cette séparation ? Spontanément, quelque chose en nous cherche des raisons pour comprendre ce qui arrive. À ce niveau se pose, comme pour Job, la question de ma responsabilité personnelle : est-ce le hasard, le destin, ou ai-je une part de faute ?

La question du « pour quoi » en deux mots est d'un autre ordre : elle pose la question de la finalité, du sens. En quoi cela est-il absurde, en quoi cela a-t-il un sens et lequel ? À quoi cela sert-il ? La réponse donnée par Dieu est déconcertante puisqu'elle ne donne aucun élément explicite de réponse. Toutefois, deux éléments apparaissent implicites, qui seront approfondis dans la révélation biblique.

La souffrance comme épreuve est un chemin de vérité

Pour l'homme, elle révèle ce qui est au plus profond de son cœur et dont il n'a pas bien conscience en temps ordinaire. On peut se faire bien des illusions sur soi, mais la souffrance « décape » tous les vernis pour laisser apparaître la vérité de l'être, vis-à-vis de soi, de Dieu, des autres. Celui qui est passé par cette voie a une meilleure connaissance de lui-même, infiniment supérieure à toutes les connaissances livresques. « Dis-moi, comment tu souffres et je te dirai qui tu es. »

La souffrance qui détruit est une phase pour une reconstruction de soi

Le livre de Job l'exprime naïvement en présentant les deux phases successives de dépouillements, puis d'abondance de biens nouveaux. Matériellement, Job en sort enrichi. Cette présentation est à lire d'abord sur le plan qualitatif de l'être plus que sur le plan quantitatif de l'avoir. Une façon de dire : l'épreuve de la souffrance victorieusement endurée par Job a enrichi son être, lui a donné une plénitude.

Bien des psychologues de la « psychologie positive » ou de la résilience vont retrouver cette intuition biblique et évangélique : les épreuves ne sont pas seulement des destructions du psychisme, mais apportent des matériaux que l'individu peut utiliser pour la construction de lui-même.

Parabole

Il était une fois un jeune arbre qui souffrait de la sécheresse. Le sable du désert avait commencé à envahir l'oasis et le jardinier, absent, n'arrosait plus les arbres. La saison des pluies ne viendrait pas avant plusieurs mois. Notre arbre se dit : si je ne suis pas arrosé, je vais mourir. Mais une voix du Ciel lui dit : plonge tes racines plus profond dans le sol, à vingt mètres se trouve la nappe phréatique. C'est ce que fit l'arbre, en mobilisant toute son énergie vers les profondeurs. Il trouva la source d'eau et put y puiser. Il devint ainsi un arbre grand et solide.

Les deux anecdotes juives suivantes le disent autrement : derrière l'amertume, il y a le médicament efficace pour retrouver la santé ; derrière l'olive broyée, il y a la lumière du chandelier du sanctuaire.

« Amer », mais pas « mal »

Autre enseignement de Rabbi Moshé : « Si quelqu'un souffre, il ne doit pas dire : “Oh ! quel mal, oh ! quel mal !”, car rien n'est mal de ce que Dieu fait à l'homme. Mais il peut dire : “Que c'est amer ! que c'est amer !” car il y a des poisons fort amers au nombre des bons médicaments. »

Le luminaire

Rabbi Moshé de Konitz, fils du Maggid, disait : « Il est écrit : “De l'huile vierge d'olives pressées, pour le luminaire, afin qu'une lampe brûle à perpétuité.” Oui, on doit être concassé et mis au pressoir, mais c'est pour éclairer et non pour être gisant ! »

La souffrance n'a pas de sens en elle-même, mais la personne humaine peut l'intégrer de telle manière qu'elle peut acquérir une « valeur éducative », en permettant qu'il en sorte un bien.

7. Acte d'amour

Comme Job a accepté d'aimer Dieu quand même, sans comprendre ; de bénir et d'adorer sans avoir d'explications... Comme Etty Hillesum a choisi d'aimer Dieu et les hommes, alors qu'elle était immergée dans un monde de haine et de cruauté, **saint Jean-Paul II** a connu la souffrance : mort de sa mère, patrie occupée par les nazis, puis sous domination communiste, souffrance d'une charge pastorale crucifiante à une période critique de l'histoire de l'Église, attentat le 13 mai 1981, maladie de Parkinson. Il sait de quoi il parle quand il donne à l'Église la très belle lettre apostolique « sur le sens de la souffrance humaine » (1984). Dans sa méditation, le Saint-Père nous donne à contempler Jésus :

– Il s'est fait proche du monde de la souffrance humaine en lui manifestant sa compassion. Contempler Jésus qui se fait proche de moi, qui a pitié de moi maintenant. Il est l'Emmanuel, « Dieu avec nous » ;

– Le Christ prend sur Lui la souffrance des hommes. Il est l'Agneau de Dieu qui porte le péché du monde. Contempler Jésus qui prend sur lui mon mal ;

– Le Christ, sur la Croix, vrai Dieu et vrai Homme accepte de souffrir en tant qu'homme ; Lui seul peut atteindre et éteindre l'étendue du mal dans le péché des hommes. Par Lui, la souffrance humaine est habitée par l'Amour. Par sa Résurrection, la vie est plus forte que le mal et la souffrance. Pour le peuple chrétien, la Croix du Christ est devenue une source de vie et d'amour où les hommes blessés, meurtris, abîmés par la vie, peuvent puiser. **Ce qui sauve, ce n'est pas la souffrance, c'est l'Amour**.

Mon acte de charité dans l'épreuve est toujours une réponse à Celui qui m'a aimé le premier.

8. Le sommet de la Montagne Sainte : l'offrande d'Amour

On n'accède pas à ce haut sommet dès le début. Il importe de respecter les temps et les moments, le rythme de maturation et de croissance de la nature et de la grâce. Le Christ nous invite à aller jusque-là, très haut dans l'aventure de l'amour, mais ayons conscience qu'il faut monter la montagne sainte pas à pas et sans précipitation. Dans ce domaine, il y a des précipices à éviter.

Je suis appelé à faire de toute ma vie une offrande d'amour, une oblation, un sacrifice eucharistique. Toute la vie – et pas seulement les peines – est offerte, par amour, au Seigneur. La souffrance en tant que telle n'a aucune « valeur », elle est comme les grains d'encens sur un charbon éteint. Seul le feu de l'amour peut faire brûler ces grains qui vont monter vers Dieu en sacrifice d'agréable odeur. Pour Jean-Paul II, à la suite de tous les saints, la Bonne Nouvelle, c'est que le message du Christ permet de « surmonter le sentiment de l'inutilité de la souffrance, impression qui est parfois profondément enracinée dans la souffrance humaine » pour devenir « une source de joie ».

Comment ? En unissant librement, volontairement, dans un acte d'amour, nos souffrances humaines aux souffrances du Christ. Dans cette offrande, elles acquièrent une extraordinaire fécondité spirituelle par leur union à la vie du Christ.

« Cette personne se sent condamnée à recevoir l'aide et l'assistance des autres et, en même temps, il lui apparaît à elle-même qu'elle est inutile. La découverte du sens salvifique de la souffrance en union avec le Christ transforme ce sentiment déprimant. La foi dans la participation aux souffrances du Christ porte elle-même la certitude intérieure que l'homme qui souffre *"complète ce qui manque aux épreuves du Christ"* et que, dans la perspective spirituelle de l'œuvre de la Rédemption, il est utile, comme le Christ, au salut de ses frères et sœurs. Non seulement il est utile aux autres, mais, en outre, il accomplit un service irremplaçable. Dans le Corps du Christ, qui grandit sans cesse à partir de la Croix du Rédempteur, la souffrance, imprégnée de l'esprit de sacrifice du Christ, est précisément, d'une manière irremplaçable, la médiation et la source des bienfaits indispensables au salut du monde. Cette souffrance, plus que tout autre chose, ouvre le chemin à la grâce qui transforme les âmes. » (*Le sens chrétien de la souffrance humaine*)

Parabole : le « coup de bambou »

Il était une fois, dans un pays lointain, un jeune roi qui aimait se promener dans les jardins privés de son palais. Le lieu qui avait sa préférence se trouvait près de la rivière : un splendide bosquet de bambous ! Il s'y reposait chaque jour et soulageait son cœur, en faisant des confidences à ses amis les bambous. Ceux-ci l'aimaient et lui répondaient dans un langage que seul le prince comprenait. Un jour, le roi dit : « Bambous, j'ai besoin de vous. Je voudrais vous confier une mission importante ! » Les bambous, remplis de joie et de fierté, répondirent : « Tout ce que tu veux, maître ; c'est un honneur de te servir. » Le roi reprit : « Il faudra que je vous coupe. » Les bambous pensèrent en eux-mêmes : « Toutes ces années de croissance pour en arriver là ! » Pourtant, ils lui dirent : « Comme tu le désires, Seigneur. » « Il me faudra aussi couper vos racines et vos feuilles. » Les bambous, si fiers de leurs belles feuilles flexibles, s'attristèrent, mais déclarèrent dans un murmure : « Comme

tu le veux, ô roi, tu sais ce qui est bon. Tu peux prendre aussi nos racines et nos feuilles. » « Ce n'est pas tout, dit le jeune homme, je dois aussi vous creuser et retirer votre cœur. » Les bambous, après un moment d'hésitation, répondirent : « S'il faut tout perdre pour te rendre service et ainsi te contenter, nous acceptons. Prends aussi notre cœur ! » Et c'est ainsi que les bambous furent coupés, taillés, évidés et mis en tas, au bord de la rivière...
L'histoire ne s'arrête pas là ! Les bambous furent ensuite placés bout à bout pour former un canal laissant couler les eaux abondantes du jardin du roi, afin d'irriguer toutes les terres des environs. Grâce à eux, des champs secs et stériles devinrent des jardins couverts d'arbres, de fleurs et de fruits résonnant de mille chants d'oiseaux. De jour et de nuit, on entendait une musique céleste sortant des canalisations : c'était le murmure de la source s'écoulant dans les bambous... Avec ce qui restait des bambous, les hommes avaient aussi fabriqué des flûtes qui accompagnaient tous les moments importants de leurs existences : la solitude des bergers gardant les troupeaux, la tristesse des deuils, l'allégresse des mariages et des naissances... Par leur dépouillement, les bambous s'étaient associés à la vie des hommes et avaient répandu la joie autour d'eux. Ils ne réjouissaient plus un unique ami, le roi, mais une multitude innombrable de villageois.

À la fin de ce chapitre, posons-nous la question :

– Où en suis-je, aujourd'hui, dans ce que je vis et ce que je connais comme épreuve ?

– Dans les sentiments éprouvés par Job, quels sont ceux (par ordre d'importance) qui ont un retentissement en moi ?

– Quelle histoire, quel mot, quel verset biblique j'accueille comme interpellation ou invitation à aller plus loin ?

– Quelle prière sincère j'offre au Seigneur aujourd'hui ?

Esther « la décalée »

OU QUAND ON SE SENT ÉTRANGER À SON ÉTAT DE VIE

I. Histoire biblique

Le petit livre d'Esther (dix chapitres) présente une figure féminine sauvant le peuple d'Israël d'un génocide programmé. La fête juive de Pourim tire son origine de cette histoire qui tient plus du Midrash (récit édifiant) que de la relation d'un fait historique.

La tradition chrétienne, dans une interprétation typologique, va voir en Esther la figure de la Vierge Marie Reine, médiatrice, intercédant pour son peuple et obtenant du Roi le Salut. Nous allons privilégier une lecture « existentielle » pour considérer Esther comme un personnage « décalé », perdu dans un environnement qui lui est étranger et dont, curieusement, la position handicapante va devenir, avec l'aide de Dieu, un atout. Voici son aventure en cinq actes.

Premier acte : une jeune fille très croyante

« Or, il y avait dans Suse-la-Citadelle un Juif du nom de Mardochée, fils de Jaïre, fils de Shiméï, fils de Qish, homme de Benjamin ; il avait été emmené de Jérusalem par le roi de Babylone Nabuchodonosor, parmi les captifs déportés avec Jékonias, roi de Juda. Il élevait alors Hadassa – c'est Esher –, fille de son oncle, qui était orpheline de père et de mère. La jeune fille avait belle prestance et elle était agréable à voir. À la mort de son père et de sa mère, Mardochée l'avait adoptée comme fille. » (Est 2, 5-7)

Comment l'héroïne nous est-elle présentée ? Le portrait peut se résumer par quatre F :

– Le F de Femme (belle)

« La jeune fille avait belle prestance et était agréable à voir », tout comme une autre figure biblique, Judith, dont il est dit qu'*« elle était belle et très séduisante »* (Jd 8, 7). Le peuple d'Israël est fier de nous présenter ses filles les plus illustres, en valorisant leur beauté. C'est sans doute une coutume que l'on trouve dans de nombreux peuples, vantant les qualités physiques et morales de ses membres. Fierté naïve exprimée encore par bien des parents en parlant de leurs enfants qui sont presque toujours « les plus beaux ».

Peut-être y a-t-il aussi un autre aspect plus profond, sur le plan anthropologique. Les Grecs de l'Antiquité opposaient la partie spirituelle (l'âme) et la partie matérielle (le corps), exaltant la première et méprisant la seconde. Sans doute est-ce pour cette raison que le philosophe Socrate nous est présenté par ses amis comme très laid, ressemblant à Silène (le père nourricier de Dionysos, apparenté aux Satyres) pour mettre en valeur, dans un jeu de contraste, la noblesse de son esprit…

La pensée biblique, elle, sans nier la dualité corps/âme, privilégie l'unité de la personne ; aussi, quand les Saintes Écritures nous parlent de la belle apparence de quelqu'un, ce n'est pas seulement de son aspect physique, mais de son être tout entier qu'il s'agit. Comme pour les règles de grammaire, il y a toujours une « exception qui confirme la règle », avec le personnage d'Absalon, fils de David, décrit comme *« sans aucun défaut »* (2 S 14, 25), mais dont le cœur était rempli de noirceur.

Heureuse spiritualité biblique pour qui le physique ingrat des femmes n'est pas signe de profondeur dans la vie religieuse ! Ajoutons enfin que la présentation de la beauté physique d'Esther prépare habilement la suite du récit.

– Le F de fragile

En étant orpheline de père et de mère, Esther fait partie de ce que la Parole de Dieu appelle les « pauvres », objets de la bienveillance de Dieu. Comme les veuves, les infirmes et les étrangers, les orphelins sont dans une condition de précarité, sans protection sociale (sauf s'ils sont intégrés dans une famille, un clan).

En plus de la souffrance affective de l'enfant qui perd ses parents, Esther se retrouve, bien qu'adoptée, dans une situation de vulnérabilité. La Bible nous révèle que Dieu a un amour particulier pour ces personnes apparemment faibles aux yeux des hommes et aime à les choisir pour en faire les instruments de son Salut.

– Le F de fidèle

La présentation d'Esther est intégrée à celle de Mardochée ; celui-ci l'ayant adoptée comme sa fille, lui assure une éducation humaine et religieuse conforme à ce qu'il est, un homme de Dieu attaché au Seigneur et à l'Alliance. Mardochée est une figure du juif observateur de la Loi sur une terre étrangère, du juste fidèle aux commandements, comme le jeune Daniel ou le vieux Tobit… C'est un modèle à suivre pour tous les Israélites de la diaspora (vivants hors d'Israël).

La religion d'Esther n'est pas seulement un héritage culturel, c'est une foi vivante et personnelle qui s'exprimera dans sa belle prière au chapitre 4. Elle nomme le Seigneur et s'adresse à Lui avec un immense respect : *« Mon Seigneur, notre Roi, Tu es l'Unique… »* Elle s'enracine dans la tradition de son peuple et la conscience de sa vocation unique : *« Depuis ma naissance, j'entends dire, dans la tribu de mes pères, que toi, Seigneur, tu as choisi Israël parmi toutes les nations et que, parmi tous leurs ancêtres, tu as choisi nos pères, pour en faire à jamais ton héritage. »*

Elle a confiance en la promesse de Dieu : *« Tu as fait pour eux tout ce que tu avais promis. »* Elle a conscience des infidélités de son peuple, dont elle se sent solidaire en disant « nous » et non pas « eux » : *« Et maintenant, nous avons péché contre toi. »* Elle lit les signes des temps et de la situation présente en y voyant la main de Dieu : *« Tu nous as livrés aux mains de nos ennemis, parce que nous avons honoré leurs dieux : Tu es juste, Seigneur. »*

Esther n'a pas reçu passivement la foi de ses ancêtres par la médiation de Mardochée, elle se l'est appropriée ; elle nourrit une relation vivante et personnelle avec son Dieu.

– Le F de faille

En géologie, une faille est une cassure dans les couches profondes de la terre, entraînant le déplacement de blocs séparés. Le terme est aussi utilisé en psychologie pour nommer une personnalité dans laquelle, en profondeur, il y a eu un « choc sismique » émotionnel, que le psychisme va devoir « travailler » pour se construire en intégrant ce point de rupture intérieur. La faille est suggérée par le changement de nom correspondant dans la Bible à un changement d'identité : la femme juive qui s'appelait *Hadassa* (myrte en hébreu) voit son nom changé en *Esther* (qui en persan évoque « l'étoile »).

Comme tant d'autres personnages bibliques, Esther vit une double appartenance :

– au peuple de Dieu, par ses racines et son éducation ;

– à la nation perse, par l'environnement culturel dans lequel elle évolue ainsi que par la situation de son oncle Mardochée, *« personnage important, ayant une fonction à la cour »* (Est 1, 1b texte grec). Comme Moïse, elle vit à la croisée des deux cultures, mais doit en public taire son identité profonde. *« Esther n'avait révélé ni son peuple ni son origine car Mardochée le lui avait interdit. »* (Est 2, 10) Difficile de se construire dans une double identité, en gardant secrète la partie la plus fondamentale en soi…

Deuxième acte : une drôle de vocation ou « parachutée » dans un état de vie non désiré

Le roi Assuérus connaît des difficultés conjugales. Avec humour, le texte relate qu'il règne *« sur 127 provinces, depuis l'Inde jusqu'à l'Éthiopie »*, mais qu'il a du mal à se faire obéir de sa femme, la reine Vasthi ; celle-ci l'humilie en public, ce qui provoque une véritable affaire d'État. Assuérus décide de venger l'affront en répudiant l'épouse rebelle. C'est le contexte politique global qui va avoir des répercussions directes dans l'existence discrète d'Esther.

« Les gens qui étaient au service du roi dirent alors : "Qu'on cherche pour le roi des jeunes filles vierges, agréables à voir ; qu'il établisse dans toutes les provinces de son royaume des commissaires, pour rassembler à Suse-la-Citadelle, dans la maison des femmes, toutes les jeunes filles vierges et agréables à voir, sous l'autorité de Hégué, eunuque du roi, gardien des femmes, qui leur donnera ce qui est nécessaire à leur toilette. La jeune fille qui plaira au roi deviendra reine à la place de Vasthi." Le conseil plut au roi, et il le suivit. » (Est 2, 2-4)

Il existe des émissions de téléréalité où des mères cherchent à marier leurs fils, où des femmes cherchent à épouser des agriculteurs… C'est un peu ce qui se passe dans la cour du Roi ! Ses conseillers mettent en œuvre une vaste opération de casting pour trouver la perle rare… L'administration agit avec efficacité, sur une grande échelle. Une première sélection de candidates qui *« furent rassemblées »* (de force) permet de constituer un groupe « d'heureuses (?) élues ».

«Esther fut choisie parmi elles et conduite dans la maison du roi, sous l'autorité de Hégué, gardien des femmes. » (Est 2, 8)

La voici donc dans le harem du roi, statut social prestigieux s'il en est… Mais l'étape suivante exige une année entière de préparation, pas vraiment dans le domaine des sciences politiques ou des arts ménagers, mais dans un institut de beauté hyperspécialisé, à la pointe de tout ce qui se fait de mieux dans la discipline scientifique de la séduction féminine.

« Chaque jeune fille devait se présenter à son tour au roi Assuérus, au terme d'une année, où elle avait accompli son temps réglementaire de préparation : pendant six mois, elle usait de myrrhe et pendant six mois, de baumes et de crèmes de beauté pour les femmes. Quand elle se présentait au roi, chaque jeune fille obtenait tout ce qu'elle demandait pour l'emporter avec elle en passant

de la maison des femmes au palais royal. [...] *Elle ne revenait pas chez le roi, à moins que le roi ne la désire et ne la rappelle nommément.* » (Est 2, 12-14)

L'enjeu de cette seconde épreuve est de passer l'examen de la couche royale, permettant, en cas de succès, la sélection pour devenir membre du groupe des « épouses » du roi, disposant de nouveaux avantages matériels pour soi et sa parenté... En vivant dans un nouveau palais, les dames se rendent disponibles pour de nouvelles missions auprès de leur royal époux. Enfin, l'une d'entre elles sera choisie pour être « la reine », première dame du royaume, poste convoité et objet de grandes manœuvres politico-sentimentales.

Que ces coutumes nous semblent lointaines et étranges par rapport à notre époque ! On imagine Esther mal à l'aise dans ce milieu ne respirant pas la haute spiritualité... Aussi adaptée au poste qu'une carmélite dans le rôle de serveuse dans un bar à Pigalle ! Et pourtant, celle qui ne le voulait pas... va être choisie entre toutes : « *Et le roi la préféra à toutes les autres femmes. Elle gagna sa bienveillance et sa faveur plus que toutes les autres jeunes filles. Il mit sur sa tête la couronne royale et la fit reine à la place de Vasthi.* » (Est 2, 17)

L'histoire des cours royales montre que pour arriver au sommet, bien des femmes étaient prêtes à tout. Mais pour Esther, ce n'est pas pareil...

Troisième acte : la vie d'une pauvre reine ou une souveraine décalée

Pendant cinq années, Esther va mener une existence qu'elle n'a pas désirée, à l'opposé de toutes ses aspirations. Elle dévoilera ses sentiments dans sa prière du chapitre 4. Nous y apprenons que sa condition apparemment enviable aux yeux du monde est pour elle un triste fardeau : *« Ta servante n'a pas connu la joie depuis le jour de son élévation, si ce n'est auprès de Toi, Seigneur. »*

Les signes de sa royauté, loin de l'enorgueillir, ne lui apportent que « dégoût » : *« Tu sais la contrainte où je suis, que j'ai du dégoût pour l'orgueilleux emblème qui est sur ma tête aux jours où je parais en public. Il m'inspire du dégoût comme un linge souillé et je ne le porte pas les jours où je me repose. »* C'est le même terme de « dégoût » qui apparaît pour évoquer l'union conjugale avec Assuérus : *« Tu connais tout et tu sais que je hais la gloire des impies, que je n'ai que dégoût pour la couche des incirconcis et celle de tout étranger. »*

Esther accomplit consciencieusement tous ses devoirs d'épouse et de reine ; la suite du récit montrera qu'elle est appréciée par son mari, mais à l'intérieur d'elle-même, elle souffre d'être en décalage complet avec le monde qui l'entoure. Et cette douloureuse épreuve dure cinq années.

Comment vivre sa foi si vivante dans une culture idolâtre, sa recherche de vie authentique dans un univers artificiel, son amour de la simplicité dans un environnement de luxe et d'étalage de richesses ? L'ascension sociale d'Esther aurait pu lui faire tourner la tête et l'amener à prendre ses distances avec son oncle Mardochée qui lui est maintenant soumis de par son statut de reine, n'est-ce pas ce qui arrive à bien des « parvenus » empressés de se débarrasser des personnes ayant exercés sur eux une quelconque autorité ? Mais l'humilité et la reconnaissance d'Esther sont dévoilés par le fait qu'*« elle n'avait révélé ni son origine ni son peuple, comme le lui avait ordonné Mardochée : elle exécutait l'ordre de Mardochée, comme au temps où elle était sous sa tutelle »* (Est 2, 20). Cette humilité de cœur permettra à Dieu d'agir par elle, car *« Il élève les humbles et renverse les superbes »*.

Acte quatre : la menace ou l'écartèlement entre deux mondes

« L'an douze du règne d'Assuérus, au premier mois, qui est le mois de Nissan, on tira au sort, nommé le "Pour", en présence d'Aman, chaque jour et chaque mois. Le sort tomba sur le douzième mois, qui est le mois nommé Adar. Aman dit au roi Assuérus : "Il y a un peuple à part, dispersé au milieu des peuples, dans toutes les provinces de ton royaume. Ses lois ne ressemblent à celles d'aucun peuple et ils n'observent pas les lois du roi. Le roi n'a pas intérêt à les laisser en paix. S'il plaît au roi, qu'il donne par écrit l'ordre de les faire périr, et sur leurs biens je ferai compter par les fonctionnaires dix mille talents d'argent à remettre au trésor royal." Le roi ôta alors son anneau de sa main et le donna à Aman, fils de Hamdata, du pays d'Agag, l'ennemi des Juifs. Le roi dit à Aman : "Je t'abandonne l'argent, le peuple aussi, pour en faire comme bon te semblera."» (Est 3, 7-11)

Aman a décidé l'extermination des juifs ; selon l'usage (superstitieux) du temps, on tire au sort (*pûr*, d'où viendra le mot *purim* de la fête juive) afin de préciser le moment favorable du génocide. Le roi, manipulé par son premier ministre, accepte de valider la « solution finale » pour les juifs. L'ordre est ensuite promulgué dans tout le royaume, en vue d'être exécuté dans un court délai... C'est évidemment la consternation dans toutes les communautés juives du royaume, la reine en est elle-même *« bouleversée »*. Mardochée supplie *« la reine d'aller chez le roi pour implorer sa grâce et plaider devant lui la cause de son peuple »* (Est 4, 8).

Esther se trouve écartelée par cette décision.

– Si elle ne fait rien, elle se désolidarise de son appartenance religieuse et se rend coupable de « non-intervention à peuple de Dieu en danger ». Elle trahit les siens ;

– Si elle intervient, elle se met en porte à faux vis-à-vis de son époux et de son roi, et se démarque de l'entourage du souverain, de l'appareil d'État. Elle trahit les siens, c'est-à-dire tous ceux avec qui elle partage sa vie depuis cinq années.

Cinquième acte : l'œuvre de Salut

La menace qui pèse sur le peuple de Dieu va révéler que celle qui ne se sentait pas à sa place découvre tout à coup qu'elle est « à la bonne place » pour déjouer le complot. L'enjeu est perçu par Mardochée qui lui transmet ce message : *« Qui sait si ce n'est pas en vue d'une circonstance comme celle-ci que tu as accédé à la royauté ? »* (Est 4, 14.) Esther va effectivement se servir de sa position honnie pour sauver son peuple. Dans l'accomplissement de cette œuvre de Dieu, elle va utiliser **trois moyens** distincts, mais reliés entre eux.

a) La mise en œuvre de la communion spirituelle avec le peuple de Dieu

La première décision de la reine constitue le soubassement des deux suivantes ; elle sollicite le soutien spirituel de sa communauté : *« Esther fit répondre à Mardochée : "Va, rassemble tous les juifs qui se trouvent à Suse. Jeûnez pour moi, ne mangez pas, ne buvez pas pendant trois jours, nuit et jour. Moi, je jeûnerai aussi avec mes servantes." »*

Dans le combat spirituel, Esther ne compte pas sur ses propres forces, mais s'appuie sur la prière et le jeûne de son peuple. Elle a conscience qu'elle ne doit pas agir seulement « pour » le peuple de Dieu, mais d'abord « avec lui » et « par lui ».

Sa démarche individuelle s'enracine dans une démarche collective, « ecclésiale ».

b) Un engagement spirituel personnel dans le jeûne et la prière

Esther sait qu'une demande d'audience auprès du roi peut lui coûter la vie, car *« pour quiconque, homme ou femme, qui se rend auprès du roi dans la cour intérieure sans avoir été convoqué, il n'y a qu'une seule loi : la mort. Sauf celui auquel le roi tend son sceptre d'or : il a la vie sauve »* (Est 4, 11).

Elle ne va pas prier pour demander à Dieu un discernement sur ce qu'elle doit faire, car elle a déjà pris sa décision et en accepte les conséquences : *« J'irai chez le roi, en dépit de la loi, et s'il faut périr, je périrai. »* (Est 4, 16) Elle prie pour rencontrer son Seigneur *« dans l'angoisse mortelle »* qui l'étreint et pour trouver refuge auprès de lui.

Quelles sont les caractères de cette prière et que nous apprennent-ils de la vie spirituelle d'Esther ?

– C'est une démarche pénitentielle qui implique sa façon de vivre. Esther ne « fait » pas une prière comme on s'acquitte d'un acte religieux extérieur, elle se livre corps et âme dans la pénitence ; celle-ci exprime sa solidarité avec son peuple menacé et sa pauvreté devant Dieu. *« Elle enleva ses vêtements d'apparat et prit des vêtements de deuil et d'affliction. Au lieu de parfums précieux, elle se couvrit la tête de cendres et de poussière. Elle humilia durement son corps. »* (Est 4, 17) Esther, dans son deuil, pleure les Israélites en danger ; elle a mal « au peuple de Dieu ». Sa souffrance atteint tout son être et c'est ainsi qu'elle se présente devant Dieu.

– C'est une reconnaissance des fautes d'Israël qui ne peut revendiquer aucun droit sur Dieu : *« Nous avons péché contre toi. »*

– C'est la mémoire de la fidélité de Dieu à son peuple dans le passé : *« Tu as fait pour eux tout ce que tu avais promis. »*

– C'est une supplication au Dieu libérateur pour qu'il apporte la délivrance à son peuple : *« Délivre-nous par ta main. »*

– C'est une demande pour que le Seigneur révèle sa Gloire dans son œuvre de Salut. C'est l'honneur de Dieu qui est en cause ! *« Ne livre pas ton sceptre, Seigneur, à ceux qui n'existent pas... Fais-toi connaître au jour de notre détresse. »*

– C'est un cri pour que Dieu rende sa Justice en déjouant les pièges des persécuteurs, car Il ne peut permettre la victoire des méchants : *« Que nos ennemis ne se moquent pas de notre chute ; retourne contre eux leurs projets. »*

– Enfin, c'est un appel pour que Dieu donne à Esther la force d'accomplir sa mission : voir et convaincre le roi. *« Viens me secourir, car je suis seule, je n'ai pas d'autre secours que toi et je vais risquer ma vie. Donne-moi du courage, toi, le Roi des dieux, qui domine toute autorité. Mets sur mes lèvres un langage harmonieux quand je serai en présence de ce lion et change son cœur. »*

L'appel au secours associe dans une même pensée le sort d'Israël et de la reine :

> « **Délivre-nous** *de la main des méchants et* **délivre-moi** *de ma peur.* »

> « **Délivre-nous** *par ta main. Viens me secourir car je suis seule et je n'ai que toi, Seigneur.* »

C'est la prière de quelqu'un qui représente le peuple élu, qui se sait pauvre, vulnérable, sans aucun appui humain, et qui met toute sa confiance en Dieu seul.

c) Une initiative audacieuse

Esther ne se contente pas de faire prier et de prier, elle passe à l'action et ressemble en cela à d'autres saintes femmes de l'Ancien Testament comme Ruth et Judith. Attitude typiquement juive qui associe prière et action, en priant avec ferveur comme si tout dépendait de Dieu, en agissant avec ardeur comme si tout dépendait de l'homme.

« Au troisième jour, lorsqu'elle eut cessé de prier, Esther quitta ses vêtements de suppliante et revêtit des habits d'apparat. Ainsi, dans tout son éclat, ayant invoqué le Dieu qui protège et qui sauve, elle prit avec elle ses deux servantes. [...] *Elle-même était rougissante, au comble de sa beauté ; son visage était radieux, comme épanoui par l'amour, mais son cœur était serré par la peur.* [...] *Elle se trouva devant le roi. Il était assis sur son trône royal, revêtu de l'habit avec lequel il paraissait en public, rutilant d'or et de pierres précieuses : il était redoutable. Il leva son visage rayonnant de gloire et, au comble de la colère, il la fixa. La reine s'effondra. Prise de faiblesse, elle changea de couleur et se pencha vers la tête de la servante qui la précédait.*
Dieu changea le cœur du roi et l'inclina à la douceur. Saisi d'angoisse, il s'élança de son trône et la prit dans ses bras jusqu'à ce qu'elle se remît. Il la réconfortait par des paroles apaisantes : "Qu'y a-t-il, Esther ? Je suis ton frère. Rassure-toi ! Tu ne mourras pas : notre décret ne vaut que pour le commun des gens. Viens avec moi !" Levant son sceptre d'or, il le posa sur le cou d'Esther, puis il l'embrassa en disant : "Parle-moi." "Seigneur, lui dit-elle, je t'ai vu pareil à un ange de Dieu. Mon cœur a été troublé, j'ai eu peur de ta gloire. Car tu es admirable, Seigneur, et ton visage est merveilleux." Tandis qu'elle parlait, elle tomba de faiblesse. Le roi était bouleversé et toute sa suite la réconfortait. Le roi lui demanda : "Qu'y a-t-il, reine Esther ? Quelle est ta requête ? Quand ce serait la moitié du royaume, cela te serait accordé."
Esther dit : "S'il plaît au roi, que le roi vienne aujourd'hui avec Aman au banquet que je lui ai préparé." Le roi dit alors : "Allez vite chercher Aman, pour répondre à l'invitation d'Esther !" »

La prière d'Esther est exaucée, puisque le « lion » a eu le cœur changé. Dieu agira par les événements en provoquant l'élévation de Mardochée, la disgrâce d'Aman, la suppression de l'édit de persécution et la réhabilitation des communautés juives du royaume de Perse. « Tout est bien qui finit bien » quand les hommes et les femmes de Dieu acceptent leur situation et se servent de leur place pour accomplir la volonté de Dieu. Bienheureuse Esther qui a accepté sa condition pour être l'instrument de Salut pour ses frères !

II – Illustrations

Voici deux personnages, une femme du V-VIe siècle et un homme du XXe siècle qui ont en commun d'avoir été des fervents chrétiens « décalés » dans leurs environnements culturels et choisis par Dieu pour accomplir une œuvre de salut très féconde.

Sainte Clotilde

Au Ve siècle, la Gaule vit une période très troublée ; c'est à la fois la fin d'un monde et le début d'un monde nouveau. Après la conquête de Jules César, s'est réalisée sur plusieurs siècles la fusion des deux civilisations gauloise et romaine, pour donner une culture originale « gallo-romaine ».

Le christianisme se répand en Gaule dans ce contexte et les chefs des communautés chrétiennes, les évêques, harmonisent les deux sources que sont la pensée judéo-chrétienne et la pensée gréco-romaine. Mais avec la chute de l'Empire romain, ce monde s'écroule. La Gaule est envahie par des peuples barbares plus ou moins romanisés, d'origine germanique : les Burgondes, Ostrogoths, Wisigoths, qui s'installent durablement et se constituent en royaumes. Ces populations étrangères ont adopté le christianisme, mais dans sa version arienne, hérésie niant la divinité du Christ. L'afflux de peuples barbares déstabilise l'unité sociale, politique, culturelle, religieuse en Gaule.

L'anarchie, les conflits incessants font émerger les évêques catholiques comme des défenseurs, non seulement de leurs communautés chrétiennes, mais des populations civiles ; dans le chaos, les pasteurs sont des interlocuteurs incontournables quels que soient les chefs politiques en place... On retrouve la même situation aujourd'hui dans certains pays d'Afrique menacés par des troubles incessants et la décomposition des structures de l'État. Tout l'enjeu de l'époque sera de fusionner la culture gallo-romaine des peuples conquis et celle des nouveaux conquérants, les barbares avec leurs coutumes germaniques...

Clovis est le roitelet d'un petit royaume – les Francs saliques – au Nord de la France et sur une partie de la Belgique. Peu à peu, il conquiert par des alliances et des guerres toute la partie nord de la Gaule. Lui, le barbare païen, noue de nombreux contacts avec une grande figure de l'Église, l'évêque de Reims, saint Rémy, qu'il respecte. À l'image des chefs de son temps, Clovis assure son pouvoir en multipliant les assassinats de chefs rivaux, d'anciens compagnons et même de membres de sa famille. Suivant l'usage du droit germain (polygame), il contracte une alliance avec un peuple voisin en épousant une princesse franque rhénane dont il aura un fils.

Clotilde, de la famille royale des Burgondes, fervente chrétienne catholique au milieu d'une cour arienne, va être demandée en mariage par Clovis, comme épouse « de premier rang », pour obtenir un pacte diplomatique de non-agression avec les Burgondes. Elle, qui a reçu une éducation soignée à la cour du roi burgonde, est « donnée » en mariage à cette grosse brute de Clovis, chef d'une puissance politique montante... Comme Esther, la reine Clotilde va progressivement toucher le cœur de son mari. Avec l'aide de l'évêque saint Rémy, Clovis s'ouvre peu à peu à la foi chrétienne. Cela ne se fait pas tout seul. Quand leur premier enfant meurt peu de temps après avoir été baptisé par Clotilde, Clovis attribue cette mort à la colère de ses dieux, méprisés par sa femme !

Et puis, « en la quinzième année de son règne », Clovis, qui allait de victoire en victoire, se retrouve en difficulté à la bataille de Tolbiac en 496. Son armée, malgré l'invocation de ses dieux, va être battue... Clovis fit alors une prière (très masculine) : « Dieu de Clotilde, donne-moi la victoire et tu seras mon Dieu. » Et la victoire lui est accordée.

Suivra une période de préparation au baptême avec saint Rémy et le baptême à Noël 496 (ou les années suivantes). Selon l'usage du temps, la religion du chef devient celle de ses sujets et c'est ainsi que les Francs, devenus catholiques, vont régner sur une grande partie de la Gaule que l'on va appeler France...

La conversion de Clovis et de sa cour ne va pas transformer immédiatement les mœurs barbares en comportement chrétien. Les habitudes de brutalité et de cruauté, bien ancrées, ne se modifieront pas du jour au lendemain, mais commencera une nouvelle ère permettant la christianisation progressive des cœurs et de la société. D'autres royaumes sont devenus chrétiens avant cette date, mais l'importance de l'événement pour l'Europe vaudra à la France le titre de

« fille aînée de l'Église ». Terme utilisé encore par le pape Jean-Paul II pour interpeller la France et l'inviter à renouer avec ses racines chrétiennes.

L'abbé Stock (1904-1948)

Ce jeune Allemand, élevé dans une famille catholique, entre au grand séminaire en 1926, à vingt et un ans. Il fait partie de la génération marquée par la guerre 14-18, son père ayant combattu du côté allemand. Après le traité de Versailles, une grande partie de la population allemande, humiliée et appauvrie, nourrit des sentiments anti-français.

Franz Stock est amené, durant ses six années de séminaire, à faire de nombreux séjours en France. En 1926, alors que beaucoup nourrissent des idéologies de haine et de revanche, il participe à un congrès international pour la paix. En France, il noue des amitiés avec des personnes très engagées dans l'Église, comme Marc Sangnier, le fondateur du « Sillon », mouvement tentant de réconcilier les catholiques avec la République, ou Joseph Folliet, laïc engagé dans les questions sociales dans l'entre-deux guerres. Contrairement à la plupart des jeunes Allemands de sa génération, il aime la France, ses paysages, son histoire, sa culture, son Église en pleine transformation. Il se déplace dans plusieurs régions et aime, entre toutes, la Bretagne, dont il restera amoureux toute sa vie. (Quel homme inspiré !) Il lit avec avidité les grands auteurs français :

– les poètes classiques comme Racine, Verlaine, Rimbaud, et modernes, comme Péguy, Claudel, Francis Jammes ;

– les spirituels comme Blaise Pascal ;

– les romanciers comme Mauriac ou Bernanos ;

– les théologiens comme le thomiste Sertillanges…

Toutefois, cette « passion française » se conjugue harmonieusement avec son enracinement dans la culture germanique qui le nourrit aussi intellectuellement et spirituellement. Toute sa vie, l'abbé Franz Stock travaillera à la réconciliation franco-allemande et à la promotion de la culture française dans les milieux allemands.

L'abbé Stock sera ordonné en 1932, peu avant l'accession d'Hitler au pouvoir, et la plus grande partie de son ministère se déroulera durant la période nazie. Lui, l'anti-nazi, le francophile, se retrouve nommé recteur de la paroisse de la communauté allemande à Paris par l'archevêque de Cologne en accord avec l'archevêque de Paris. Avant la guerre, il est au service des travailleurs allemands exilés à Paris et s'occupe, comme tout curé, de liturgie, catéchèse, sacrements, visites aux malades… Ses paroissiens savent qu'il aime l'Allemagne et la France, mais qu'il se tient à distance de l'idéologie nazie qui submerge les esprits.

Quand la guerre éclate et que l'armée allemande obtient la victoire, le régime nazi s'installe en France… et l'abbé Stock se trouve confirmé dans sa fonction de curé de la paroisse allemande à Paris. Situation « décalée » pour ce grand ami de la France, de la paix, de la réconciliation franco-allemande. Pour les Allemands, c'est un prêtre suspect, surveillé en permanence par la Gestapo, parce que non favorable au nazisme. Pour les Français occupés, c'est un curé « boche », donc peu digne de confiance. Ce prêtre va se retrouver aumônier des trois prisons parisiennes : Fresnes, la Santé, le Cherche-Midi, dans lesquelles seront incarcérés tous les résistants et les otages avant leur exécution ou déportation. La population des prisons s'élève rapidement à 10 000 détenus ! Stock était aussi chargé d'assister les condamnés à mort jusqu'au lieu de leur exécution. On estime qu'il accompagna personnellement 1000 à 1200 personnes jusqu'à la fin ! Dès 1941, il écrit : « Mes expériences ici sont si terribles que je reste souvent des nuits entières sans dormir. »

Rapidement, sa réputation de sainteté se répand et il gagne la confiance des Français qui voient en lui un prêtre et un homme de miséricorde. À ceux qui voulaient se confesser, il demande de ne pas évoquer ce qui les a amenés en prison, afin de ne pas connaître des choses sur la Résistance et de protéger tout le monde, eux et lui. En désobéissant aux règlements, il fait passer des messages des prisonniers à leurs familles, et l'inverse. Déjouant la surveillance dont il fait l'objet, il réussit à distribuer un peu de nourriture ou des livres à ceux qu'il visite, croyants ou non, car il veut être au service de tous.

Son ministère extrêmement éprouvant – beaucoup de détenus étaient torturés – a bouleversé des centaines de prisonniers. Après la guerre, des résistants français rescapés de la mort lui rendront hommage. Il était un abbé allemand… au service humain et spirituel des Français ! Parmi eux, Edmond Michelet, ministre du gouvernement de Gaulle et grand chrétien, dont la cause de béatification a été ouverte… Après sa mort, Joseph Folliet lui rendra hommage comme « pionnier du rapprochement franco-allemand », un homme qui « pendant la guerre, n'a jamais désespéré ni de son pays, ni du nôtre, ni de leur avenir commun, ni de la paix ». « Il a affirmé la grandeur de la créature humaine dans un moment où, par la sottise, la brutalité et la cruauté, des millions d'hommes paraissaient se ravaler au-dessous de la bête. »

Après la guerre, l'abbé Stock refusa ce qui lui était proposé : libération immédiate et poste de responsabilité dans la hiérarchie ecclésiastique allemande, car l'Église cherchait à promouvoir des hommes de Dieu sans lien avec le nazisme pour préparer l'avenir. Il choisit de rester avec les soldats allemands faits prisonniers en France par les Alliés. Lui qui avait visité durant plusieurs années tant de détenus… se retrouvait « de l'autre côté de la barrière » par un retournement de l'histoire et connut la vie difficile des prisonniers de guerre dans un camp de 18 000 internés, près de Chartres.

Les évêques allemands et français voulurent, à l'intérieur du camp, organiser un séminaire pour les jeunes Allemands se préparant au sacerdoce, afin de leur donner une formation intellectuelle et humaine correspondant aux besoins de l'Allemagne nouvelle d'après-guerre. La direction de ce « séminaire des barbelés » fut confiée à l'abbé Stock. Les séminaristes formés étaient nombreux, près d'un millier. L'expérience dura deux années et permit, grâce aux relations de l'abbé Stock, de faire collaborer (dans le bon sens du terme cette fois) des hommes d'Église français et allemands. Le nonce apostolique, Mgr Roncalli, futur Jean XXIII, bénit cette expérience originale et se rendit même sur place pour encourager séminaristes et formateurs.

Plusieurs années plus tard, le pape Jean XXIII en gardera un souvenir ému et déclarera : « Franz Stock mérite l'admiration glorieuse qu'on lui porte. Il est dit de lui avec raison que, sans aucune réserve et porté par l'esprit de sacrifice, il s'est totalement donné à Dieu et aux hommes. Le prêtre Franz Stock, ce n'est pas seulement un nom, c'est un programme. »

L'abbé mourut, épuisé physiquement, en 1948. À ses obsèques se trouvaient Mgr Roncalli et le ministre Edmond Michelet, qui fut prisonnier à Fresnes et lui vouait une grande admiration. Plus tard, quand son corps fut transféré à Chartres, il y eut ce symbole émouvant : le cercueil était porté par six hommes : deux anciens compagnons de la famille franciscaine, deux résistants français et deux prêtres allemands formés au « séminaire des barbelés ».

Le prêtre allemand qui se sentait continuellement « décalé » dans son ministère était reconnu comme un pont, un artisan de l'amitié franco-allemande !

III – Appropriation personnelle

Le Seigneur nous invite à deux exercices spirituels différents :

– Poser un nouveau regard sur certains aspects de notre existence ;

– Transformer la situation de « décalage » en chance.

Un nouveau regard

Esther aspirait sans doute à mener une vie qui réponde à ses désirs profonds ; or, elle se retrouve – à travers les événements – dans une situation qui ne lui correspond pas. Elle est blessée par les conditions de vie, le statut social qui est le sien et auquel elle ne peut échapper. Pourtant, elle accepte cet état qu'elle n'a pas voulu et y reconnaîtra une volonté de Dieu.

Elle aurait pu faillir à sa mission de deux manières :

– En abandonnant sa foi, son identité profonde, en acceptant de s'assimiler complètement, en devenant une princesse perse au détriment de ses racines juives. Cette tentation lui aurait permis de ne plus vivre écartelée entre deux mondes. Elle serait devenue « comme les autres » pour ne plus avoir à vivre avec les exigences de sa différence ;

– En refusant l'aventure de ce nouvel état de vie à la cour du roi de Perse par fidélité à sa religion. Cela aurait sans doute entraîné une situation conflictuelle à un moment donné, mais aurait clarifié les choses : « Étant croyante, je ne veux pas vivre cela. » Et une autre reine aurait rempli cette fonction.

La mission de Salut d'Esther a nécessité deux dispositions :

– la fidélité à Dieu et à elle-même (son histoire, ses valeurs) ;

– l'acceptation d'une aventure déroutante, la mettant souvent dans une situation douloureuse de « décalage ».

Et moi ? Y a-t-il dans ma vie quelque chose de cet ordre ? Examinons quelques décalages, en sachant que la liste n'est pas limitative.

Décalage conjugal, quand j'aime mon conjoint, mais que je ne peux partager avec lui ma foi car il n'est pas croyant ni pratiquant. Situation douloureuse qui fait obstacle à la communion spirituelle et laisse un sentiment de solitude. Il existe toutes sortes de variations de cet état pour les couples de différentes religions ou confessions chrétiennes…

Décalage familial, quand je fais des découvertes de valeurs nouvelles sur le plan humain et/ou spirituel qui sont comme étrangères à la culture familiale. C'est l'histoire évoquée dans le film *Billy Elliot* de Stephen Daldry (2000) : Billy, onze ans, vit dans une famille de mineurs en Angleterre. Son père le pousse à faire de la boxe, sport « viril » valorisé dans les milieux populaires ; mais Billy, en s'entraînant, découvre de l'autre côté du gymnase un cours de danse. C'est cela qu'il veut faire ; aussi, il travaille la danse en cachette de sa famille, fait de grands progrès et est sélectionné pour un cours de danse très réputé. Pour obtenir l'accord de son père qui ne le comprend pas, il doit l'affronter. Il finira par faire accepter son choix de vie et deviendra un danseur-étoile. Film intéressant pour évoquer les confrontations de valeurs dans une culture familiale et sociale donnée… De même, vouloir exercer une profession de service social quand les valeurs familiales sont orientées vers la « réussite », le profit, n'est pas évident.

Décalage professionnel quand je travaille consciencieusement dans mon service, dans mon entreprise, et que je suis en porte-à-faux vis-à-vis de « la culture de la boîte » ou tout simplement des centres d'intérêt de mes collègues.

Décalage culturel des personnes d'origine étrangère vivant en Europe, en ne se sentant pas complètement intégrées dans le pays d'accueil et ne se sentant plus en phase avec leur pays d'origine. Impression d'être étranger partout, où que je sois.

Décalage religieux des nouveaux convertis façonnés par des milieux « d'avant » (monde musulman, juif, anticlérical, du business…) et confrontés à un nouvel univers « catho » dont on comprend mal les coutumes, les codes et les préjugés.

Décalage social de jeunes gens de milieu modeste faisant leurs études dans des établissements scolaires de « bourges », à qui on fait sentir « qu'on n'est pas du même monde », etc.

Posons-nous tout simplement la question : dans quel lieu de ma vie je perçois un « décalage » ? M'est-il possible de distinguer la situation objective de décalage et la façon dont je ressens subjectivement la situation avec mes émotions et sentiments (colère, mépris, honte, gêne, mensonge) ?

Transformer la situation « décalée » en chance : les 3 P

P comme percevoir les enjeux

Mardochée a perçu à un moment donné l'enjeu positif de la situation d'Esther : *« Qui sait si ce n'est pas en vue d'une circonstance comme celle-ci que tu as accédé à la royauté ?* » M'est-il donné par la raison naturelle en réfléchissant à ma situation ou par une intuition du Saint-Esprit de pressentir que cela peut être une chance, un bien pour moi et/ou pour les autres ? Ce qui me met « en tension » ne peut-il pas devenir « un pont » ou un « canal » permettant de rejoindre – ou de me laisser rejoindre – pour un échange de bienfaits ? La catégorie humaine ou spirituelle permettant d'éclairer les enjeux est souvent celle de la « médiation ». Elle revêt des couleurs très différentes : la vie d'Edmond Michelet au camp de concentration de Dachau fut très pénible, sa cohabitation de détenu avec des résistants communistes ne fut pas toujours très facile, mais cela lui a permis de les connaître et de les apprécier. Ce fut aussi pour les communistes l'occasion de respecter cet homme hors du commun. À la Libération, ce fut une des raisons qui amena le Général de Gaulle à le choisir comme ministre de son gouvernement, pour faire travailler ensemble des hommes politiques de différentes sensibilités, chrétiens et membres du parti communiste.

La perception des enjeux de ma situation demande du temps. Dans la plupart des cas, elle n'est pas évidente tout de suite. Ce n'est que progressivement que les choses s'éclairent et permettent d'y découvrir un sens. Souvent, dans la Bible, les hommes rencontrés par Dieu n'en prennent conscience qu'après coup. Comme Jacob après le songe de Béthel : « *En vérité, le Seigneur est en ce lieu ! Et moi je ne le savais pas !* » (Gn 28, 16.) Ou Moïse à qui le Seigneur déclare : « *Tu me verras de dos* – c'est-à-dire après mon passage – *mais mon visage personne ne peut le voir.* » (Ex 33, 23)

Il en est de même dans notre compréhension des événements de nos vies, nous les comprenons « après coup ».

P comme prier, P comme passer à l'action

Comme Esther a su conjuguer prière (communautaire et personnelle) et action, je dois utiliser les mêmes moyens, en me souvenant que le signal de l'initiative doit être discerné. S'il faut être « à sa place », rien qu'à sa place, mais en occupant « toute sa place », il faut savoir aussi agir « comme il faut, quand il faut ».

Dans le domaine amoureux comme dans le domaine militaire, l'initiative doit être lancée « au bon moment », ni trop tôt (précipitation), ni trop tard (inertie). La vertu naturelle de prudence et le don de conseil du Saint-Esprit nous aident à prendre nos responsabilités, avec la prise de risque inhérente à toute action humaine. Quand vient le temps favorable, il faut savoir oser comme Esther, et prier comme elle :

« Mon Seigneur, notre Roi, Tu es l'Unique ;
Viens me secourir car je suis seule
Je n'ai d'autre secours que Toi...
Souviens-Toi, Seigneur !
Fais-Toi connaître au jour de notre détresse ;
Donne-moi du courage, toi le Roi des dieux qui domine toute autorité...
Ô Dieu, qui as pouvoir sur tous,
Écoute la voix des désespérés,
Délivre-nous de la main des méchants et délivre-moi de ma peur ! »

En guise de conclusion : comment fabriquer une croix glorieuse ?

Mode d'emploi à l'usage de nous tous, les blessés de la vie

« Jésus Christ n'est pas venu supprimer la souffrance, il n'est pas venu non plus l'expliquer ; il est venu la remplir de sa Présence », dit le poète Claudel. C'est dans son offrande d'amour sur la Croix qu'il déclare son amour pour son Père et pour chacun de nous. Aussi étonnant que cela puisse paraître, la Croix de Jésus est, pour nous, guérissante. Elle est le lieu d'une véritable alchimie transformant l'eau amère de nos souffrances en eau pure. Comment cela ?

La Croix est glorieuse dans la vie de Jésus. Et des croix, il y en a plein dans mon existence ; elles s'appellent : échec, deuil, maladie, abandon, trahison... Je trouve qu'elles n'ont rien de « glorieux » ! Comment faire pour transformer ces souffrances apparemment stériles en source de vie ? Comment transformer le négatif en positif ?

Il était une fois un jardinier bon et sage voulant faire une greffe. Il sélectionne le plus bel arbre du jardin (le porte-greffe) et lui fait une entaille profonde. Le bel arbre souffre et pleure des larmes de sève. Puis le jardinier prend un rameau qu'il entaille à son tour : c'est le greffon qui, une fois inséré dans l'arbre, permettra d'obtenir une nouvelle variété. Il réunit les deux en posant l'entaille du rameau contre l'entaille de l'arbre blessé. Afin que cela tienne bien, il les serre étroitement par des liens. Et la sève du bel arbre passe dans le rameau greffé. Plus tard, celui-ci portera des fleurs et des fruits.

Le jardinier, c'est le Père. Le bel arbre blessé, c'est le Fils sur la Croix. Le rameau entaillé par les épreuves de la vie, c'est moi. Les trois liens qui me tiennent serré contre l'arbre de la Croix sont la Foi, l'Espérance et la Charité. Les médecins parlent des « lèvres » d'une plaie – expression étonnante ! En posant les lèvres de mes plaies contre les plaies de Jésus, je donne et reçois un baiser d'amour. L'Église appelle cela « la vénération de la Croix ». Geste d'amour de tous ceux qui embrassent le crucifix, les saints, les martyrs et les enfants...

La greffe est une technique pour obtenir des spécimens nouveaux. C'est vrai : je suis devenu, par cette union d'amour, un être nouveau. L'homme ancien, amer et révolté par les épreuves, est maintenant renouvelé par cette transfusion de vie et d'amour. Mes plaies sont nettoyées de tout ce qui pouvait les infecter : désespoir, rancœur, agressivité. Elles deviennent, peu à peu, des plaies glorieuses laissant passer la lumière... Et les fruits de l'Arbre de la Croix, je peux les cueillir dans ma vie. Saint Paul les appelle « fruit de l'Esprit ». Ils se nomment : *« amour, joie, paix, patience, bonté, bienveillance, fidélité, douceur et maîtrise de soi »* (Ga 5, 22).

Que le Seigneur forme en nous ces fruits, afin qu'ils soient une nourriture pour nous-mêmes et pour tous ceux qui nous entourent !

28 janvier 2015

En la fête de saint Thomas d'Aquin, mon ami...

Bibliographie

Liste des ouvrages cités :

– Sainte Thérèse de Lisieux, *Œuvres complètes*, Cerf-DDB ;

– *Anthologie de la pensée juive*, Edmond Fleg, J'ai Lu ;

– *Catéchisme de l'Église catholique*, Mame-Plon ;

– *Les récits hassidiques*, Martin Buber, éd. du Rocher ;

– *Pensées pour moi-même*, Nelson Mandela, Points ;

– *Lire la Bible avec les pères : la Genèse*, Sœur Isabelle de la Source, Médiaspaul ;

– *Né pour l'éternité*, Carlo Caretto, Médiaspaul ;

– *Petit Journal*, Sainte Faustine, Apostolat de la Miséricorde Divine ;

– *Même le silence a une fin*, Ingrid Betancourt, Folio ;

– *La Miséricorde divine*, Jean-Paul II, Le Centurion ;

– *La Puissance et la Gloire*, Graham Greene, Livre de Poche ;

– *Dialogues avec Paul VI*, Jean Guitton, Fayard ;

– *Charles Journet*, Guy Boissard, Salvator ;

– *Amitiés*, Aelred de Rilvaux ;

– *L'Archipel du Goulag*, Tome 1, Soljenitsyne ;

– *Soljenitsyne : sept vies en un siècle*, Bertrand le Meignen, Solin/Actes Sud ;

– *Le sens chrétien de la souffrance humaine*, Jean-Paul II, Cerf ;

– *Une vie bouleversée*, Etty Hillesum, Points ;
– *L'abbé Stock*, Jacques Perrier, Cerf.

Table des matières

Composition et mise en pages réalisées par
LG Compo - 28200 - Châteaudun
Mai 2015

Dépôt légal : janvier 2016
IMPRIMÉ EN FRANCE

Achevé d'imprimer le 18 décembre 2015
sur les presses de l'imprimerie *La Source d'Or*
63039 Clermont-Ferrand
Imprimeur n° 18346

PEFC
PEFC/10-31-2008

Dans le cadre de sa politique de développement durable,
La Source d'Or a été référencée IMPRIM'VERT®
par son organisme consulaire de tutelle.
Cet ouvrage est imprimé - pour l'intérieur -
sur papier offset standard 80 g
provenant de la gestion durable des forêts,
produit par des papetiers dont les usines ont obtenu
les certifications environnementales ISO 14001 et E.M.A.S.